Die Fraktion und ihre Mitglieder

Leitfaden für die kommunale Praxis

Klaus-Viktor Kleerbaum

Oliver Flüshöh

KPV-Dienstleistungs- und Beratungsgesellschaft mbH

Impressum

Herausgeber / Verlag
Kommunalpolitische Vereinigung
Dienstleistungs- und Beratungsgesellschaft mbH (KPV-DBG)
Limperstr. 40, 45657 Recklinghausen
Postfach 10 09 62, 45609 Recklinghausen
Telefon: 02361 5899-88
Telefax: 02361 5899-55
Internet: www.kpv-nrw.de
E-Mail: info@kpv-dbg.de

Verfasser
Klaus-Viktor Kleerbaum, Oliver Flüshöh

Verantwortlich i.S.d.P.
Geschäftsführer Klaus-Viktor Kleerbaum

Lektorat, Layout
Petra Rumlich

Druck
LUC GmbH, Hansaring 118, 48268 Greven
E-Mail: info@luc-medienhaus.de

ISBN 978-3-940906-38-0

Sonderauflage 2022

Umwelthinweis
Die Broschüre wurde aus chlorfrei gebleichtem Papier hergestellt.

Vorwort

„Fraktionen sind freiwillige Vereinigungen von Ratsmitgliedern oder von Mitgliedern einer Bezirksvertretung, die sich auf der Grundlage grundsätzlicher politischer Übereinstimmung zu möglichst gleichgerichtetem Wirken zusammengeschlossen haben. Sie wirken bei der Willensbildung und Entscheidungsfindung in der Vertretung mit; sie können insoweit ihre Auffassung öffentlich darstellen. Ihre innere Ordnung muss demokratischen und rechtsstaatlichen Grundsätzen entsprechen (§ 56 GO).“

Dieser Leitfaden zum kommunalen Fraktionsrecht stellt – in ständig überarbeiteter und erweiterter Auflage unter dem Leitmotiv „Aus der Praxis für die Praxis“– die geänderten, derzeit gültigen Rechtsgrundlagen (Stand: November 2022) für die Arbeit der kommunalen Fraktionen dar.

Die Erfahrungen der Geschäftsstelle des KPV-Bildungswerkes aus einer Vielzahl von Veranstaltungen und aktuellen (Online-) Seminaren, aber auch aus Anfragen von Fraktionsmitgliedern und Fraktionen haben den Bedarf an einer praxisorientierten rechtlichen Darstellung der Gesamtproblematik – gerade auch in Pandemiezeiten – deutlich gemacht.

Der Leitfaden beinhaltet deshalb eine grundlegende Darstellung der Fraktionsarbeit und des Fraktionsrechts unter Berücksichtigung der aktuellen Rahmenbedingungen sowohl in kleinen als auch in großen kommunalen Vertretungskörperschaften. Er stellt die Bedeutung und Organisation der Fraktionen innerhalb der kommunalen Vertretungen ebenso dar wie das Verhältnis und die Funktion gegenüber den Parteien. Den Rechten der einzelnen Fraktionsmitglieder innerhalb ihrer Fraktion wird ein besonderer Stellenwert eingeräumt.

Eine Vielzahl von Beispielen, Erfahrungswerten und Mustern soll dazu beitragen, dass dieser Leitfaden ein ständiger Begleiter für die Fraktionsmitglieder und die Mitarbeiterinnen und Mitarbeiter in den Fraktionsgeschäftsstellen wird.

Einen weiteren Schwerpunkt des Buches bilden die aktuellen Ausführungen zur Fraktionsfinanzierung unter Beachtung des Zuwendungserlasses sowie zur inneren Gestaltung der Fraktionsarbeit durch die Verabschiedung einer Fraktionsgeschäftsordnung (sog. Fraktionsstatut), die auch die gegenwärtigen Entwicklungen (wie Regelungen zu Online-Sitzungen, zur Nutzung von Social-Media-Plattformen etc.) mit umfassen.

Klaus-Viktor Kleerbaum

Benutzerhinweis

Der vorliegende Leitfaden soll den kommunalpolitisch interessierten Bürgerinnen und Bürgern, Fraktionsmitgliedern und Fachleuten die Arbeit in der Kommunalpolitik und in der Fraktion vor Ort erleichtern. Das Werk nimmt dabei an vielen Stellen Bezug auf die zahlreichen gesetzlichen Änderungen.

Das Buch orientiert sich an der praktischen Arbeit der Mandatsträgerinnen und Mandatsträger unter Berücksichtigung der aktuellen Ramenbedingungen und dient damit sowohl als Leitfaden für die Rolle des Einzelnen innerhalb der Fraktion als auch für die Fraktion in ihrer Gesamtheit mit ihren Rechten.

Es beinhaltet Hinweise, Muster, Beispiele und Erfahrungsübersichten zur kommunalrechtlichen Stellung der Fraktionen vor Ort.

Bei den Ausführungen zur Fraktionsarbeit haben sich die Verfasser – aus Gründen der Vereinfachung – durchweg auf die Rechtsgrundlagen der Gemeindeordnung Nordrhein-Westfalen (GO NRW – Stand: November 2022) für die Mitglieder einer Ratsfraktion gestützt. Die Ausführungen gelten selbstverständlich auch für die Mitglieder der Fraktionen in den Bezirksvertretungen, Kreistagen, Landschaftsversammlungen, im Ruhrpalament sowie im Städteregionstag Aachen entsprechend.

Den Verfassern war daran gelegen, die juristischen Regelungen einfach und verständlich wiederzugeben. Auf umfangreiche Literatur- und Rechtsprechungshinweise wurde deshalb verzichtet. Gleichwohl enthält der Text weiterführende Hinweise für eine vertiefende Betrachtung.

Alle Ämter und Funktionen stehen unabhängig von der sprachlichen Bezeichnung selbstverständlich in gleicher Weise Frauen, Männern und diversgeschlechtlichen Menschen offen. Die Verwendung des generischen Maskulinums in dieser Handreichung erfolgt lediglich aus Gründen der Verständlichkeit und besseren Lesbarkeit.

Ein besonderer Dank gilt Frau Petra Rumlich, auf deren Sachverstand, Lektorat und Layout wir uneingeschränkt zurückgreifen konnten.

Weitere Anregungen, Ergänzungshinweise und kritische Wertungen nehmen die Verfasser gerne entgegen.

Recklinghausen, im November 2022

Klaus-Viktor Kleerbaum Oliver Flüshöh

Inhalt

A. Einführung

Im Jahr 1994 sind durch das Kommunalverfassungsänderungsgesetz die allgemeinen kommunalrechtlichen Strukturen grundlegend überarbeitet worden. Änderungen erfolgten z. B. bei der Stellung von (Ober-) Bürgermeistern und Landräten, aber auch im Rahmen der damals bereits sehr fortschrittlichen Regelungen zum nordrhein-westfälischen Fraktionsrecht.

In 2007 ist die Kommunalverfassung durch das „Gesetz zur Stärkung der kommunalen Selbstverwaltung – GO-Reformgesetz“ (GV.NRW. 2007, S. 380) erneut umfassend reformiert worden. Die Neuregelungen haben dabei im Wesentlichen eine bereits oftmals seit Jahrzehnten geübte Praxis in gemeinderechtlichen Regelungen umgesetzt.

Mit den Änderungen der kommunalverfassungsrechtlichen Vorschriften wurde auch die Arbeit der kommunalen Fraktionen modifiziert. Im Einzelnen lassen sich die zwischen 2007 und 2016 relevanten Neuregelungen für die Fraktionen wie folgt zusammenfassen:

- Seit 2007 muss eine Fraktion gemäß § 56 Abs. 1 Gemeindeordnung Nordrhein-Westfalen (GO) im Rat einer kreisangehörigen Gemeinde aus mindestens zwei Mitgliedern, im Rat einer kreisfreien Stadt aus mindestens drei Mitgliedern und in einer Bezirksvertretung aus mindestens zwei Mitgliedern bestehen.

  (Vor der Gesetzesänderung wurde die notwendige Mindestanzahl von Mitgliedern für die Existenz einer Fraktion von der Größe des Rates abhängig gemacht: Eine Fraktion musste aus mindestens zwei Personen bestehen, in einem Rat mit mehr als 57 Mitgliedern aus mindestens drei und in einem Rat mit mehr als 81 Mitgliedern aus mindestens vier Personen.)

- Gemäß § 55 Abs. 4 Satz 1 GO kann Akteneinsicht auf Verlangen einer Fraktion einem einzelnen, von den Antragstellern jeweils zu bestimmenden Ratsmitglied gewährt werden. Zuvor war die Einsichtnahme in die Akten nach § 55 Abs. 4 GO nur auf Beschluss des Rates oder auf Verlangen eines Fünftels der Ratsmitglieder möglich.

- Gemäß § 58 Abs. 2 Satz 4 GO ist der Ausschussvorsitzende verpflichtet, einen Gegenstand in die Tagesordnung aufzunehmen, wenn eine Fraktion dies beantragt.

- Gemäß § 44 Abs. 1 und Abs. 2 GO sind die Freistellungsregelungen sowie die Einführung eines Anspruchs auf Zeitgutschrift bei flexiblen Arbeitszeiten (neu) geregelt worden.

Die für die Fraktionen in den Räten relevanten Neuregelungen ab dem Jahr 2016 bis 2021 lassen sich wie folgt zusammenfassen:

- Ergänzung der kommunalverfassungsrechtlichen Vorschriften um Ermächtigungsgrundlagen (§ 45 GO), z. B.

  - Einführung einer zusätzlichen Aufwandsentschädigung in der Entschädigungsverordnung für Ausschussvorsitzende in den kommunalen Vertretungen (§ 46 GO),

  - Einführung eines landesweit einheitlichen Mindest- und Höchstsatzes für den Verdienstausfall durch Rechtsverordnung.

- Absenkung der Schwellenwerte, ab denen Stellvertretende Fraktionsvorsitzende mit Anspruch auf eine zusätzliche Aufwandsentschädigung gewählt werden können (§ 46 GO).

- Neujustierung des Abstands zwischen Fraktionen und Gruppen bei den Zuwendungen zu den sächlichen und personellen Aufwendungen für die Geschäftsführung (§ 56 GO).

  (Diese Neuregelung ist zu Beginn der aktuellen Wahlperiode am 1. November 2020 in Kraft getreten.)

- Erweiterung der Möglichkeiten zur Verkleinerung der kommunalen Vertretungen im Kommunalwahlgesetz von derzeit maximal 6 Mandaten auf insgesamt 10 Mandate.

Begleitend hierzu wurden Änderungen der Entschädigungsverordnung, der überarbeitete Erlass über die „Zuwendungen kommunaler Körperschaften an Fraktionen der Vertretungen“ sowie der sog. „Ratsherren-Erlass“ des Finanzministeriums NRW (Steuerliche Behandlung der Entschädigungen an ehrenamtliche Mitglieder kommunaler Vertretungen ab dem Veranlagungszeitraum 2021) in Kraft gesetzt.

Im Jahr 2022 sind in die Gemeindeordnung u. a. Regelungen zur Durchführung digitaler Sitzungen (§§ 47a, 58a GO) aufgenommen worden, die sinngemäß auch für Fraktionen Anwendung finden, soweit eine Fraktion dies beschließt. Zudem ist im Rahmen der Überarbeitung der Gemeindeordnung eine weitreichende Neu- und Umstrukturierung – etwa der Mandatsträger- und Entschädigungsregelungen – erfolgt, die sich nunmehr auf die Entschädigungsverordnung verlagert haben.

Den nachfolgenden Ausführungen liegen die vorgenannten Neuerungen zugrunde.

B. Bedeutung der Fraktionen in kommunalen Vertretungskörperschaften

I. Definition

„**Fraktionen** sind **freiwillige Vereinigungen von Ratsmitgliedern oder von Mitgliedern einer Bezirksvertretung**, die sich auf der Grundlage grundsätzlicher **politischer Übereinstimmung** zu möglichst gleichgerichtetem Wirken zusammengeschlossen haben" (§ 56 Abs. 1 Satz 1 GO). Entsprechende Regelungen finden wir für die Mitglieder des Kreistages (§ 40 Abs. 1 Satz 1 KrO), der Verbandsversammlung (§ 11 Abs. 6 Gesetz über den Regionalverband Ruhr – RVRG) sowie des Städteregionstages (§ 3 Abs. 1 Satz 2 Gesetz zur Bildung der Städteregion Aachen – Aachen-Gesetz).

Für die Fraktionen in den Landschaftsversammlungen Rheinland und Westfalen-Lippe ist das Erfordernis der „grundsätzlichen politischen Übereinstimmung" nicht ausdrücklich in der Landschaftsverbandsordnung (§ 16a LVerbO) genannt. Sie ist auf Grundlage der geltenden Rechtsprechung jedoch ebenfalls zu fordern.

Aus den gesetzlichen Regelungen folgt, dass sich **nur Mitglieder der vorgenannten Gremien** zu einer Fraktion zusammenschließen können, nicht aber Ausschussmitglieder. Zugleich wird eindeutig klargestellt, dass **Sachkundige Bürger, Sachkundige Einwohner** oder **sonstige Personen** (z. B. Parteivorsitzende) nicht Mitglieder einer Fraktion sein können, selbst wenn sie regelmäßig an Fraktionssitzungen teilnehmen (vgl. hierzu unten C.III.3.). Dies gilt auch für die **(Ober-) Bürgermeister** bzw. **Landräte**, obwohl diese jeweils gesetzliches Mitglied des Rates bzw. des Kreistages sind. Allerdings sind sie eben nur „gesetzliche" Mitglieder des Rates bzw. des Kreistages und nicht „gewählte" Rats- oder Kreistagsmitglieder.

Die Legaldefinition in **§ 56 Abs. 1 GO** bzw. **§ 40 Abs. 1 KrO** wurde in ihrem Ursprung erst durch das Gesetz zur Änderung der Kommunalverfassung von 1994 eingeführt. Eine Präzisierung und Anpassung an die geltende Rechtsprechung erfolgten mit der Reform der Gemeindeordnung im Jahr 2007 durch die Einführung der Erfordernisse einer

„grundsätzlichen politischen Übereinstimmung“ ihrer Mitglieder und des „Zusammenschlusses zu möglichst gleichgerichtetem Wirken“.

Damit werden durch das Gesetz konkrete inhaltliche Vorgaben zur Fraktionsbildung gemacht. Die Anforderungen sollen vermeiden, dass sich Mitglieder einer Vertretungskörperschaft lediglich aus finanziellen Erwägungen zu einer Fraktion zusammenschließen, ohne dass zumindest ein **gewisser politischer Grundkonsens** zwischen ihnen besteht.

Ob eine grundsätzliche politische Übereinstimmung gegeben ist, bemisst sich im Wesentlichen nach dem **Statut des Zusammenschlusses** (der Fraktion oder Gruppe) und seiner tatsächlichen Anwendung sowie den Bekundungen der Mitglieder des Zusammenschlusses, soweit sich diese Erklärungen als glaubhaft erweisen (vgl. OVG NRW, Beschl. v. 25.02.2016 – 15 B 1521/15 –; OVG NRW, EildStTNRW 2005, S. 70 f.). Es ist danach zwar nicht erforderlich, dass die Mitglieder von Fraktionen oder Gruppen derselben Partei angehören. In Fällen politisch extrem heterogener Zusammensetzung besteht allerdings besonderer Anlass, festzustellen, ob die erforderliche grundsätzliche politische Übereinstimmung besteht. Für eine wirksame Fraktionsbildung ist es weiterhin erforderlich, dass sich aus den Gesamtumständen des jeweiligen Einzelfalles der zuverlässige Schluss ergeben muss, dass der Zusammenschluss nachhaltig auf das gleichgerichtete Zusammenwirken ausgerichtet ist (OVG NRW, Beschl. v. 12.12.2014 – 15 B 1139/14 –), was u. U. – insbesondere bei längerem Bestehen der (vermeintlichen) Fraktion / Gruppe – auch sichtbar – praktisch – Ausdruck gefunden haben muss (OVG NRW, Beschl. v. 25.02.2016 – 15 B 1521/15 –).

II. Rechtsnatur

Fraktionen sind ständige Gliederungen des kommunalen Vertretungsorgans Rat oder Kreistag. Aus dieser Qualifikation ergibt sich hinsichtlich ihres Rechtscharakters, dass die Fraktionen als **öffentlich-rechtliche Vereinigungen im weiteren Sinne** anzusehen sind. Dies ist insofern von praktischer Bedeutung, als diese Zuordnung insbesondere für die Wahl des richtigen Rechtsweges bei Streitigkeiten um Rechte und Pflichten der Fraktionen gegenüber der Vertretungskörperschaft oder aber eines einzelnen Mitgliedes gegenüber seiner Fraktion (z. B. bei einem Fraktionsausschluss) ausschlaggebend ist. In beiden Fällen ist der Verwaltungsrechtsweg nach § 40 Verwaltungsgerichtsordnung – VwGO eröffnet.

Treten Fraktionen **im privatrechtlichen Bereich** nach außen auf, sind auf sie allerdings die Rechtsgrundsätze derjenigen zivilrechtlichen Rechtsform (nichtrechtsfähiger Verein, GbR) anzuwenden, die jeweils am weitestgehenden mit ihrer Struktur übereinstimmt (BGH, NJW 2001, S. 748, 749). So sind für die Fraktionen als Arbeitgeber von Fraktionsgeschäftsführern oder -assistenten die Regelungen über einen **nichtrechtsfähigen Idealverein** anwendbar.

Obgleich Fraktionen als **öffentlich-rechtliche Vereinigungen** im weiteren Sinne anzusehen sind, gehören sie nicht zu den gemäß § 358 Abs. 1 SGB III privilegierten Arbeitgebern und sind deshalb zur Abführung einer Insolvenzgeldumlage für die bei ihnen angestellten Mitarbeiter verpflichtet.

III. Parlamentarische und kommunale Fraktionen

Wie der Bundestag und die Länderparlamente müssen auch die kommunalen Vertretungskörperschaften (Rat, Kreistag, Bezirksvertretung) aus allgemeinen, unmittelbaren, freien, gleichen und geheimen Wahlen hervorgegangen sein (Artikel 28 Abs. 1 Satz 2 Grundgesetz – GG).

Im Gegensatz dazu ist jedoch zu berücksichtigen, dass es sich bei den kommunalen Vertretungen **nicht um Parlamente**, sondern um **Willensbildungsorgane eines Selbstverwaltungsträgers** handelt (vgl. BayVGH, Urt. v. 03.12.2014 – 4 N 14.2016 –; bereits Bundesverfassungsgericht in BVerfGE 78, S. 344, 348). Ihnen fehlen wesentliche Merkmale eines Parlaments: So können sie **keine Gesetze in formellem Sinne** erlassen, außerdem formulieren sie ihre Rechtsstellung und Aufgaben nicht selbst, sondern der Landesgesetzgeber. Selbst wenn die Tätigkeit der kommunalen Vertretungen als Satzungsgeber gesetzgeberischen Charakter aufweist, handelt es sich dabei nur um eine abgeleitete und **nicht originäre Rechtsetzungsmacht**. Gegen den Parlamentscharakter spricht auch die Aufsichtsunterworfenheit der Ratstätigkeit: Im Gegensatz zu Bundes- oder Landtag können Beschlüsse der Kommunalvertretungen (unabhängig von der gerichtlichen Überprüfungsmöglichkeit) vom (Ober-) Bürgermeister bzw. Landrat, aber auch von der Aufsichtsbehörde beanstandet und aufgehoben werden.

Die Kommunalverfassung kennt also nicht das klassisch-parlamentarische System, innerhalb dessen ein Parlament und eine von diesem geschaffene Regierung sich gegenüberstehen (OVG NRW, NWVBl. 1990, S. 298). Vielmehr üben die Kommunalvertretungen **ehrenamtliche Verwaltungstätigkeit** aus und zählen ebenso wie die vom Hauptverwaltungsbeamten geführte hauptamtliche Verwaltung zum Bereich der **Exekutive** (**Verwaltung**). Rat und Kreistag kommt insoweit allerdings eine Doppelfunktion zu, als sie über alle wichtigen Angelegenheiten der örtlichen Gemeinschaft auch im gesetzgeberischen Bereich beschließen.

Gleichwohl ist in der politischen Praxis wie auch im Sprachgebrauch („Gemeindeparlamente“) die Tendenz zur „**Parlamentarisierung**“ der kommunalen Vertretungen festzustellen. Damit einhergehend haben die politischen Parteien auf kommunaler Ebene nach wie vor erhebliche Bedeutung. Der in Artikel 21 Abs. 1 Satz 1 GG formulierte Auftrag, „bei der politischen Willensbildung des Volkes mitzuwirken“, bezieht sich nicht nur auf die Bundes- und Länderebene, sondern erstreckt sich auch auf den Bereich der Gemeinden und Gemeindeverbände. Dabei erfolgt die konkrete Einflussnahme der politischen Parteien auf die Gemeinde- und Kreispolitik über die Fraktionen in den kommunalen Vertretungskörperschaften, die oftmals von Personenidentität bestimmt ist.

Eine weitere Besonderheit der kommunalen Ebene ergibt sich zusätzlich daraus, dass neben Parteien vielfach auch **Wählervereinigungen** für die Vertretungskörperschaften kandidieren und dort auch eigene Fraktionen bilden. Mitunter finden sich auch mehrere Wähler- oder Bürgergemeinschaften in einem Stadtrat oder Kreistag.

IV. Fraktionszwecke

Mit Blick auf die Vielzahl der Beratungs- und Entscheidungsgegenstände sowie die zunehmende Komplexität einzelner Fragestellungen in der kommunalen Praxis ermöglichen die Vorberatungen durch die Fraktionen erst eine arbeitsteilige und damit effiziente Tätigkeit. Die Bildung von Fraktionen liegt daher insbesondere bei großen Vertretungskörperschaften im Interesse der **Funktionsfähigkeit**. Auch in kleineren Gemeinden ist eine Bündelung der Meinungen zumindest zweckmäßig.

Dem einzelnen **Mandatsträger** ermöglichen die Fraktionen erst, einen zur Entscheidung befähigenden Kenntnisstand zu erlangen, da er schon zeitlich nicht alle Gremien selbst besuchen kann. Zwar ist das Aufgabenspektrum in Gemeinden und Kreisen nicht so breit gefächert wie auf Staatsebene, dies wird aber dadurch aufgewogen, dass der Kommunalpolitiker ehrenamtlich tätig ist und seinem zeitlichen Engagement engere Grenzen gesetzt sind. Zudem steht ihm in der Regel keine den Abgeordneten vergleichbare personelle und sachliche Ausstattung zur Verfügung.

Außerdem erhöht die Vorberatung unter politisch Gleichgesinnten und die gemeinsame Formulierung von Positionen die politische Durchschlagskraft erheblich (vgl. hierzu auch unten E.).

Fraktionen haben zugleich eine **Schlüsselposition für die Präsentation der Parteipolitik** in der Öffentlichkeit und bieten damit auch dem Wähler Orientierung für seine Wahlentscheidung. Auf der kommunalen Ebene werden die innerparteiliche Meinungsbildung und die Außendarstellung der Partei oft sogar von der jeweiligen Fraktion dominiert. Dies ist vielfach auf einen erheblichen Informationsvorsprung der Gemeinderatsmitglieder zurückzuführen. Häufig besteht auch eine Personalunion von Parteifunktionären und kommunalen Mandatsträgern. Oftmals ist z. B. der Parteivorsitzende auch örtlicher Ratsvertreter. Die Fraktionen setzen in den Stadträten und Kreistagen die Ideen, Ziele und Vorstellungen um, die die Parteien in ihren Wahlprogrammen niedergelegt haben. Das **gleichgerichtete Abstimmungsverhalten** einzelner Mandatsträger, das durch die Fraktionen gebündelt wird, gibt dem Wähler Orientierung. Das Handeln und die Beschlussfassungen der einzelnen Fraktionen geben dem Wähler die Möglichkeit, bei der nächsten Kommunalwahl die Partei oder Wählergruppe zu wählen, deren Fraktion seinen Vorstellungen am ehesten entsprochen hat.

V. Unterscheidung von Fraktion und Partei

Die örtlichen Gliederungen der Parteien und die Fraktionen in den Gemeindevertretungen sind **grundsätzlich organisationsrechtlich voneinander zu trennen**. Trotz der oftmals vorhandenen engen persönlichen Verknüpfung zwischen Partei und Fraktion vor Ort und der Schlüsselposition, die die Fraktionen für die Präsentation der örtlichen Parteipolitik in der Öffentlichkeit wahrnehmen, muss **rechtlich zwischen der Partei und der Fraktion unterschieden werden**.

Die rechtlich notwendige **Trennung von Partei und Fraktion** macht daher u. a. eine **stringente Trennung zwischen den finanziellen Mitteln der Partei und den** – hauptsächlich aus kommunalen Haushaltsmitteln zur Verfügung gestellten – **Mitteln der Fraktion** erforderlich. So dürfen die den Fraktionen aus Haushaltsmitteln der Gemeinde zur Verfügung gestellten Zuwendungen grundsätzlich nicht auch zur Finanzierung der Parteiarbeit herangezogen werden (vgl. hierzu unten F.I.4.a).

Die **Trennung von Fraktion und Partei** hat ferner zur Folge, dass die **Fraktion aus rechtlicher Sicht selbstständig** über die zur Erledigung anstehenden inhaltlichen und organisatorischen Fragen entscheidet. Die Fraktion ist rechtlich nicht verpflichtet, Beschlüssen der Partei zu folgen.

Andererseits besteht – nur, aber immerhin – eine politische Bindung zwischen Partei und Fraktion. Denn Fraktionen sind **Zusammenschlüsse von Ratsmitgliedern**, die durch ihre politische Anschauung verbunden sind. Daher ist aufgrund politischer Erwägungen und im Hinblick auf das gedeihliche Zusammenwirken von Partei und Fraktion zu entscheiden, inwieweit hier gemeinsame oder entgegengesetzte Positionen bezogen werden.

Zusammenfassung

- Fraktionen sind **freiwillige Vereinigungen** von Ratsmitgliedern oder Mitgliedern einer Bezirksvertretung bzw. des Kreistages, die sich **auf Grundlage grundsätzlicher politischer Übereinstimmung** zu möglichst **gleichgerichtetem Wirken** zusammengeschlossen haben.
- Fraktionen haben eine zentrale Bedeutung für die **Präsentation der Parteiarbeit vor Ort** und bieten so auch dem Wähler Orientierung.
- In den **Ausschüssen** gibt es keine **Fraktionsbildung**.
- Sachkundige Bürger, Sachkundige Einwohner oder sonstige Personen (z. B. [Ober-] Bürgermeister / Landräte, Parteifunktionäre, Verwaltungsmitarbeiter) sind **keine Mitglieder** einer Fraktion.
- Der Rat, Kreistag oder die Bezirksvertretung sind **keine Parlamente**, sondern Willensbildungsorgane der Gemeinde oder des Stadtbezirks bzw. Kreises als Selbstverwaltungsträger und Teile der Verwaltung.
- Fraktionen ermöglichen durch ihre Vorberatung erst eine **arbeitsteilige und effiziente Tätigkeit**. Ihre Bildung liegt daher im Interesse der Funktionsfähigkeit des Rates, Kreistages oder der Bezirksvertretung.
- Dem einzelnen Mandatsträger ermöglichen Fraktionen oftmals erst einen zur Entscheidung befähigenden Kenntnisstand.
- Die Vorberatung unter politisch Gleichgesinnten erhöht die politische Durchschlagskraft erheblich.
- Trotz der meist engen personellen Verknüpfung zwischen Partei und Fraktion (z. B. Parteivorsitzender als Ratsmitglied) ist zwischen beiden zu trennen. Fraktionen sind **nicht Organe der Parteien, sondern des Rates, Kreistages oder der Bezirksvertretung** und gehören (wie diese) zum Bereich des öffentlichen Rechts.

C. Fraktionsbildung

I. Partei- und Fraktionszugehörigkeit

Fraktionen werden oft verkürzend als „Parteien im Parlament" bezeichnet. **Rechtlich** ist – wie dargestellt – jedoch **zwischen Parteien und Fraktionen** zu unterscheiden, obgleich die Fraktionen regelmäßig aus (Partei-) Mitgliedern bestehen, die von ihrer Parteibasis (durch die Aufstellung als Kommunalwahlkandidaten) zur Wahrnehmung des Mandats und der Mitwirkung in der Fraktion ausgewählt worden sind.

Zwar ist es allgemein üblich, dass Mitglieder einer Rats- oder Bezirksvertretungsfraktion auch einer gemeinsamen Partei / Wählergruppe angehören; ein entsprechendes Gebot enthält die Gemeindeordnung allerdings nicht (**kein Parteizwang**; vgl. auch OVG NRW, EildStT-NRW 2005, S. 70 f.). Ratsmitglieder, die sich zu einer Fraktion zusammenschließen, müssen also nicht derselben politischen Partei oder überhaupt einer Partei angehören. Dem steht bereits das in Artikel 38 Abs. 1 Satz 2 GG verankerte **freie Mandat** entgegen, das über Artikel 28 Abs. 1 Satz 1 GG auch für Kommunalwahlen in vollem Umfang gilt bzw. seine kommunale Ausprägung in § 43 Abs. 1 GO findet (zum „freien Mandat" vgl. ausführlich unten E.). Folglich wäre es verfassungsrechtlich bedenklich, in der Hauptsatzung, der Geschäftsordnung oder auf andere Weise vorzuschreiben, dass sich nur Ratsmitglieder derselben Partei oder Wählergruppe zu einer Fraktion zusammenschließen dürfen.

Zudem erscheint es auch sinnwidrig, wenn nach dem Kommunalwahlgesetz NRW die **Kandidatur Parteiloser auf Parteilisten zulässig** ist, das Fraktionsrecht aber eine entsprechende Fraktionsbildung verböte. Wegen der größeren Überschaubarkeit und dem engeren Kontakt zwischen Wählern und Gewählten auf der kommunalen Ebene bedarf es dort noch weniger als in den (staatlichen) Parlamenten eines Gleichklangs von Fraktions- und Parteizugehörigkeit.

Außerdem muss nach Sinn und Zweck die Fraktionsbildung auch solchen Mandatsträgern möglich sein, die sich erst nach der Wahl zusammengefunden haben.

Aus Sicht der Parteien bietet gerade dieser fehlende Parteienzwang die Chance, mit zunehmend dünner werdender Personaldecke nahestehende, aber nicht parteigebundene Personen in den Wahlkreisen und den Listen für die Kommunalvertretungen aufzustellen.

Alles in allem kann eine Fraktion somit auch aus **parteilosen Ratsmitgliedern** gebildet werden, die sich zur Erreichung bestimmter kommunalpolitischer Ziele zusammenschließen. Erforderlich ist lediglich eine **grundsätzliche politische Übereinstimmung** (vgl. hierzu oben B.I.) der betreffenden Ratsmitglieder.

Ebenso wie eine Parteimitgliedschaft nicht Voraussetzung einer Fraktionszugehörigkeit ist, besteht auch umgekehrt kein Anspruch einer Partei auf Beitritt ihres Mitgliedes zu einer bestimmten Fraktion (**keine Zwangsmitgliedschaft**). Das Recht, sich zu Fraktionen zusammenzuschließen, steht ausschließlich den gewählten Mandatsträgern selbst zu, nicht den Parteien. Deren Funktion erschöpft sich vielmehr in der Vorbereitung der Wahlen durch Aufstellung der entsprechenden Vertreter in den Wahlkreisen und auf den Listen. Die prinzipielle Freiheit des Ratsmitgliedes zu entscheiden, ob es sich an einer Fraktionsbildung beteiligt oder freiwillig die mit dem Verzicht darauf verbundenen möglichen Nachteile in Kauf nimmt, ist **Ausdruck des freien Mandats** (zu den Nachteilen HessVGH, NVwZ 1990, S. 391, 392; vgl. hierzu auch unten E.).

Die Partei ist aber nicht daran gehindert, im Falle eines Nichtbeitritts, insbesondere aber des Beitritts / Wechsels „ihres“ Ratsmitgliedes zu einer anderen Fraktion, **parteirechtliche Konsequenzen** zu ziehen. Dabei gelten die in einem Parteiordnungsverfahren zu beachtenden Grundsätze. Da Partei- und Fraktionsmitgliedschaft rechtlich nicht deckungsgleich ist, hat ein Ausschluss aus der Partei nicht automatisch den Fraktionsausschluss zur Folge. Die **Selbstständigkeit und Unabhängigkeit der Fraktion** bedeutet nämlich, dass sie nicht an entsprechende Ausschlussbeschlüsse der Partei gebunden ist. Entsprechend gilt auch umgekehrt, dass ein Fraktionsausschluss nicht unbedingt zum Parteiausschluss führen muss. Gleichwohl folgt in der Praxis dem Fraktionsausschluss oftmals auch ein Parteiausschlussverfahren, insbesondere wenn der Ausgeschlossene sich einer anderen Fraktion anschließt. Ein solches Verhalten wird in den Statuten meist als **parteischädigendes Verhalten** qualifiziert, dessen Feststellung Grund für einen Parteiausschluss sein kann.

Verlässt ein Ratsmitglied seine Fraktion, wird es seitens der Partei oder seiner bisherigen Fraktion regelmäßig mit der Forderung konfrontiert, sein Mandat niederzulegen, weil es sein Mandat allein der Partei „verdanke". Obgleich diese Argumentation parteipolitisch verständlich ist, lässt sie jedoch den Grundsatz des freien Mandats unberücksichtigt: Der **Mandatsinhaber ist** als gewählter Volksvertreter durch die Wahl für die gesamte Amtsperiode **legitimiert**; er allein hat die freie Entscheidungsmöglichkeit zur Niederlegung oder Beibehaltung und Fortführung des Mandats. Während also die Niederlegung des Mandats im Rat zum endgültigen Verlust der Mitgliedschaft führt, ist ein Austritt oder Ausschluss aus der Fraktion für das Mandat **unerheblich**. Durch den Austritt oder Ausschluss aus der Fraktion erlischt auch nicht die Mitgliedschaft des Ratsmitgliedes in den Ausschüssen. Da die Ausschüsse nach den Grundsätzen der Verhältniswahl besetzt worden sind, ist es nicht möglich, einzelne Ausschussmitglieder durch Mehrheitsbeschluss abzuberufen und durch andere Personen zu ersetzen. Dies bedeutet, dass weder durch Fraktions- noch durch Ausschuss- oder Ratsbeschluss das ausgeschiedene Fraktionsmitglied automatisch seinen Sitz in den Ausschüssen verliert. Soweit hinsichtlich einer Umbesetzung des jeweiligen Ausschusses kein Einvernehmen mit dem betreffenden Ausschussmitglied erreicht werden kann, besteht nur die Möglichkeit, den **Ausschuss durch Mehrheitsbeschluss des Rates aufzulösen** und sodann nach Verhältniswahlgrundsätzen **neu zu besetzen**. So wird in der Praxis auch üblicherweise verfahren (zur Ausschussbesetzung insgesamt vgl. unten D.IV.1.).

Ein Ratsmitglied kann immer nur einer Fraktion angehören (**Verbot der Doppelmitgliedschaft**; VG Darmstadt, NVwZ 1993, S. 494 ff.). Dies ergibt sich aus dem Wesen der Fraktion und ihrer Aufgabe, die politischen Vorstellungen zu bündeln, um eine effektive Arbeit des Rates und seiner Ausschüsse zu gewährleisten. Einer gesonderten Regelung in der Geschäftsordnung bedarf es insoweit nicht.

Denkbar – und in der Praxis mit zunehmender Häufigkeit vorkommend – ist es, dass **zwei oder mehr Fraktionen aus den Mitgliedern derselben Partei** im Rat vertreten sind. Anders ausgedrückt: Es ist rechtlich **nicht zwingend geboten**, dass alle Angehörigen eines Wahlvorschlags eine Fraktion bilden (VG Oldenburg, Beschl. v. 22.11. 2006 – 1 B 5010/06 –). Im Übrigen ist der Zwang zum Anschluss an eine Fraktion nicht mit dem **freien Mandat der Ratsmitglieder** zu vereinbaren, denn es ist jedem Mandatsträger überlassen, welcher Fraktion er sich anschließen will. Auch der Austritt aus einer Fraktion führt nicht zum Mandatsverlust (vgl. bereits oben). Dadurch können allerdings Abgrenzungsschwierigkeiten auftreten, welche Fraktion berechtigt ist, für die Partei aufzutreten, die sie als „ihre" Kommunalwahlvertreter aufgestellt hat. In der Praxis entsteht eine solche Konstellation immer dadurch, dass Ratsmitglieder aus ihrer Fraktion austreten und eine Fraktion mit ähnlicher Bezeichnung gründen, wobei die ursprüngliche Fraktion bestehen bleibt. Der **Austritt** selbst ist – anders als die Auflösung – für die **Existenz einer Fraktion unbeachtlich**, soweit die **gesetzlich festgelegte Fraktionsstärke** (§ 56 Abs. 1 Satz 2 GO) bestehen bleibt.

Tritt ein solcher Fall der Spaltung ein, hat die Partei nach Auffassung der Gerichte nur wenige Einwirkungsmöglichkeiten bei der Bestimmung „ihrer Ratsfraktion". Dies hat das Verwaltungsgericht Arnsberg in zwei Beschlüssen bestätigt (Beschl. v. 15.07.1997 – 12 L 1250/97 – sowie Beschl. v. 29.07.1997 – 12 L 1319/97 –). Beiden Entscheidungen lag dabei folgender Sachverhalt zugrunde: Eine Gemeinderatsfraktion hatte zunächst aus acht Mitgliedern bestanden. Nachdem vier Mitglieder aus der Fraktion ausgetreten waren und eine eigene Fraktion gegründet haben, beschloss die Mitgliederversammlung des Ortsverbandes der Partei, nur noch die neue Fraktion als richtige, als „ihre Ratsfraktion", anzuerkennen. Gleichwohl entschied das Gericht in beiden zur Entscheidung stehenden Rechtsfragen (Zugang zum Fraktionsbüro sowie Namensrecht) zugunsten der „alten Fraktion". Durch einen Beschluss der Mitglieder- oder Delegiertenversammlung einer Partei kann nur zum Ausdruck gebracht werden, durch welche Fraktion sich die Partei politisch vertreten fühle, so das Gericht. Die **frühere Konstituierung** der ursprünglichen Fraktion könne hierdurch **nicht nachträglich beseitigt** werden, denn die Parteien hätten im Zusammenhang mit der Bildung von Fraktionen **keinerlei Mitwir-**

kungsbefugnisse. Die von den Ratsmitgliedern damit wahrgenommenen Rechte beruhten nicht auf der Parteizugehörigkeit, sondern auf dem Mandat selbst. Insoweit treffe die **Fraktion als freiwillige Vereinigung von Ratsmitgliedern** ihre diesbezüglichen Entscheidungen nach dem Grundsatz des freien Mandats (zustimmend wohl Buhren, VR 2001, S. 73, 74; vgl. zum Ganzen Meyer, Das Recht der Ratsfraktionen, 11. Aufl. 2021, S. 67 ff.; zum Namensrecht vgl. unten D.I.3.a).

Vielfach wird seitens der Partei allerdings im Anschluss an die Gründung einer neuen Fraktion ein Parteiausschlussverfahren gegen die Mitglieder einer der beiden Fraktionen eingeleitet.

Die **Auswirkungen eines Parteienverbots** auf das kommunale Mandat regelt § 46 Abs. 1 Kommunalwahlgesetz Nordrhein-Westfalen – KWahlG. Danach verlieren die Vertreter einer Partei ihren Sitz, wenn diese durch das Bundesverfassungsgericht gemäß Artikel 21 Abs. 2 GG für verfassungswidrig erklärt wird. Wegen der überaus zurückhaltenden Anwendung des Artikel 21 Abs. 2 GG hat diese Problematik allerdings kaum praktische Bedeutung.

II. Mindeststärke

Die **Mindeststärke einer Fraktion** in einem Gemeinde- bzw. Stadtrat richtet sich seit Inkrafttreten des GO-Reformgesetzes am 17. Oktober 2007 (GV.NRW. S. 380 ff.) nicht mehr nach der Größe des Rates, sondern nach Kreiszugehörigkeit einer Gemeinde oder Stadt. Das Gesetz differenziert heute (Stand November 2022) zwischen **kreisangehörigen und kreisfreien Städten und Gemeinden**, unabhängig von der Größe des jeweiligen Rates. Die Mindeststärke liegt in **kreisangehörigen Städten und Gemeinden** generell bei **zwei**, in **kreisfreien Städten** bei **drei Mitgliedern**.

In den Kreisen ist die Mindeststärke einer Fraktion an der Größe der Kreistage ausgerichtet. Eine Fraktion muss danach mindestens aus zwei Kreistagsmitgliedern bestehen, in Kreistagen mit mehr als 59 Vertretern aus mindestens drei Mitgliedern.

In den Bezirksvertretungen liegt die Mindeststärke einer Fraktion bei zwei Mitgliedern.

In den Landschaftsverbänden sowie dem Regionalverband Ruhr beträgt die Mindestgröße für Fraktionen ab der im November 2020 begonnenen Wahlperiode drei Personen.

Eine **abweichende Regelung** der Fraktionsmindeststärke auf kommunaler Ebene z. B. in der Geschäftsordnung des Rates ist **unzulässig** und verstößt gegen die zwingende Vorschrift des § 56 Abs. 1 Satz 2 GO. Eine Anhebung der Mindeststärke ist ebenfalls nicht durch Beschluss des Rates, des Kreistages oder der Landschafts- bzw. Verbandsversammlung möglich. Entsprechende Regelungen würden einer gerichtlichen Überprüfung nicht standhalten, weil sie dem **gesetzgeberischen Interesse des Minderheitenschutzes** zuwiderlaufen würden. Das Bundesverfassungsgericht hat als Maßstab des Minderheitenschutzes formuliert, dass hierdurch eine Minderheit in der Lage sein soll, ihren Standpunkt in den Willensprozess einzubinden (BVerfGE 70, S. 324, 363).

Ausdrücklich ermöglichen es die kommunalrechtlichen Bestimmungen dagegen, in der jeweiligen Geschäftsordnung zu bestimmen, dass Fraktionen auch Ratsmitglieder, die keiner Fraktion angehören, als **Hospitanten** aufnehmen können. Diese zählen dann bei der Feststellung der Mindeststärke konsequenterweise nicht mit (§ 56 Abs. 4 GO). Auch für die Gewährung von Zuwendungen werden die Hospitanten nicht berücksichtigt.

Unterhalb der vorgenannten Mindeststärke steht es den Vertretungsmitgliedern frei, sich **als Gruppe** zusammenzuschließen. Eine Gruppe im Rat, in der Bezirksvertretung, im Kreistag oder in den Landschafts- bzw. Verbandsversammlungen besteht aus **mindestens zwei Mitgliedern**. Die Frage, ob sich Vertretungsmitglieder zu einer Gruppe zusammenschließen, spielt insbesondere für die Gewährung der Zuwendungen aus Haushaltsmitteln eine Rolle (vgl. § 56 Abs. 3 GO; vgl. auch unten Kapitel F.).

Eine **Gruppe** im Sinne des § 56 Abs. 1 GO u.a. ist aber nur dann anzuerkennen, wenn der Zusammenschluss bezweckt, auf **Grundlage grundsätzlicher politischer Übereinstimmung** möglichst gleichgerichtet zusammenzuwirken. Dieser Zweck muss **positiv feststehen**, um den Anspruch auf Zuwendungen aus Haushaltsmitteln an die Gruppe zu begründen. Dafür tragen diejenigen, die den Zuwendungsanspruch erheben, die materielle Beweislast. Dieser Zweck des Zusammenschlusses steht ohne Weiteres fest, wenn er aus Personen besteht, die für ein und dieselbe Partei oder Wählergruppe bei der Wahl angetreten sind.

Bei anderen – während der Wahlperiode gebildeten – Zusammenschlüssen muss sich aus den **Gesamtumständen des jeweiligen Einzelfalles** der zuverlässige Schluss ergeben, dass der Zusammenschluss nachhaltig auf das gleichgerichtete Zusammenwirken ausgerichtet ist. Die bloße Bekundung der Absicht gleichgerichteten Wirkens reicht ebenso wenig aus wie vereinzelte gemeinschaftliche Aktionen. Unaufklärbarkeiten gehen im Zweifel zu Lasten derer, die die Zuerkennung eines Gruppenstatus z. B. mit Blick auf die Gewährung finanzieller Zuwendungen beantragen (OVG NRW, NWVBl. 2009, S. 28 f.).

III. Mitgliedschaft und Mitwirkung

1. Konstituierung der Fraktion

a) Annahme der Wahl

Nach der Kommunalwahl und der Benachrichtigung durch den Wahlleiter finden sich die von einer Partei aufgestellten und gewählten Ratskandidaten zur **konstituierenden Fraktionssitzung** zusammen. Feste Regeln hierfür existieren kaum; das Verfahren ergibt sich im Wesentlichen aus den Umständen vor Ort:

Regelmäßig erfolgt die **Einladung** zur konstituierenden Sitzung **durch den Vorsitzenden der entsprechenden Parteigliederung**. Einzuladen sind sämtliche gewählten Ratskandidaten, die durch Feststellung ihrer Wahl die Mitgliedschaft in der Vertretung erworben haben (vgl. § 36 KWahlG NRW). Im Rahmen der Konstituierung beschließen die Fraktionsmitglieder eine **Geschäftsordnung** (vgl. unten

G. sowie Muster-Geschäftsordnung für Fraktionen im Anhang – I.) und wählen einen **Fraktionsvorstand**.

b) Zeitpunkt der Fraktionsgründung

Eine **Fraktionskonstituierung** muss vor der ersten Sitzung des Rates erfolgen, denn dort werden zahlreiche Entscheidungen getroffen, die eine Existenz von Fraktionen voraussetzt (z. B. Besetzung von Ausschüssen und Ausschussvorsitzen). Das Recht zur Bildung von Fraktionen ist allerdings zeitlich nicht fixiert.

Deshalb stellt sich die Frage, zu welchem Zeitpunkt nach der Kommunalwahl frühestens eine Fraktion gebildet werden kann. Insbesondere ist bislang nicht geklärt, ob sich gewählte Ratsmitglieder bereits nach der Feststellung ihrer Wahl gemäß § 36 Satz 1 KWahlG oder erst nach Beginn der neuen Wahlperiode zu einer rechtsverbindlich handlungsfähigen Fraktion zusammenschließen können. Nach § 56 Abs. 1 Satz 1 GO sind **Fraktionen freiwillige Vereinigungen von Ratsmitgliedern**. Um rechtsförmlich eine Fraktion bilden zu können, ist es somit erforderlich, dass die gewählten Kandidaten den **Status eines Ratsmitgliedes** besitzen. Die Mitgliedschaft in der Vertretung erwirbt nach § 36 Satz 1 KWahlG ein gewählter Bewerber mit der Feststellung seiner Wahl, jedoch **nicht vor Ablauf der Wahlperiode** der alten Vertretung. Unter Berücksichtigung dieser Gesetzeslage kann eine Fraktion folglich **erst mit dem zeitlichen Beginn der neuen Wahlperiode** rechtsförmlich gebildet werden.

Gleichwohl erfolgt der Zusammenschluss der gewählten Ratsmitglieder in der Praxis oftmals – aufschiebend bedingt – schon vor Beginn der neuen Wahlperiode. Dies ist insofern sinnvoll und zweckmäßig, als bereits vor Beginn der Wahlzeit die Bildung und Zusammensetzung der Ausschüsse einschließlich der damit verbundenen personellen Fragen, eventuelle Koalitionsverhandlungen und schließlich auch die Wahl des Fraktionsvorstandes und der Beschluss einer Fraktions-Geschäftsordnung vorbereitet bzw. vorgeklärt werden müssen. Nur so können die Vertretungen nach Beginn der Wahlperiode rasch ihre Arbeit aufnehmen.

In jedem Fall ist vor der Fraktionsgründung aber die **Feststellung der Mitgliedschaft** der Ratsmitglieder durch den Wahlausschuss abzuwarten (vgl. VG Potsdam, Beschl. v. 22.01.2004 – 2 L 1238/03 –). Das Recht zur Bildung von Fraktionen ist ansonsten während der Wahlzeit **zeitlich nicht begrenzt** und besteht somit auch während der gesamten Wahlperiode des Rates. Fraktionen können sich daher im Laufe der gesamten Wahlperiode bilden bzw. umbilden. Notwendig ist hierfür das Einverständnis der beteiligten Ratsmitglieder, das auch konkludent – z. B. durch Teilnahme an der konstituierenden Fraktionssitzung – zum Ausdruck kommen kann.

Zusammenfassend lässt sich deshalb festhalten, dass sich die gewählten Bewerber bereits vor Beginn der Wahlperiode zur rechtsgeschäftlichen Gründung einer **(Vor-) Fraktion** in Rechtsform eines **privatrechtlichen Vereins** zusammenschließen können. In dieser Vereinigung können bereits vor Beginn der Wahlperiode Beschlüsse gefasst, insbesondere z. B. der Fraktionsvorstand gewählt werden. Stimmberechtigt sind grundsätzlich nur die **neu gewählten Ratsmitglieder**. Die Mitglieder der „alten“ Ratsfraktion haben kein Stimmrecht.

Umgekehrt haben die neuen Ratsmitglieder kein Stimmrecht in der „alten“ Fraktion. Sie können aber als Gäste an den Sitzungen der „alten“ Fraktion teilnehmen. Mit Blick auf eine konstante Arbeit ist dies auch sinnvoll.

Die vor Beginn der Wahlperiode gefassten Beschlüsse sollten jedoch zur Gewährleistung der Rechtssicherheit zumindest in Form eines **Generalbeschlusses** nach Beginn der Wahlperiode bestätigt werden, um so rechtsförmlich eine Fraktion zu bilden.

2. Anzeige der Fraktionsbildung

Auch wenn nach den Regelungen der Gemeindeordnung keine gesetzliche Pflicht zur schriftlichen Anzeige der Bildung einer Fraktion besteht, schreiben die Geschäftsordnungen der Gemeinderäte (vgl. nur § 29 Abs. 2 Muster-Geschäftsordnung für den Rat und die Ausschüsse im Anhang – VI.) eine solche regelmäßig vor. Die **Anzeige-**

pflicht dient nicht nur dazu, den Status der Fraktion – z. B. im Hinblick auf den Anspruch gemeindlicher Zuwendungen und die sonstigen Fraktionsrechte – nach außen hin zu manifestieren, sondern ermöglicht der Verwaltung z. B. auch, die grundsätzliche politische Übereinstimmung der Fraktionsmitglieder zu überprüfen.

Außerdem sollte die Gründung der Fraktion mit ihren gewählten Vorsitzenden umgehend dem KPV-Bildungswerk e.V. angezeigt werden, um die Fraktion in den nach den Kommunalwahlen stattfindenden umfassenden Informationsfluss einbinden zu können.

Die **Auflösung** einer Fraktion, der **Wechsel** im Fraktionsvorsitz bzw. stellvertretenden Fraktionsvorsitz sowie die **Aufnahme** und das **Ausscheiden** von Mitgliedern sind dem Bürgermeister vom Fraktionsvorsitzenden nach diesen Regelungen ebenfalls schriftlich anzuzeigen.

In der ersten Fraktionssitzung oder zumindest in den ersten Sitzungen sind u. a. folgende Tagesordnungspunkte zu behandeln:

I. Wahl des Fraktionsvorsitzenden oder bereits des gesamten Fraktionsvorstandes

II. Vorbereitung der ersten Wahlen und Entscheidungen im Rat

III. Beratung bzw. Verabschiedung einer Fraktionsgeschäftsordnung

IV. Vorbereitung von Anfragen an die Verwaltung

V. Festlegung der vordringlichen Maßnahmen

VI. Kontaktaufnahme zu den anderen Fraktionen

VII. Wahlanalyse, Wahlprüfung

VIII. Kontakt zu den Bürgern; Öffentlichkeitsarbeit

IX. Ggf. Koalitionsvereinbarungen

3. Mitgliedschaft in der Fraktion

Voraussetzung für die Mitgliedschaft in einer Fraktion ist es, **Mitglied des Rates oder einer Bezirksvertretung** zu sein. Das legt § 56 Abs. 1 Satz 1 GO eindeutig fest. Da es sich bei den Fraktionen um Teile des Rates handelt, ist dies eigentlich eine Selbstverständlichkeit. Weil jedoch in der Praxis vielfach nicht unterschieden wird zwischen Ratsmitgliedern und anderen Teilnehmern von Fraktionssitzungen, verdient diese klare gesetzgeberische Regelung dennoch Beachtung.

Obgleich § 56 Abs. 1 Satz 1 GO den Kreis der Mitgliedschaft abschließend geregelt hat, ist die **Hinzuziehung Dritter** in beratender Funktion grundsätzlich möglich, ohne dass diese dadurch aber Fraktionsmitglieder werden (OVG NRW, DVBl. 1991, S. 495, 498). Dabei ist jedoch besonders der **Grundsatz der Vertraulichkeit** zu beachten (vgl. hierzu auch unten 3.f). Es steht der Fraktion daher grundsätzlich frei, Dritte zu Fraktionssitzungen einzuladen oder aus anderem, im Zusammenhang mit ihren Aufgaben stehenden Anlass in ihrem Fraktionsraum zu empfangen, sofern dies für die Beratung förderlich sein kann (OVG NRW, NWVBl. 1990, S. 347).

Von dieser beratenden Mitwirkung ist allerdings das **Stimmrecht** zu unterscheiden, das als ein echtes Mitgliedschaftsrecht **nur Fraktionsmitgliedern** vorbehalten ist (Kommunalpolitische Blätter – KPBl. 1975, S. 873 ff.). Wegen dieser **untrennbaren Verbindung von Stimmrecht und Mitgliedschaft** müssen die Mitglieder der Fraktionen unmittelbar demokratisch legitimiert sein.

a) Hospitanten

§ 56 Abs. 4 Satz 3 GO sieht vor, dass ein Ratsmitglied, das keiner Fraktion angehört, nach Maßgabe der Fraktionsgeschäftsordnung als Hospitant durch eine Fraktion aufgenommen werden kann. Hospitanten sind Ratsmitglieder, die an den Sitzungen einer Fraktion als **Gast** teilnehmen, ohne der Fraktion als Mitglied anzugehören.

Hospitanten zählen bei der Feststellung der Mindeststärke der Fraktion nicht mit (§ 56 Abs. 4 Satz 4 GO) und sind innerhalb der Fraktion nicht stimmberechtigt. Sie können **nur beratend mitwirken**.

b) (Ober-) Bürgermeister

Eine besondere Stellung in der nordrhein-westfälischen Gemeindeordnung nimmt der (Ober-) Bürgermeister ein. Gemäß § 40 Abs. 2 Satz 2 GO ist der (Ober-) Bürgermeister kraft Gesetzes Mitglied des Rates. Da er allerdings **kein gewähltes Ratsmitglied** ist, kann er nach der Definition des § 40 Abs. 2 Satz 1 GO („Ratsmitglieder") auch nicht einer Fraktion angehören. Es bleibt einer Fraktion gleichwohl unbenommen, den (Ober-) Bürgermeister zu den Fraktionssitzungen einzuladen, was in der Praxis auch regelmäßig der Fall ist, wenn der (Ober-) Bürgermeister derselben Partei wie die Fraktionsmitglieder angehört.

In den Fraktionssitzungen besitzt der (Ober-) Bürgermeister allerdings kein Stimmrecht und kann allenfalls **beratend mitwirken**.

c) Verwaltungsmitarbeiter

Keine Fraktionsmitglieder sind auch Beigeordnete und andere Mitarbeiter und Bedienstete der Verwaltung, die zu den Fraktionssitzungen eingeladen werden. Eine Anbindung nahestehender Verwaltungsbediensteter, insbesondere von Beigeordneten und Amtsleitern, ist oftmals sinnvoll, um der Fraktion die verwaltungsseitige Sichtweise vermitteln zu können. Als Nichtmitglieder haben sie ebenfalls **kein Stimmrecht** und somit nur die Möglichkeit, zu einzelnen Punkten Rat zu geben. Ein rechtliches Verbot, den hauptamtlichen Verwaltungsmitarbeitern in einer Fraktion das Stimmrecht einzuräumen, ergibt sich bereits aus der **Unvereinbarkeitsbestimmung des § 13 Abs. 1 Buchst. a KWahlG**, die ihre verfassungsmäßige Grundlage in Artikel 137 GG findet. So dürfen Beamte und Arbeitnehmer (soweit sie nicht überwiegend körperliche Arbeit verrichten) nicht der Vertretung ihrer Anstellungskörperschaft angehören. Eine Mitgliedschaft und damit Stimmrecht in der Fraktion für hauptamtliche Mitarbeiter derselben

Gemeinde käme einer Umgehung dieses Inkompatibilitätsgebots gleich. Außerdem verstieße dies gegen den Grundsatz, dass kein öffentlicher Amtsträger in eigener Sache entscheiden darf: Denn gemäß § 55 GO obliegt dem Rat die **Kontrolle der Verwaltung**, nach § 55 Abs. 3 Satz 1 GO überwacht der Rat die Durchführung seiner Beschlüsse (und der Beschlüsse der Bezirksvertretungen und Ausschüsse) sowie den Ablauf der Verwaltungsangelegenheiten. Diese Aufgaben des Rates nehmen gleichermaßen, und zwar arbeitsteilig und vorbereitend, die Fraktionen wahr, die verfassungsrechtlich als **wesentliche Institutionen des Rates** anerkannt sind (OVG NRW, MittNWStGB 1975, S. 192; KPBl. 1980, S. 540).

d) Hinzuziehung Dritter

Die Beteiligung bestimmter dem Rat **nicht angehörender Parteimitglieder**, insbesondere führende Parteivertreter wie z. B. Stadtverbands- oder Ortsverbandsvorsitzende, an der Fraktionsarbeit entspricht nicht nur gängiger Praxis, sondern auch den Interessen der Parteien und ihrem Verfassungsauftrag aus Art. 21 GG. Die Möglichkeit zur Mitwirkung an der Fraktionsarbeit wird deshalb auch ausdrücklich in der Muster-Geschäftsordnung für Fraktionen empfohlen (vgl. im Anhang – I.).

Hiervon ist allerdings ebenfalls das **Stimmrecht** zu unterscheiden, das als Mitgliedschaftsrecht **nur Fraktionsmitgliedern vorbehalten** ist. Den Fraktionen und auch ihren Vorständen dürfen deshalb etwa Parteivertreter ohne Ratsmandat als Mitglieder nicht angehören (KPBl. 1980, S. 540; KPBl. 1975, S. 873 ff.). Durch Kooptation (Hinzuwahl) darf die aus der Kommunalwahl resultierende fraktionsinterne Stimmgewichtung nicht verschoben werden.

e) Sachkundige Bürger und Sachkundige Einwohner

Auch **Sachkundige Bürger**, die gemäß § 58 Abs. 3 GO neben den Ratsmitgliedern zu ordentlichen Mitgliedern eines Ausschusses bestellt werden können, gehören der Fraktion nicht an. Dies gilt erst recht für **Sachkundige Einwohner** i.S.v. § 58 Abs. 4 GO als Ausschussmitglieder mit beratender Stimme.

Sinn der **Bestellung Sachkundiger Bürger** ist es, die Erfahrungen und den Sachverstand bestimmter Bürger für die Ausschussarbeit zu nutzen. Sachkundige Bürger sollen also in erster Linie wegen ihrer **Sachkunde** und **nicht wegen ihrer Parteizugehörigkeit** gewählt werden. Dieses Anliegen des Gesetzgebers wird allerdings – nicht zuletzt durch die Wahlvorschrift des § 50 Abs. 3 GO – in der Praxis nicht immer erreicht. Da nämlich alle Ausschussmitglieder, auch die Sachkundigen Bürger, in einem Verhältniswahlverfahren auf den Listen der einzelnen Fraktionen gewählt werden, spielt die „**politische Zuverlässigkeit**“ der Sachkundigen Bürger eine bedeutende Rolle bei ihrer Auswahl. Die Fraktionen, die Sachkundige Bürger auf ihren Listen in die einzelnen Ratsausschüsse gewählt haben, wollen diese möglichst weitgehend in die **Fraktionsdisziplin** mit einbinden. Insoweit bestimmt der politische Hintergrund nicht unwesentlich die Einbeziehung der Sachkundigen Bürger in die Fraktionsarbeit (zur Ausschussbesetzung durch die Fraktionen vgl. ausführlich unten D.IV.1.).

- Kein Fraktionsmitglied -

Nach § 45 Abs. 1 GO i.V.m. den Regelungen der Entschädigungsverordnung erhalten Sachkundige Bürger und Sachkundige Einwohner sowie deren Stellvertreter, die keine Ratsmitglieder sind, für ihre im Rahmen der Mandatsausübung erforderliche Teilnahme an Fraktionssitzungen ein **Sitzungsgeld**. Diese Regelungen über die Entschädigung für die Teilnahme an Fraktionssitzungen und auch die soeben dargestellte Wahl der Sachkundigen Bürger und Sachkundigen Einwohner auf Fraktionslisten haben teilweise zu der irrigen Annahme geführt, dass Sachkundige Bürger bzw. Sachkundige Einwohner Mitglieder der Fraktion sind. Dies ist aufgrund der klaren Bestimmung des § 56 Abs. 1 Satz 1 GO jedoch nicht der Fall. Nur **Ratsmitglieder** können sich zu einer Fraktion zusammenschließen. Sachkundige Bürger und Sachkundige Einwohner sowie auch ihre Stellvertreter können deshalb der Fraktion nicht angehören. Der Fraktion steht es jedoch frei, sie in **beratender Funktion** hinzuzuziehen.

Als „**Nichtmitglied**" der Fraktion kann ein Sachkundiger Bürger selbstverständlich auch **nicht in den Fraktionsvorstand** gewählt werden. Auch die Wahl eines Sachkundigen Bürgers als nichtreguläres, sondern lediglich beratendes Mitglied des Fraktionsvorstandes, löst rechtliche Bedenken aus; es könnte sich bei einer solchen Regelung allenfalls um einen vorübergehenden Notbehelf handeln, wenn etwa die Fraktion einen bestimmten Sachbereich (z. B. Pressearbeit) nicht aus ihren eigenen Reihen abdecken kann.

Für größere Fraktionen ist es häufig sinnvoll, nicht alle Sachkundigen Bürger zu allen Fraktionssitzungen einzuladen. Die Fraktionsversammlung wird durch einen zu großen Teilnehmerkreis leicht unbeweglich und unübersichtlich. In der Praxis wird dem z. B. dadurch Rechnung getragen, dass oftmals einmal im Monat eine sog. **Fraktionsvollversammlung** mit allen Fraktionsmitgliedern, Sachkundigen Bürgern und Sachkundigen Einwohnern sowie sonstigen Gästen durchgeführt wird, um den generellen Informationsaustausch zu fördern und politische Schwerpunkte aus verschiedenen Sachbereichen vorzubereiten.

Die generelle Vorbereitung einzelner Ausschusssitzungen erfolgt dann regelmäßig in speziell eingerichteten **Arbeitskreisen**, deren Ergebnisse der jeweilige Sprecher oder Vorsitzende anschließend in die Fraktionsberatung einbringt.

- Kein Stimmrecht -

Rechtlich umstritten und problematisch ist die Frage, ob Sachkundige Bürger und Sachkundige Einwohner bei Abstimmungen in der Fraktion Stimmrecht besitzen.

Richtigerweise muss auch im Falle der Sachkundigen Bürger und Sachkundigen Einwohner davon ausgegangen werden, dass ihnen **ein Stimmrecht** in der Fraktion – auch wenn in der Praxis teilweise anders verfahren wird – **nicht zugebilligt** werden kann. Auch hier ist entscheidend, dass die Rechte und Pflichten **nur die Mitglieder einer Fraktion** berühren, zu denen Sachkundige Bürger und Sachkundige Einwohner gerade nicht zählen. Darüber hinaus können sich Ausschussmitglieder als solche auch nicht zu gesonderten (Ausschuss-) Fraktionen zusammenschließen (vgl. Kleerbaum, in: Kleerbaum/Palmen, GO NRW, § 56, II.4.b, m.w.N.).

f) Teilnahmerecht an Fraktionssitzungen über geheimhaltungsbedürftige Angelegenheiten

Die Frage, wer Fraktionsmitglied ist, hat nicht nur für das Stimmrecht Bedeutung. Auch wenn beispielsweise Angelegenheiten aus nichtöffentlichen Sitzungen des Rates bzw. der Ausschüsse erörtert werden, müssen Nichtmitglieder die Fraktionssitzung grundsätzlich verlassen. Nur soweit sie nach der Gemeindeordnung oder anderen rechtlichen Bestimmungen **zur Verschwiegenheit verpflichtet** sind, kann ihnen unter Umständen ein Teilnahmerecht – z. B. auf Grundlage der Fraktionsgeschäftsordnung – eingeräumt werden.

Werden in Fraktionsberatungen Angelegenheiten behandelt, für deren Beratung im Rat, Ausschuss oder in der Bezirksvertretung die Öffentlichkeit auszuschließen ist (vgl. hierzu § 48 Abs. 2 GO), so sind auch in der Fraktionssitzung die **Grundsätze der Verschwiegenheit und des Datenschutzes** zu berücksichtigen.

Die **Verschwiegenheitspflicht des § 30 GO** verbietet eine Beratung vertraulicher Angelegenheiten der Gemeinde in Fraktionssitzungen, wenn dort Personen anwesend sind, die weder dem Rat, einem Ausschuss oder einer Bezirksvertretung noch der Gemeindeverwaltung angehören, die also selbst keiner Verschwiegenheitspflicht unterliegen. Solche Personen sind stets von der Teilnahme an Fraktionsberatungen über geheimhaltungsbedürftige Angelegenheiten ausgeschlossen.

Hinsichtlich der Teilnahme an Fraktionsberatungen, in denen **geheimhaltungsbedürftige Angelegenheiten** besprochen werden, kann ferner auf die allgemeinen Grundsätze zur Teilnahme an nichtöffentlichen Sitzungen des Rates und der Ausschüsse zurückgegriffen werden. Die Teilnahme an solchen Fraktionsberatungen ist für die Fraktionsmitglieder, die zugleich Ratsmitglieder sind, unproblematisch, da sie sowohl an den nichtöffentlichen Ratssitzungen als auch an allen nichtöffentlichen Ausschusssitzungen teilnehmen dürfen.

Dieses Teilnahmerecht gilt allerdings **nicht für zur Verschwiegenheit Verpflichtete anderer Gemeinden oder des Kreises**, z. B. Sachkundige Bürger oder Ratsmitglieder. Die Verschwiegenheitspflicht, der sie unterliegen, bezieht sich nämlich nur auf geheimhaltungsbedürftige Angelegenheiten der Gemeinde, in der sie kommunalpolitisch tätig sind.

Hinsichtlich der Fraktionsberatungen über nichtöffentliche Ausschussangelegenheiten ist eine Teilnahme von Sachkundigen Bürgern und Sachkundigen Einwohnern des **jeweiligen Ausschusses** ebenfalls unproblematisch möglich. Gleiches gilt auch für die stellvertretenden Ausschussmitglieder (stellvertretende Sachkundige Bürger und stellvertretende Sachkundige Einwohner).

Das Teilnahmerecht von Ausschussmitgliedern an den nichtöffentlichen Sitzungen des Rates oder anderer Ausschüsse ist allerdings gesetzlich ausgeschlossen, sodass auch eine Teilnahme an den Beratungen in der Fraktion zu nichtöffentlichen Tagesordnungspunkten über „ihren Ausschuss“ hinaus rechtlich nicht ableitbar ist (§ 58 Abs. 1 Satz 4 GO).

Soweit eine Fraktion sich zur Erleichterung der Geschäftsführung **eigenen Personals** bedient, das weder bei der Gemeinde beschäftigt noch Inhaber eines kommunalen Mandats und von daher nicht bereits zur Verschwiegenheit verpflichtet ist, ist dessen Anwesenheit während der Fraktionsberatungen über geheim zu haltende Angelegenheiten grundsätzlich möglich, wenn es aufgrund seines Verhältnisses zur Fraktion **zu entsprechender Verschwiegenheit** nach dem Verpflichtungsgesetz **verpflichtet** wurde. Zuständige Stelle für die Verpflichtung zur gewissenhaften Erfüllung seiner Obliegenheiten ist gemäß § 1 Verordnung zur Bestimmung der für die Verpflichtung nach dem Verpflichtungsgesetz zuständigen Stelle im Bereich der Gemeinden und Gemeindeverbände (GV.NRW. 1975, S. 274; zuletzt GV.NRW. 2009, S. 479) der jeweilige Hauptverwaltungsbeamte, also der (Ober-) Bürgermeister. Unzulässig ist dagegen eine Verpflichtung durch den Fraktionsvorsitzenden.

IV. Zusammenschlüsse mehrerer Fraktionen

Einem Zusammenschluss mehrerer Fraktionen zu einer neuen Fraktion stehen **keine rechtlichen Bedenken** entgegen. Hierfür gelten die bereits angeführten Überlegungen zur Fraktionsbildung, insbesondere der **Grundsatz der Freiwilligkeit**. In der Regel werden Fraktionszusammenschlüssen dieser Art Fraktionsspaltungen vorausgegangen sein.

Davon zu unterscheiden sind die häufigeren Fälle **partieller Zusammenarbeit** verschiedener Fraktionen, z. B. bei Personalentscheidungen oder zu bestimmten Sachthemen („**interfraktionelle Anträge**"). Dies kann auch aufgrund gesonderter interfraktioneller Vereinbarungen geschehen (auch als „**Koalitionsvereinbarung**" bezeichnet; OVG RhPf, NVwZ 1983, S. 488).

Ein Zusammenschluss, der allein zum Zwecke der stärkeren personellen Vertretung in Ausschüssen – also als „Zweckbündnis" - vorgenommen wird, bezeichnet man als „**Zählgemeinschaft**". Die Gemeindeordnung lässt in § 58 Abs. 5 Satz 2 GO solche Zählgemeinschaften ausdrücklich zu für die Verteilung der Ausschussvorsitze. Nach der Rechtsprechung des Oberverwaltungsgerichts NRW ist ein solcher Zusammenschluss allerdings nur dann zu berücksichtigen, wenn hierauf während der Ratssitzung rechtzeitig und unmissverständlich hingewiesen wurde (OVG NRW, NWVBl. 1996, S. 334). Erforderlich ist mithin eine **eindeutige Erklärung** in der entscheidenden Ratssitzung.

Im Hinblick auf die Besetzung der Ausschüsse nach § 50 Abs. 3 GO hat das Bundesverwaltungsgericht zur Zulässigkeit von Zählgemeinschaften in Gestalt von Listenverbindungen mit Urteil vom 10.12.2003 (NWVBl. 2004, S. 183) dagegen entschieden, dass zur Erlangung eines zusätzlichen Sitzes in einem Ausschuss gebildete gemeinsame Wahlvorschläge mehrerer Fraktionen unzulässig sind. Diese Auffassung begründet das Bundesverwaltungsgericht damit, die Ratsausschüsse dürften nicht unabhängig von dem Stärkeverhältnis der Fraktionen besetzt werden, über das die Gemeindebürger bei der Wahl mitentschieden haben. Die einzelnen Fraktionen hätten einen **Anspruch auf angemessene Berücksichtigung** bei der Ausschussbesetzung nach Maßgabe ihrer jeweiligen Mitgliederzahl. Habe eine Fraktion demnach einen Anspruch auf mehrere Sitze in einem Ausschuss, könne sie diese auch beanspruchen.

Nach dem Urteil des Bundesverwaltungsgerichts sind **Listenverbindungen** – also gemeinsame Wahlvorschläge – von Fraktionen und Gruppen, über die diese geschlossen abstimmen, dann unzulässig, wenn hierdurch eine andere, an der Listenverbindung nicht beteiligte Fraktion bei der Sitzverteilung weniger Sitze erhält, als sie bei getrennter Abstimmung aller Fraktionen über jeweils getrennte Listenvorschläge erhalten hätte. In diesem Fall dürfe die Ausschussbesetzung nicht nach dem – verfälschten – Wahlergebnis besetzt werden, sondern das Besetzungsverfahren müsse neu durchgeführt werden (vgl. ausführlich zum Thema Wagner, in: Kleerbaum/Palmen, GO NRW, § 50, IV.4.; vgl. a. Meyer, a.a.O., S. 174 ff.).

Zählgemeinschaften in Form gemeinsamer Listenvorschläge können dagegen bei der **Bestimmung der ehrenamtlichen Stellvertreter des (Ober-) Bürgermeisters** Bedeutung erlangen (vgl. unten D.IV.3.; vgl. auch Lübken, in: Kleerbaum/Palmen, GO NRW, § 67, II.2.).

Besondere Bedeutung haben Koalitionen und Zählgemeinschaften, wenn es keine Fraktion mit absoluter Mehrheit im Rat gibt.

Zusammenfassung

- Ratsmitglieder, die sich zu einer Fraktion zusammenschließen wollen, müssen nicht derselben Partei angehören. Erforderlich sind nur eine **politische Übereinstimmung** und eine **gemeinsame Willensbekundung** der betreffenden Ratsmitglieder zur Bildung einer gemeinsamen Fraktion.
- Es besteht **kein Anspruch** einer Partei auf Beitritt eines ihrer Mitglieder zu einer bestimmten Fraktion. Die Partei kann aber insbesondere im Falle des Beitritts zu einer anderen Fraktion parteienrechtliche Konsequenzen (z. B. den Parteiausschluss) ziehen.
- Ein Ausschluss aus der Partei hat nicht automatisch den Fraktionsausschluss zur Folge.
- Verlässt ein Ratsmitglied seine Fraktion, verliert es hierdurch weder sein Ratsmandat noch erlischt – automatisch – seine Mitgliedschaft in den Ausschüssen.
- Ein Ratsmitglied kann **immer nur einer Fraktion** angehören. Denkbar ist hingegen, dass zwei Fraktionen derselben Partei im Rat vertreten sind.
- Wird eine Partei durch das Bundesverfassungsgericht für verfassungswidrig erklärt, so verlieren ihre Vertreter das Mandat (vgl. § 46 Abs. 1 KWahlG).
- Die durchaus empfehlenswerte Hinzuziehung führender Parteifunktionäre, Sachkundiger Bürger und führender Vertreter der hauptamtlichen Verwaltung macht diese **nicht zu Fraktionsmitgliedern**. Dies hat insbesondere für das Stimmrecht und die Teilnahme an Fraktionssitzungen mit nichtöffentlichen Beratungsgegenständen Bedeutung.
- Neben dem förmlichen Zusammenschluss mehrerer Fraktionen zu einer neuen Fraktion bestehen weitere Möglichkeiten partieller Zusammenarbeit in Gestalt **interfraktioneller Anträge** oder **Zählgemeinschaften** (z. B. Listenverbindungen gemäß § 58 Abs. 5 Satz 2 GO).

D. Rechtsstellung der Fraktionen

I. Organisationsrecht

Die Ratsfraktionen haben eine **Steuerungs- und Bündelungsfunktion**. Sie sollen die Mehrheitsbildung in der Vertretungskörperschaft der Gemeinde dadurch erleichtern, dass sie sich vorab mit den zu entscheidenden Angelegenheiten befassen, indem sie ein einheitliches Meinungsbild innerhalb der Fraktion herbeiführen.

Damit die Fraktionen diese Aufgabe wahrnehmen können, bedarf es einer entsprechenden **Organisation der Fraktion**, die das gesamte Zusammenwirken der in der Fraktion mitwirkenden Personen regelt. Die Aufgabenteilung muss in funktionaler wie sachpolitischer Weise geregelt werden: Es muss klar erkennbar sein, welche **Funktionsträger / Organe** die Fraktion kennt (Fraktionsvorsitzender, Stellvertreter, Fraktionsgeschäftsführer, weitere zu bezeichnende Mitglieder des Fraktionsvorstandes, Fraktionsversammlung), sowie welche **Aufgaben** von diesen wahrzunehmen sind und wie sich die **Zusammenarbeit** praktisch darzustellen hat. Ebenso ist die Einrichtung fraktionsinterner Arbeitsgruppen (sog. „Teilfraktionen“), die nunmehr auch in § 45 Abs. 3 GO ausdrücklich entschädigungsbegründend genannt werden, und deren Zuständigkeiten sowie eventuelle Ordnungsmaßnahmen festzulegen.

1. Fraktionsstatut / Fraktionsgeschäftsordnung

Zur verbindlichen Regelung dieser Fragen sollte jede Fraktion bereits in ihrer ersten Sitzung eine **Fraktionsgeschäftsordnung** beschließen (vgl. Muster-Geschäftsordnung für Fraktionen im Anhang – I.). Eine gesetzliche Verpflichtung der Fraktionen zur Niederlegung ihrer inneren Rechtsbeziehungen in einem Statut (**Geschäftsordnung**) konstituiert § 56 Abs. 2 Satz 3 GO, der auch dessen Mindestinhalt festlegt (vgl. im Einzelnen unten G.).

Danach sind die Fraktionen verpflichtet, sich ein Statut zu geben, in dem das **Abstimmungsverfahren**, die **Aufnahme** und der **Ausschluss aus der Fraktion** geregelt werden. Diese Aufzählung bezeichnet nur die als besonders sensibel betrachteten Punkte und damit einen **Mindestinhalt**. Die Fraktionen sind frei, weitere Regelungen zu treffen. Deshalb enthalten die Fraktionsgeschäftsordnungen regelmäßig neben dem gesetzlich festgelegten Mindestinhalt weitere Festlegungen zur personellen Organisationsstruktur innerhalb der Fraktion – z. B. zur Hinzuziehung von Hospitanten, zur Bestimmung der Fraktionsorgane und ihrer Kompetenzen – oder zu einzelnen Verfahrensfragen, wie z. B. auch die Möglichkeit zur Einführung von digitalen / hybriden Sitzungen.

In den Online-Sitzungsverfahren bedarf es insbesondere der Festlegung zur Durchführungsart, zur Zugangsgarantie, zur Abstimmungsweise sowie zur Verantwortlichkeit im Umgang mit vertraulichen Tagesordnungspunkten.

Sinnvoll ist es insoweit – aufgrund der Erfahrungen aus der Corona-Pandemie –, die Rahmenbedingungen und Möglichkeiten zur Durchführung von Online-Sitzungen zu nutzen – vgl. hierzu §§ 47a, 58a GO). – Im Einzelnen wird hier auf die Ausführungen von Kleerbaum/Bender, in: Das kommunale Mandat, Aufl. 2022, Kapitel D., verwiesen, die sinngemäß auf Fraktionssitzungen angewendet werden können; vgl. zudem § 4 Abs. 4, 5 der KPV-Mustergeschäftsordnung für Fraktionen, §§ 12a bis 12c der Muster-Geschäftsordnung für den Rat und die Ausschüsse des StGB NRW sowie §§ 4b und 4c der Muster-Hauptsatzung des StGB NRW.

Das Fraktionsstatut darf allerdings keine Regelungen enthalten, die einen **Fraktionszwang** herstellen würden (vgl. hierzu unten E.). Hierdurch würde unzulässig in die Rechtsstellung des Ratsmitgliedes eingegriffen und der **Status des freien Mandats** verletzt. Hinter der Regelung des § 56 Abs. 2 GO steht der Gedanke, dass die Fraktion als Teil einer demokratisch legitimierten Volksvertretung auch in ihrer inneren Ordnung demokratischen und rechtsstaatlichen Grundsätzen zu folgen hat. Damit lehnt sich diese Bestimmung an Art. 21 Abs. 1 Satz 3 GG an, der Entsprechendes für die Binnenorganisation der Parteien verlangt.

Beim Abfassen der Fraktionsgeschäftsordnung sollten Fraktionen auf die aktuelle Muster-Geschäftsordnung ihrer kommunalpolitischen Vereinigung zurückgreifen (abgedruckt im Anhang – I.).

Die Fraktionsgeschäftsordnung ist keine Satzung, sondern als **Verfahrensordnung der Fraktion** lediglich eine **binnenrechtliche Regelung** ohne Außenwirkung. Sie bedarf daher weder einer ortsüblichen Bekanntmachung noch einer aufsichtsrechtlichen Genehmigung und wird unmittelbar rechtswirksam, soweit sie mit Mehrheit in der Fraktion beschlossen wurde. Eine **Änderung der Geschäftsordnung** ist jederzeit durch Fraktionsbeschluss mit entsprechender Mehrheit während der Wahlperiode möglich.

Ein **Verstoß** gegen die Fraktionsgeschäftsordnung führt grundsätzlich **nicht zur Unwirksamkeit** einer Sachentscheidung im Rat. Etwas Anderes ist nur in **extremen Ausnahmefällen** denkbar, wenn es sich beispielsweise um einen Verstoß gegen wesentliche Verfahrensvorschriften oder die Verpflichtung handelt, dass die innere Ordnung demokratischen und rechtsstaatlichen Grundsätzen entsprechen muss, und sich der Verstoß auf die im Rat oder im Ausschuss getroffene Entscheidung unmittelbar auswirkt.

Eine Geschäftsordnung verliert ihre Gültigkeit spätestens dann, wenn eine „neue“ Fraktion in ihrer konstituierenden Sitzung ihrerseits eine Geschäftsordnung beschließt. Ob eine „alte“ Geschäftsordnung im Falle des Fehlens eines solchen Beschlusses für die neu gebildete Fraktion fortwirken kann, muss wohl wegen der von vorneherein **auf die Wahlperiode befristete Existenz einer Fraktion** (Grundsatz der Diskontinuität) bezweifelt werden (vgl. zum Untergang der Fraktion unten H.). Eine Fraktion kann keine Beschlüsse treffen, die ihre eigene Wahlzeit überschreiten, und kann deshalb auch eine „Nachfolgefraktion“ gleichen Namens rechtlich nicht binden; dies gilt auch im Falle teilweiser Personengleichheit. Allenfalls erscheint es denkbar, ein stillschweigendes Einverständnis der Fraktion mit der bislang praktizierten Geschäftsordnung anzunehmen. Dann könnte auch ohne ausdrücklichen Beschluss eine Geschäftsordnung Geltung erlangen. Indiz für eine solche **konkludente Entscheidung** der Fraktion ist insbesondere die **ständige Übung**, also die Orientierung an dieser Geschäftsordnung im Rahmen der laufenden Sitzungen.

Für den Fall, dass eine Fraktion keine Geschäftsordnung verabschiedet, das Statut erst verspätet beschließt oder vorgeschriebene Inhalte fehlen, sieht die Gemeindeordnung **keine Sanktionen** vor. Insbesondere verliert die Fraktion nicht ihren Fraktionsstatus oder den Anspruch auf die gemeindlichen Zuwendungen. Insoweit erscheint die Pflicht zur Vorlage des Statuts auf Verlangen des Hauptverwaltungsbeamten beinahe als Formalismus. Allerdings zeigen die vielfältigen Erfahrungen aus der Praxis, dass die Verabschiedung einer Geschäftsordnung durch die Fraktion schon zur Vermeidung rechtlicher Problemstellungen und zum sinnvollen Verfahrensablauf der Fraktionsarbeit dringend erforderlich ist. Die Pflicht der Fraktion, sich ein Statut zu geben, kann im Übrigen auch in einem **Organstreitverfahren** vor dem Verwaltungsgericht durchgesetzt werden (zum Organstreit vgl. unten D.V.; zur Frage, welche Auswirkungen das Fehlen einer Geschäftsordnung bei einem Fraktionsausschluss hat, vgl. unten E.V.).

Auch der Rat kann sich **Kontrollmaßnahmen** vorbehalten, wenn er entsprechende Regelungen in seiner **Geschäftsordnung** trifft. Gemäß § 56 Abs. 4 Satz 2 GO kann die Geschäftsordnung für den Rat nähere Regelungen zu Rechten und Pflichten der Fraktionen enthalten. Häufig beschränken sich die Geschäftsordnungen aber insoweit auf eine **Mitteilungspflicht**. Danach sind die Fraktionen verpflichtet, ihre Konstituierung und Bezeichnung mitzuteilen (vgl. § 29 Muster-Geschäftsordnung für den Rat und die Ausschüsse des StGB NRW im Anhang – VI.).

Zur Mitteilungspflicht gehört regelmäßig auch die **Namensangabe** der Fraktionsmitglieder und Hospitanten sowie des Fraktionsvorsitzenden und seiner Stellvertreter. Jede Änderung dieser Angaben ist dann dem Bürgermeister mitzuteilen. Diese Mitteilungspflicht soll vorrangig die vielen verwaltungsorganisatorischen Verfahrensangelegenheiten (Informationen / Einladungen der Fraktion zu Terminen, Abwicklung der Fraktionszuwendungen) erleichtern.

Erforderlich ist auch die **Nennung einer ladungsfähigen Adresse**. Dies kann die Anschrift eines Fraktionsbüros oder auch die Adresse des Fraktionsvorsitzenden sein. Es sollte nur sichergestellt werden, dass erhaltene Post alsbald zur Kenntnis genommen wird. Das ist insbesondere mit Blick auf einzuhaltende Fristen von Bedeutung. Auch ohne ausdrückliche Verankerung in der Geschäftsordnung ist davon auszugehen, dass der **Fraktionsvorsitzende** als gewählter Vertreter der Fraktion die Rechte der Fraktion ausübt. So genügt regelmäßig für Fraktionsanträge die Unterschrift des Fraktionsvorsitzenden.

2. Fraktionsorgane

Die Fraktion handelt intern und nach außen durch ihre Organe. Fraktionsorgane sind die **Fraktionsversammlung**, der **Fraktionsvorstand** sowie der **Fraktionsvorsitzende**. Die Kompetenzen und Zuständigkeiten der Fraktionsorgane richten sich dabei nach den entsprechenden Vereinbarungen innerhalb der Fraktion und – soweit vorhanden – nach den diesbezüglichen Regelungen in der **Fraktionsgeschäftsordnung**.

a) Die Fraktionsversammlung

Die **Fraktionsversammlung**, die aus allen Fraktionsmitgliedern (Ratsmitgliedern) besteht, ist das **höchste Organ der Fraktion**. Sie entscheidet über alle von der Fraktion zu beschließenden Einzelfragen und wählt die weiteren Organe der Fraktion. Ebenso nominiert sie (nach vorheriger Beratung) die auf die Fraktion entfallenen Ausschussvorsitzenden, Ausschussmitglieder etc., übt also die Benennungs- bzw. Vorschlagsrechte der Fraktion aus.

b) Der Fraktionsvorstand

Der **Fraktionsvorstand** übernimmt die **Leitungs- und Vorberatungsfunktion** (teilweise auch Vorentscheidung) innerhalb der Fraktion. Er kann sich bei kleinen Fraktionen auf die Person eines Fraktionsvorsitzenden beschränken, besteht aber regelmäßig aus mehreren Mitgliedern. Die Zahl der zu wählenden Stellvertreter des Fraktionsvorsitzenden und ggf. weiteren Vorstandsmitglieder (z. B. Schriftführer, Pressesprecher, Schatzmeister, Beisitzer) wird dabei regelmäßig von der jeweiligen Fraktionsgröße abhängig sein.

Sie muss jedenfalls nicht an die Vorgaben des § 46 GO angelehnt sein, der nur bestimmt, dass die Zahl der Stellvertreter, die eine zusätzliche Aufwandsentschädigung erhalten, nach Fraktionsgröße gestaffelt ist (vgl. auch unten E.II.2.).

Dem Fraktionsvorstand können als ordentliche Mitglieder **nur Fraktionsmitglieder und damit gewählte Ratsmitglieder** angehören. Allerdings besteht die Möglichkeit, weitere Personen (Parteivertreter, Verwaltungsmitarbeiter, Fraktionsgeschäftsführer etc.) beratend – also ohne Stimmrecht – im Wege der Kooptation mit einzubeziehen (vgl. zum Teilnahmerecht bereits oben C.III.3.).

Die Aufgaben eines Fraktionsvorstandes, die sich von Ort zu Ort mitunter erheblich unterscheiden, lassen sich zwar in etwa umschreiben, nicht aber in feste Regeln pressen, die für alle Fraktionen verbindlich sind. Die Bedeutung des Fraktionsvorstandes ist erfahrungsgemäß von der Größe der Fraktion abhängig.

Als **Kollegialorgan** obliegt ihm beispielsweise regelmäßig die **Organisation der Arbeit großer Fraktionen**. Hierunter ist in groben Zügen die **fraktionsinterne Informations- und Entscheidungsvorbereitung** (insbesondere bei wichtigen Angelegenheiten und Personalentscheidungen), die **politische Planung**, die **Entwicklung von Strategien**, die **Führungs- und Konfliktregelung** sowie die **Unterhaltung der politischen Kontakte zu den anderen Fraktionen, zur Verwaltungsspitze und zahlreichen anderen Stellen** zu verstehen.

Der Fraktionsvorstand ist im vorgenannten Fall **Geschäftsordnungsorgan**. Für die Sitzungen bedarf es offizieller – heute i.d.R. digitaler – Einladungen (vgl. hierzu unten G.II. sowie Muster-Einladung unten G.), die an die Mitglieder des Fraktionsvorstandes und an die möglichen Gäste zu richten sind. Seine Beschlüsse fasst der Fraktionsvorstand mit einfacher Mehrheit. Über Stimmrecht verfügen nur die Mitglieder des Fraktionsvorstandes. Den Gästen sollte aber ein Rederecht eingeräumt werden.

In kleineren Fraktionen reduziert sich das Aufgabenfeld des Fraktionsvorstandes oftmals auf die **Vorberatungen wichtiger kommunalpolitischer Angelegenheiten** oder die **Festlegung der Geschäftsführertätigkeiten**. Der Aufgabenbereich sollte jeweils eindeutig in der Geschäftsordnung geregelt werden (vgl. hierzu unten G.I.).

c) Der Fraktionsvorsitzende

Der **Fraktionsvorsitzende** vertritt die Fraktion nach innen und außen und ist insofern für die Abgabe rechtsverbindlicher Erklärungen – z. B. beim Abschluss von Verträgen – zuständig. Ihm kommt insoweit insbesondere als Spitze einer Mehrheitsfraktion eine bedeutende Stellung im „Machtgefüge“ der Kommunalpolitik zu.

Die Vertretung der Fraktion umfasst eine **Vielzahl von Aufgaben** und vollzieht sich in weiten Teilen nicht unter den Augen der Öffentlichkeit.

Verhandlungen mit anderen Fraktionsvorsitzenden, der hauptamtlichen Verwaltung oder Interessengemeinschaften gehören ebenso zum Tagesgeschäft wie die Unterstützung einzelner Bürgeranliegen oder die Vertretung in nichtöffentlich tagenden Ratsgremien (z. B. Ältestenrat).

Fraktionsintern bedarf es zur Durchsetzung gemeinsamer politischer Entscheidungen der Fraktion oftmals entsprechender Vorgespräche, um einvernehmliches Stimmverhalten aller Fraktions- und Ausschussmitglieder – ggf. im Wege eines Kompromisses – herbeizuführen.

Darüber hinaus obliegen dem Fraktionsvorsitzenden – im Verbund mit dem Fraktionsvorstand und dem Geschäftsführer – der organisatorische Ablauf der Fraktionsarbeit sowie die Leitung der Fraktions(vorstands)sitzungen.

Die Aufgabenbewältigung erfordert – unabhängig von der Größe der Fraktion – insbesondere folgende Voraussetzungen:

- Verhandlungsgeschick;
- Durchsetzungsvermögen;

- Führungsqualitäten;
- rhetorische Fähigkeiten;
- Empathie;
- parteipolitische Erfahrungen;
- Akzeptanz bei den Fraktionsmitgliedern und der Verwaltung;
- ausreichende Zeit zur Ausführung seiner Tätigkeiten.

Eine **Abwahl** des Fraktionsvorstandes oder einzelner Vorstandsmitglieder ist grundsätzlich möglich und bestimmt sich – soweit vorhanden – nach der konkreten Geschäftsordnungsbestimmung (vgl. § 5 Muster-Geschäftsordnung für Fraktionen im Anhang – I.), sonst nach allgemeinen demokratischen Grundsätzen. Sicher ist jedenfalls, dass ein von der **Fraktionsversammlung** gewählter Vorstand konsequenterweise auch **nur von dieser abgewählt werden kann**. Es besteht daher keine rechtliche Möglichkeit der Abwahl oder Abberufung eines Vorstandsmitgliedes durch den Fraktionsvorstand. Ein solches Verfahren ist rechtswidrig und verletzt nicht nur die Rechte des betroffenen Vorstandsmitgliedes, sondern auch die grundlegenden Rechte der Fraktionsversammlung – also der übrigen Fraktionsmitglieder. Das betroffene Vorstandsmitglied darf bei der Abstimmung über eine Abwahl mitstimmen. Die **Befangenheitsregelungen** der Gemeindeordnung sind hier **nicht anwendbar** (vgl. unten E.IV.).

Der Fraktionsvorsitzende stützt sich zur Erledigung seiner Aufgaben regelmäßig auf die Arbeit weiterer Personen, namentlich den Fraktionsgeschäftsführer.

Der **Fraktionsgeschäftsführer** leitet – soweit vorhanden – das Fraktionsbüro und koordiniert die gesamte Fraktionsarbeit in Abstimmung mit dem Fraktionsvorsitzenden bzw. dem Fraktionsvorstand. Ihm obliegt die Aufgabe, die einzelnen Fraktionsmitglieder und die Fraktionsorgane bei der Informationsauswertung zu unterstützen und sie von organisatorischen Aktivitäten zu entlasten.

In kleineren Gemeinden übt die Aufgabe der Fraktionsgeschäftsführertätigkeit häufig **der (die) stellvertretende(n) Fraktionsvorsitzen-**

de(n) aus, in größeren Städten oftmals auch ein **hauptamtlicher Mitarbeiter**.

Dass eine Fraktion **hauptamtliche Mitarbeiter** beschäftigen darf, ergibt sich bereits aus § 56 Abs. 4 Satz 1 GO, der festlegt, dass hauptberuflich tätige Mitarbeiter einer Fraktion Ratsmitglieder sein können. Die Gemeindeordnung erkennt also das Bedürfnis der Fraktionen an, sich nicht nur ehrenamtlicher Mitarbeiter zu bedienen. Auch in der Rechtsprechung der Landesarbeitsgerichte ist insofern anerkannt, dass **Fraktionen als Arbeitgeber** Arbeitsverhältnisse mit Mitarbeitern eingehen können und nicht etwa die einzelnen Mitglieder der Fraktionen für die sich hieraus ergebenden Verbindlichkeiten (Gehalt) persönlich haften. Fraktionen sind deshalb und insoweit auch zur Abführung der Insolvenzgeldumlage nach § 358 Abs. 1 SGB III verpflichtet.

Für die Mitarbeiter von Parlamentsfraktionen ist gleichzeitig anerkannt, dass die Befristung des Arbeitsverhältnisses auf die Dauer der jeweiligen Wahlperiode des Parlaments zulässig ist. Wegen des **Grundsatzes der Diskontinuität** wird man auch bei den Mitarbeitern der Ratsfraktionen eine Befristung des Arbeitsverhältnisses auf die Dauer der Wahlperiode für zulässig erachten müssen. Dementsprechend besteht grundsätzlich auch **kein Anspruch** eines Fraktionsmitarbeiters gegenüber der Fraktion **auf Weiterbeschäftigung** bei der neuen Fraktion nach Beginn der neuen Wahlperiode.

Der **Umfang der Beschäftigung** von Fraktionsmitarbeitern hängt dabei von der **Größe der Gebietskörperschaft** und der **Komplexität der anfallenden Aufgaben** ab. Insbesondere in den Großstädten ist die Unterhaltung einer Fraktionsgeschäftsstelle mit entsprechendem hauptberuflichem Personal regelmäßig unerlässlich, weil das Geschäftsstellenpersonal (Fraktionsgeschäftsführer, Fraktionsassistenten oder auch Schreibkräfte) den erforderlichen Informationsaustausch zwischen den einzelnen Fraktionsmitgliedern, aber auch gegenüber der hauptamtlichen Verwaltung nicht mehr bewältigen kann, ohne hauptamtlich tätig zu sein.

Beschäftigt eine Fraktion Ratsmitglieder als hauptberufliche Mitarbeiter, so erhalten diese **keine zusätzliche Aufwandsentschädigung** für ihre Tätigkeit als Stellvertreter des Bürgermeisters oder (stellvertretender) Fraktionsvorsitzender. Die Aufwandsentschädigung als

Ratsmitglied bleibt ihnen jedoch erhalten. Soweit personenbezogene Daten an die Mitarbeiter der Fraktionen übermittelt werden sollen, ist eine Verpflichtung nach § 1 Abs. 1 des Verpflichtungsgesetzes erforderlich.

Das **Aufgabenfeld des Fraktionsgeschäftsführers** wiederum ist in den letzten Jahren aufgrund der **zunehmenden Komplexität** kommunaler Aufgaben umfangreicher geworden. Zudem nimmt auch die **Presse- und Öffentlichkeitsarbeit** unter dem Gesichtspunkt der Medienentwicklung einen größeren Stellenwert ein. Das Anforderungsprofil zur Leitung einer Fraktionsgeschäftsstelle in größeren Städten ist sicherlich mit dem der Leitung kleinerer mittelständischer Unternehmen zu vergleichen. Soweit großstädtische Fraktionen bis zu 15 Mitarbeiter beschäftigen, werden sie regelmäßig auch von entsprechend beruflich qualifizierten Führungskräften geleitet (vgl. zur personellen und sächlichen Ausstattung von Fraktionen unten F.II.).

Das Aufgabenfeld eines Fraktionsgeschäftsführers umfasst u. a. folgende Bereiche:

Betreuung der Fraktion im Innenverhältnis

(1) durch Organisation der Fraktionsveranstaltungen

- Einladung, Tagungsräume, Terminkoordination, Vorbereitung der Tagesordnung nach Abstimmung mit dem Fraktionsvorsitzenden / Fraktionsvorstand, eigene Kongresse etc.
- ggf. Organisation von Online-Sitzungen
- Koordination der Wahrnehmung von Einladungen an die Fraktion durch Stadt, Verbände, Initiativen etc.

(2) durch inhaltliche Grundlagenarbeit

- Aufarbeitung / Bewertung der Vorlagen, ggf. eigene Recherchen z. B. bei der Verwaltung, Vorabstimmung mit dem Fraktionsvorsitzenden / Fraktionssprecher

- Entwicklung / Umsetzung eigener Anträge / Initiativen
- Zuarbeit / Entlastung des Fraktionsvorsitzenden
- Ansprechpartner für Fraktionsmitglieder / Koordination des Tagesgeschäfts (auch als Entlastung des Fraktionsvorsitzenden)
- ggf. Betreuung der und Koordination mit den Bezirksvertretern
- Betreuung der Ausschussmitglieder (insbesondere Sachkundige Bürger / Sachkundige Einwohner)
- Sicherstellung des fraktionsinternen Informationsflusses
- Bedienung der Social-Media-Plattformen im Rahmen der Öffentlichkeitsarbeit der Fraktion
- Verwaltung der Fraktionsgelder
- Leitung der Geschäftsstelle
- Aufbau leistungsfähiger EDV mit Informations-Datenbank und Adress-Datenbank
- Betreuung des Ratsinformationssystems
- Mitarbeiterverantwortlichkeit
- Festlegung des Geschäftsverteilungsplans

(3) Zusammenarbeit mit der Partei durch

- organisatorische Koordination mit der Partei
- Sicherstellung des Informationsflusses, inhaltliche Abstimmung zur Unterstützung des Fraktionsvorsitzenden
- Entwicklung gemeinsamer Initiativen / Aktionen
- Ansprechpartner zur Entlastung des Fraktionsvorsitzenden auch für Funktionsträger und Mitglieder der Partei

- Einbindung von Fraktions- und Parteigeschäftsführern im jeweiligen Vorstand des anderen (gilt selbstverständlich erst recht für Vorsitzende)

Betreuung der Fraktion im Außenverhältnis

(1) zur Verwaltung

- Ansprechpartner für die Verwaltung in Ergänzung / Entlastung des Fraktionsvorsitzenden (Alltagsgeschäft)
- Verfahrensabstimmung für Sitzungen etc.
- Kontaktpflege des eigenen Informationsnetzes in der Verwaltung

(2) zum Wähler

- Koordination der Presse- und Öffentlichkeitsarbeit
- Vorbereitung von Pressekonferenzen
- Verfassen von Pressemitteilungen
- Auskunftsperson für die Presse
- Erstellen von Info-Briefen / Zeitungen etc. zur Bürgerinformation / Zielgruppeninformation
- Pflege des Adressenbestandes von Zielgruppen / Multiplikatoren und interessierten Bürgern (kann auch arbeitsteilig mit Partei laufen)
- Aufbau und Pflege eines Angebots im Internet und in den sozialen Medien (kann auch arbeitsteilig mit Partei laufen); eigene E-Mail-Adresse anbieten
- Ansprechpartner für Bürger / Auskunftsstelle
- Bürgerwünsche / Bürgerprobleme gemeinsam mit Verantwortlichen aus der Fraktion lösen

- Organisation von Bürgersprechstunden

(3) zu auswärtigen Institutionen und Verbänden

- Kontaktpflege mit der jeweiligen kommunalpolitischen Vereinigung
- Informationsbeschaffung von und Auskunftsstelle für andere Fraktionen in Kommunen, Land oder Bund
- Auswertung von Informationen der Kommunalen Spitzenverbände (Städte- und Gemeindebund NRW, Städtetag NRW, Landkreistag NRW)
- Koordination mit eigenen Abgeordneten der überörtlichen Gremien

Die angeführten Aufgabenfelder beschreiben die Tätigkeit eines Fraktionsgeschäftsführers in einer größeren Stadt zwar nicht abschließend, sie bilden jedoch den Schwerpunkt seiner Tätigkeit, die im Übrigen von enormem Zeitaufwand auch außerhalb der normalen Dienst- und Geschäftszeiten geprägt wird.

Das Beispiel eines Geschäftsverteilungsplans einer Fraktionsgeschäftsstelle ist nachfolgend abgedruckt.

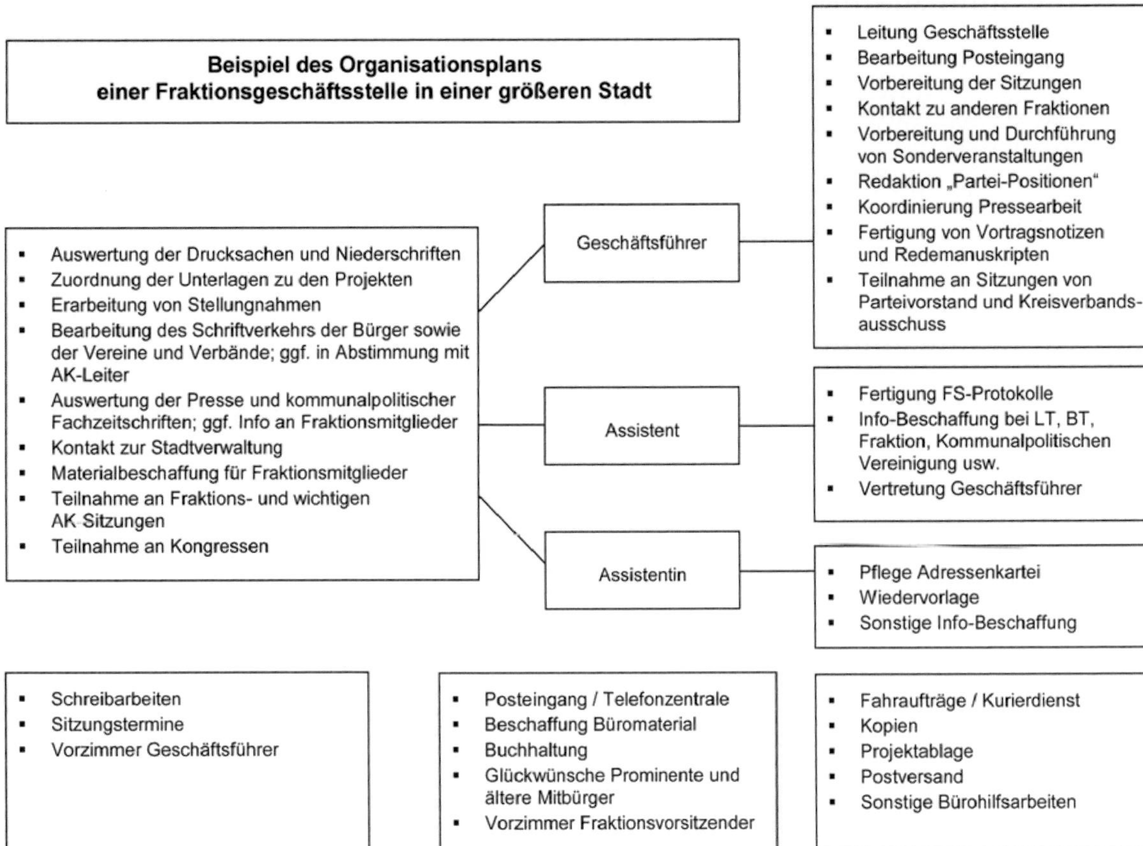
Beispiel des Organisationsplans
einer Fraktionsgeschäftsstelle in einer größeren Stadt
Geschäftsführer
Assistent
Assistentin
Leitung Geschäftsstelle
Bearbeitung Posteingang
Vorbereitung der Sitzungen
Kontakt zu anderen Fraktionen
Vorbereitung und Durchführung von Sonderveranstaltungen
Redaktion „Partei-Positionen“
Koordinierung Pressearbeit
Fertigung von Vortragsnotizen und Redemanuskripten
Teilnahme an Sitzungen von Parteivorstand und Kreisverbandsausschuss
Fertigung FS-Protokolle
Info-Beschaffung bei LT, BT, Fraktion, Kommunalpolitischen Vereinigung usw.
Vertretung Geschäftsführer
Pflege Adressenkartei
Wiedervorlage
Sonstige Info-Beschaffung
Auswertung der Drucksachen und Niederschriften
Zuordnung der Unterlagen zu den Projekten
Erarbeitung von Stellungnahmen
Bearbeitung des Schriftverkehrs der Bürger sowie der Vereine und Verbände; ggf. in Abstimmung mit AK-Leiter
Auswertung der Presse und kommunalpolitischer Fachzeitschriften; ggf. Info an Fraktionsmitglieder
Kontakt zur Stadtverwaltung
Materialbeschaffung für Fraktionsmitglieder
Teilnahme an Fraktions- und wichtigen AK-Sitzungen
Teilnahme an Kongressen
Schreibarbeiten
Sitzungstermine
Vorzimmer Geschäftsführer
Posteingang / Telefonzentrale
Beschaffung Büromaterial
Buchhaltung
Glückwünsche Prominente und ältere Mitbürger
Vorzimmer Fraktionsvorsitzender
Fahraufträge / Kurierdienst
Kopien
Projektablage
Postversand
Sonstige Bürohilfsarbeiten

Soweit vereinzelt mit Blick auf die sachliche und personelle Ausstattung großstädtischer Fraktionen vor dem Aufbau von **kommunalen Gegenverwaltungen** gewarnt wird (vgl. Rothe, Stadt und Gemeinde 1991, S. 107 ff., m.w.N.), widersprechen dem die Erweiterung der kommunalen Aufgabenfelder mit der erforderlichen Kontrolle durch die Fraktionen und die zunehmende Politisierung der Verwaltung.

In kleinen Städten und Gemeinden wird in der Praxis oftmals ein stellvertretender Fraktionsvorsitzender oder aber eine andere Person mit der Fraktionsgeschäftsführung beauftragt. Die **Entschädigung** kann in diesen Fällen sowohl **aus Haushaltsmitteln** als auch **aus sonstigen Eigenmitteln der Fraktion** erfolgen (vgl. im Einzelnen unten F.I.2.).

Der Aufgabenbereich ehrenamtlicher Fraktionsgeschäftsführer orientiert sich ebenfalls an den oben aufgezeigten Grundzügen der Tätigkeiten und Organisation einer Fraktionsgeschäftsstelle, er ist jedoch nach den vorliegenden Erfahrungen von Ort zu Ort sowie von Fraktion zu Fraktion sehr unterschiedlich.

Ein weitergehender Überblick zur personellen und sächlichen Ausstattung der Fraktionen in Nordrhein-Westfalen wird unten in Abschnitt F. gegeben.

3. Weitere Organisationsrechte

Zu den weitergehenden Organisationsrechten der Fraktion gehören das **Namensrecht** der Fraktion und das **Hausrecht** in den Fraktionsräumen.

a) Namensrecht

Die **konkrete Bezeichnung** einer Fraktion vermeidet Verwechslungen und Unklarheiten. An der **Eindeutigkeit der Bezeichnung** von Fraktionen und Gruppen besteht deshalb ein erhebliches öffentliches Interesse. Es muss vermieden werden, dass Fraktionen oder Gruppen entweder unter gleichem oder zu Verwechslungen Anlass gebenden Namen auftreten. Allein wegen der **Funktionsfähigkeit der**

Ratsarbeit muss die Fraktionsbezeichnung eindeutig sein, etwa damit Anträge oder Meinungsäußerungen den sie tragenden Gruppierungen zugerechnet werden können (vgl. VG Oldenburg, Beschl. v. 22.11.2006 – 1 B 5010/06 –). Einer Fraktion steht deshalb ein **eigenes Namensrecht nach § 12 BGB** zu, das sie ggf. auch gerichtlich gegen Missbrauch durchsetzen kann (vgl. OLG Hamm, Beschl. v. 23.10.2013 – 14 U 17/13 –). Insofern kommt im Vorfeld von Kommunalwahlen auch eine vorbeugende Feststellungsklage zum Zwecke der Vermeidung einer späteren Wahlanfechtung in Betracht (vgl. VGH BW, Urt. v. 19.03.1979 – I 915/78 –, DÖV 1980, S. 59 f.). Die Wahl des Namens ist grundsätzlich den Fraktionen selbst überlassen. Eine Verpflichtung zur Übernahme des Parteinamens besteht insofern nicht.

Ob sich Ratsfraktionen auch des Stadtwappens i.S.d. § 14 Abs. 2 GO bedienen dürfen, entscheidet der Rat. Duldet er die Verwendung des Stadtwappens, so ist der Gleichheitsgrundsatz zu beachten. Danach darf nicht willkürlich eine Fraktion gegenüber einer anderen begünstigt oder benachteiligt werden.

b) Hausrecht in Fraktionsräumen

Soweit den Fraktionen Verwaltungsräumlichkeiten innerhalb des Rathauses als Geschäftszimmer (Fraktionsbüro) überlassen werden, steht das **Hausrecht dem (Ober-) Bürgermeister** zu (vgl. zur Überlassung von Sachmitteln im Einzelnen unten F.). Dies ergibt sich aus seiner **Funktion als Behördenleiter**. Der Bürgermeister kann die aus dem Hausrecht und der Ordnungsgewalt fließenden Befugnisse für die zugeteilten Geschäftszimmer **auf den jeweiligen Funktionsträger delegieren**. Dies gilt für die Fraktion bezüglich ihres Geschäftszimmers ebenso wie für Verwaltungsbedienstete hinsichtlich ihres Arbeitszimmers. Dadurch sind die Fraktionen ermächtigt, von außen einwirkende Störungen **in eigener Zuständigkeit** abzuwehren. Diese Ordnungsbefugnisse werden dann grundsätzlich vom Fraktionsvorsitzenden bzw. den Mitarbeitern der Fraktionsgeschäftsstelle, als vom Vorsitzenden Beauftragte, wahrgenommen. Keinesfalls können aber die Ordnungsbefugnisse gegen den Willen des Bürgermeisters ausgeübt werden, denn diesem verbleibt die Möglichkeit, die Delegation des Hausrechts zu widerrufen, ebenso wie die Befugnis zum Einschreiten im Einzelfall. Dies gilt also selbst dann, wenn die Fraktion mit einem solchen Einschreiten nicht einverstanden ist (OVG NRW, NWVBl. 1990, S. 296 ff.). Allerdings hat die Fraktion einen Anspruch darauf, die Räumlichkeiten im Rahmen ihres Aufgabenbereichs zu nutzen, sodass z. B. willkürliche Maßnahmen des (Ober-) Bürgermeisters rechtswidrig sind. Auf **Grundrechte** (etwa Unverletzlichkeit der Wohnung) kann sich eine Fraktion nicht berufen, weil sie als Bestandteil der Körperschaft Gemeinde selbst nur organschaftliche Rechte, aber keine Grundrechte geltend machen kann.

Als **Inhaber des Hausrechts** obliegt dem **(Ober-) Bürgermeister** zwar die **Regelung des Zugangs zum Fraktionsbüro**; allerdings ergeben sich die Grenzen des Hausrechts aus der **Zweckbestimmung der Überlassung**. Dieser Zweck besteht darin, der jeweiligen Fraktion die Wahrnehmung ihrer kommunalverfassungsrechtlichen Aufgaben zu erleichtern. Solange die Fraktion die Räumlichkeiten innerhalb dieses Widmungszwecks nutzt, berechtigt das Hausrecht den Bürgermeister nicht zur Aussprache eines Hausverbotes (VG Köln, NVwZ 1988, S. 1157 f.) oder gar zur Schließung des Fraktionsbüros. Die Fraktion hat also einen Anspruch darauf, Fraktionssitzungen in den Räumen durchzuführen. Es ist aber nicht gestattet, dass der örtliche Bundestagsabgeordnete das Fraktionsbüro zur Abhaltung einer monatlichen Sprechstunde nutzt. Im Falle einer **Fraktionsspaltung** stehen Zugang und Nutzung weiterhin der **Restfraktion**, die die ursprünglich konstituierte Fraktion fortsetzt, zu (vgl. zum zugrunde liegenden Sachverhalt oben C.I.).

Zusammenfassung

- Fraktionen sind verpflichtet, sich eine **Geschäftsordnung (Statut)** zu geben, in dem das Abstimmungsverfahren, die Aufnahme und der Ausschluss aus der Fraktion geregelt werden (§ 56 Abs. 2 Satz 3 GO.
- Eine Fraktionsgeschäftsordnung ist keine Satzung, sondern eine **binnenrechtliche Regelung ohne Außenwirkung**. Sie erlangt Rechtswirksamkeit, wenn sie mit Stimmenmehrheit von der Fraktion beschlossen wurde. Eine Änderung ist durch Fraktionsbeschluss während der Wahlperiode möglich.
- Die **Fraktionsversammlung** besteht aus allen Fraktions-(Rats-) Mitgliedern und ist das höchste Organ der Fraktion. Sie beschließt über die von der Fraktion abzustimmenden Einzelfragen und wählt die weiteren Organe der Fraktion.
- Der **Fraktionsvorstand** übernimmt die Leitungs- und Vorberatungsfunktion.
- Der **Fraktionsvorsitzende** vertritt die Fraktion nach innen und außen, was eine Vielzahl von Aufgaben mit sich bringt, deren Bewältigung ein umfassendes Anforderungsprofil verlangt.
- Eine **Abwahl** des Fraktionsvorstandes oder einzelner Vorstandsmitglieder (z. B. stellvertretender Fraktionsvorsitzender, Fraktionsgeschäftsführer) kann nur durch die Fraktionsversammlung erfolgen.
- Ein **Fraktionsgeschäftsführer** leitet das Fraktionsbüro und koordiniert die Fraktionsarbeit. Ein hauptberuflicher Fraktionsgeschäftsführer darf auch Ratsmitglied sein (vgl. § 56 Abs. 4 Satz 1 GO). Er nimmt vielfältige Aufgaben u. a. gegenüber der eigenen Fraktion, der Partei, der Verwaltung und den Wählern wahr.
- Die Beeinträchtigung ihres **Namensrechts** kann eine Fraktion über **§ 12 BGB analog** abwehren. Bei der Wahl ihrer Bezeichnung ist die Fraktion nicht an den Parteinamen gebunden, sie darf aber auch keine irreführenden Bezeichnungen führen.
- Das **Hausrecht** über ein Fraktionsbüro im Rathaus steht dem **(Ober-) Bürgermeister** zu. (Willkürliche Maßnahmen seinerseits sind aber unzulässig!) Es kann auf die Fraktion delegiert werden. In angemieteten Räumen obliegt dem **Fraktionsvorsitzenden / Fraktionsgeschäftsführer** das Hausrecht.

II. Antrags- und Initiativrechte der Fraktion im Rat und in den Ausschüssen

1. Allgemeines Antragsrecht

Im Hinblick auf ihre **Meinungsbündelungs- und Vorberatungsfunktion** sind die Fraktionen durch die Gemeindeordnung und die sie ergänzende Geschäftsordnung des Rates mit eigenen Rechten ausgestattet worden, die es ihnen erlauben, ihre Rolle im kommunalpolitischen Geschehen wahrzunehmen.

Das **allgemeine Antragsrecht** ist in allen Gemeinden Gegenstand einer ausführlichen Regelung in der jeweiligen Geschäftsordnung des Rates (vgl. etwa §§ 13 bis 15 Muster-Geschäftsordnung für den Rat und die Ausschüsse im Anhang – VI.). Dabei gehört das **Recht auf Antragstellung** ebenso wie das **Rede- und Abstimmungsrecht** zu den absoluten Mindestbefugnissen, ohne die der demokratische Repräsentativauftrag nicht wirksam wahrgenommen werden könnte. Sie stehen daher grundsätzlich jedem einzelnen Ratsmitglied zu und erfahren in der Regel keine besondere Ausgestaltung für die Fraktionen. Gleichwohl steht das Antragsrecht erst recht auch einer Fraktion als Ganzes zu.

Vielfach ist das Antragsrecht jedoch **beschränkt**. Zu dieser Begrenzung bedarf es nicht unbedingt einer gesetzlichen Ermächtigung, wie dies beispielsweise § 31 GO mit dem Mitwirkungsverbot wegen Befangenheit regelt. Auch **Bestimmungen der Geschäftsordnung des Rates** können beschränkend wirken, soweit sich die Geschäftsordnungsbestimmungen im Rahmen der Geschäftsordnungsautonomie des Rates halten und nicht zu einer unzulässigen Beeinträchtigung der Mandatsausübung führen. So wird aus **Gründen der Arbeitseffektivität des Rates** das Antragsrecht auch durch Mindestquoren oder einen Fraktionsvorbehalt verfahrensmäßig begrenzt. Es handelt sich dabei nicht um ein Fraktionsrecht im eigentlichen Wortsinn, vielmehr wird hierdurch ein Mitwirkungsrecht des einzelnen Mandatsträgers (zulässigerweise) beschränkt.

Entsprechendes gilt auch für das **Rederecht**: Durch die Geschäftsordnung vorgeschriebene Redezeitbeschränkungen sind grundsätzlich zulässig (VGH Baden-Württemberg, NVwZ-RR 1994, S. 229). Die Geschäftsordnungen sehen derartige **Redezeitkontingentierungen** regelmäßig vor, wobei über die zeitliche Begrenzung des einzelnen Redebeitrags (vgl. § 12 Abs. 6 Muster-Geschäftsordnung für den Rat und die Ausschüsse im Anhang – VI.) hinaus teilweise auch die Redezeit nach Fraktionsstärke abgestuft wird.

2. Einberufung einer Rats- / Ausschusssitzung

Ein **Anspruch auf Einberufung des Rates** steht dem einzelnen Ratsmitglied nicht zu. Dieses Recht ist dem (Ober-) Bürgermeister als Ratsvorsitzenden vorbehalten (vgl. § 47 GO). Für ihn besteht jedoch die Verpflichtung zur unverzüglichen Einberufung des Rates, wenn ein Fünftel der Ratsmitglieder oder eine Fraktion unter Angabe der zur Beratung zu stellenden Gegenstände es verlangt (vgl. § 47 Abs. 1 Satz 4 GO). Zu den besonderen Ausnahmefällen (z. B. einer epidemischen Lage) vgl. § 47a GO, der die digitale Sitzungssituation umfasst.

Anders als in den Kommunalverfassungen der meisten übrigen Bundesländer, ist in der Gemeindeordnung Nordrhein-Westfalen damit die Einberufung des Rates als ein spezielles **Recht der Fraktionen** konstituiert. Dies ist bedeutsam für kleinere Fraktionen, die das im Übrigen geforderte Quorum von einem Fünftel der Ratsmitglieder selbst nicht erreichen.

Die Regelung kommt somit grundsätzlich bei den Mittleren und Großen kreisangehörigen sowie kreisfreien Städten zum Tragen. Den dort anzutreffenden kleinen Fraktionen von zwei bis drei Mitgliedern ist es durch die vorliegende Bestimmung möglich, die Einberufung des Rates durch den Bürgermeister zu erzwingen.

Der **Antrag** ist im Regelfall **schriftlich** oder **in digitaler Form** zu stellen. Dies gilt insbesondere dann, wenn das Formerfordernis in der Geschäftsordnung des Rates (vgl. §§ 47 Abs. 2 Satz 1, 47a GO) vorgesehen ist. Andernfalls ist es aber auch denkbar, die erneute Einberufung **in einer Ratssitzung** zu beantragen. Wird der (schriftliche) Antrag von einer Fraktion gestellt, so genügt es, wenn er von dem Fraktionsvorsitzenden oder von einer sonstigen Person, die berechtigt ist, für die Fraktion Anträge zu stellen oder Erklärungen abzugeben, unterzeichnet ist. Stellt eine Fraktion bereits das geforderte Quorum aller Ratsmitglieder, so reicht es ebenfalls aus, wenn der Fraktionsvorsitzende den Antrag stellt. Im Übrigen ist der schriftliche Antrag von wenigstens einem Fünftel der Ratsmitglieder zu unterzeichnen.

Soweit bei der Ermittlung der Antragsberechtigung auf das Quorum zurückgegriffen wird, ist die **gesetzliche Mitgliederzahl** des Rates zugrunde zu legen. Ausgleichsmandate sind insoweit zu berücksichtigen.

Bei der Ermittlung des Quorums wird der (Ober-) Bürgermeister nicht mitgezählt. Dies ergibt sich aus § 40 Abs. 2 Satz 6 GO und aus der neuen Legaldefinition, wonach der (Ober-) Bürgermeister Mitglied des Rates, aber eben kein (gewähltes) Ratsmitglied ist.

Bei einem Verlangen auf Einberufung des Rates müssen die Antragsteller den oder die gewünschten **Beratungsgegenstände ausdrücklich angeben**, sodass diese als Tagesordnungspunkte aufgenommen werden können. Sind die Voraussetzungen des § 47 Abs. 1 Satz 4 GO erfüllt, ist der (Ober-) Bürgermeister zur unverzüglichen Einberufung des Rates verpflichtet. Die Bestimmung dient dem **Minderheitenschutz** und kann insoweit auch nicht durch Regelungen in der Geschäftsordnung des Rates eingeschränkt werden.

Ein **Recht auf Beratung folgt aus dem Einberufungsrecht** allerdings **nicht**. Der Rat kann daher nach der Begründung des Antrages durch die Antragsteller die Sitzung schließen oder die Tagesordnungspunkte durch Beschluss vertagen, ablehnen oder verweisen, ohne dass es zu einer inhaltlichen Beratung kommt. Dies erscheint sachgerecht. Ein Grund, weshalb das Recht auf Einberufung, das ebenfalls die Angabe der zur Beratung zu stellenden Gegenstände erfordert, weitergehen sollte, als das Recht auf Aufnahme eines vorgeschlagenen Gegenstandes auf die Tagesordnung, ist nicht ersichtlich (vgl. Wagner, in: Kleerbaum/Palmen, GO NRW, § 47, II.1. am Ende, m.w.N.).

3. Aufnahme eines Tagesordnungspunktes

Dem (Ober-) Bürgermeister obliegt auch die **Aufstellung der Tagesordnung** (vgl. § 48 Abs. 1 GO). Im Verhinderungsfall fällt dieses Recht seinem allgemeinen Vertreter i.S.d. § 68 GO zu, nicht dem (ehrenamtlichen) Stellvertreter, der gemäß § 67 Abs. 1 Satz 2 GO den (Ober-) Bürgermeister nur bei der Leitung der Ratssitzungen und bei der Repräsentation vertritt.

In die Tagesordnung muss eine Angelegenheit aufgenommen werden, wenn ein Fünftel der Ratsmitglieder oder eine Fraktion dies unter Angabe der zur Beratung zu stellenden Gegenstände verlangt. Um als Beratungs- und Beschlussvorschlag zu dienen, muss der Antrag den gesetzlichen Anforderungen an die **Bestimmtheit eines Tagesordnungspunktes** genügen. Zur Verhinderung einer Überrumpelung der Ratsmitglieder muss der Gegenstand so genau, wenngleich summarisch oder schlagwortartig, bezeichnet sein, dass die Ratsmitglieder wissen, worüber beraten und beschlossen werden soll.

Auch dieses **Initiativrecht** darf nicht durch in der Geschäftsordnung des Rates enthaltene weitere Voraussetzungen eingeschränkt werden. Anderenfalls würden die gesetzlichen Minderheitenrechte unterlaufen. So ist es unzulässig, in der Geschäftsordnung zu verlangen, dass eine genaue Beschlussvorlage mit dem Vorschlag zur Tagesordnung eingereicht werden müsse (OVG NRW, NWVBl. 1996, S. 7). Vor diesem Hintergrund dürfen auch vereinzelt noch bestehende sog. „Sperrklauseln“ oder „Sperrfristen“, die vorsehen, dass über eine Angelegenheit, über die der Rat bereits früher entschieden hat, innerhalb einer bestimmten Frist nicht erneut beraten und entschieden werden darf, den Bürgermeister nicht von der Pflicht zur Aufnahme entsprechender Tagesordnungspunkte bei Vorliegen eines Antrages nach § 48 Abs. 1 Satz 2 GO entbinden (vgl. Wagner, in: Kleerbaum/ Palmen, GO NRW, § 48, II.2.a, m.w.N.).

Mit dem Minderheitenschutz vereinbar sind hingegen **Konkretisierungen** wie die Festsetzung einer Frist, innerhalb derer Anträge vorzulegen sind, die in die Tagesordnung aufgenommen werden sollen.

Zweckmäßigerweise findet sich eine solche Bestimmung daher auch in fast allen Geschäftsordnungen.

Es liegt allerdings im **Ermessen des (Ober-) Bürgermeisters**, auch diejenigen Vorschläge einer Fraktion oder des erforderlichen Quorums auf die Tagesordnung zu setzen, die **nach Ablauf** einer solchen Antragsfrist bei ihm eingegangen sind. Dies wird sich häufig sogar anbieten, da dieselbe Minderheit ihr Ziel auch auf dem Umweg der **Einberufung des Rates** erreichen könnte (vgl. bereits oben). Würde sie von diesem Recht Gebrauch machen, so müsste der Rat innerhalb kurzer Frist erneut zusammentreten. Hierdurch darf aber nicht der weitere Verfahrensablauf (Festlegung der Tagesordnung, Übermittlung der Unterlagen) beeinträchtigt werden. Zu beachten sind auch die Ladungsfristen aus § 47 Abs. 2 GO: Ist die Einladung zu einer ordentlichen Ratssitzung bereits an die Ratsmitglieder herausgegangen, so darf der Bürgermeister dem Verlangen einer Fraktion (bzw. des Quorums) auf Ergänzung der Tagesordnung nicht mehr entsprechen. Bei der Aufnahme von Anträgen ist außerdem immer auch die Grenze des § 48 Abs. 1 Satz 5 GO zu beachten, wonach die Tagesordnung in der Sitzung selbst nur durch Beschluss des Rates erweitert werden kann, und zwar nur, wenn eine Angelegenheit keinen Aufschub duldet und von **äußerster Dringlichkeit** ist, weil der Gemeinde anderenfalls ein erheblicher, nicht wiedergutzumachender Schaden entstehen würde (vgl. hierzu OVG NRW, OVGE 28, S. 235). Liegen diese Voraussetzungen nicht vor, darf die Tagesordnung nicht erweitert werden, selbst wenn alle anwesenden Ratsmitglieder damit einverstanden sind (so KPBl. 1980, S. 411). Dies dient nicht nur dem **Schutz der fehlenden Ratsmitglieder**, die bei Kenntnis dieses zusätzlichen Tagesordnungspunktes ihr Kommen ggf. ermöglicht hätten, sondern auch dem **Interesse der Öffentlichkeit**, die über alle Tagesordnungspunkte informiert sein muss. Insoweit bedarf es auch immer der besonderen **Eilanforderungen**, wenn ein Tagesordnungspunkt erst durch eine „Tischvorlage" in der Ratssitzung selbst eingefügt werden soll. Weil in der Praxis diese strengen Anforderungen erfahrungsgemäß nicht immer eingehalten werden, wird ausdrücklich darauf hingewiesen, dass bei Nichteinhaltung der Voraussetzungen der **Erweiterungsbeschluss** und der daran anschließende Sachbeschluss rechtswidrig sind. Diese Beschlüsse können mit Erfolg von den Ratsmitgliedern im Kommunalverfassungsstreitverfahren angegriffen werden (zum Kommunalverfassungsstreit vgl. ausführlich unten E.V.5.). Hiervon zu unterscheiden ist aber der Fall, in dem eine Tischvorlage einen schon vorhandenen Tagesordnungspunkt betrifft.

Der Bürgermeister ist berechtigt, die zur Beratung vorgeschlagenen Tagesordnungspunkte auf das Vorliegen der formellen Voraussetzungen zu prüfen (zu Antragsberechtigung, Form und Frist vgl. bereits oben).

Im Übrigen liegt es in seinem **Ermessen**, an welcher Stelle der Tagesordnung er die einzelnen Anträge (Tagesordnungspunkte) platziert. Dabei hat er allerdings immer zwischen der Einbeziehung in den öffentlichen oder nichtöffentlichen Teil zu unterscheiden. Eine Veränderung der Tagesordnung durch Vorziehen bzw. Zurückstellen oder Verweisen von Tagesordnungspunkten kann jedoch zu Beginn der Sitzung immer durch den Rat bzw. Ausschuss durch Mehrheitsbeschluss erfolgen.

Durch § 48 Abs. 1 Satz 2 GO wird die grundsätzliche Freiheit des (Ober-) Bürgermeisters bei der Aufstellung der Tagesordnung dahingehend eingeschränkt, dass er Vorschläge aufnehmen muss, die ihm innerhalb einer in der Geschäftsordnung des Rates zu bestimmenden Frist vor einer Sitzung von einem Fünftel der Ratsmitglieder oder einer Fraktion vorgelegt werden. Ein Prüfungsrecht hinsichtlich des Inhalts eines Antrages steht dem (Ober-) Bürgermeister nicht zu. – Dies gilt nicht für offensichtlich unzulässige Anträge.

Wenn ein Antragsrecht auf Erweiterung der Tagesordnung besteht, ist damit noch **kein Anspruch auf eine inhaltliche Behandlung** dieser so auf die Tagesordnung gebrachten Angelegenheit verbunden. Der Minderheit soll lediglich die Möglichkeit gegeben werden, die Mehrheit von der Erforderlichkeit und Zweckmäßigkeit einer Diskussion oder Beschlussfassung in der Sache zu überzeugen. Einem eventuell ausufernden Missbrauch kann durch Redezeitbeschränkung begegnet werden. Eine kurze Begründung oder Erläuterung kann dabei keinesfalls verweigert werden (OVG NRW, DÖV 1989, S. 595). Es ist aber mit dem Zweck des Minderheitenschutzes durchaus vereinbar, wenn der Rat daraufhin entscheidet, die Beschlussfassung zu vertagen, den Beratungsgegenstand an einen Ausschuss zu überweisen oder zur Tagesordnung überzugehen (so auch OVG NRW, NWVBl. 1996, S. 8).

Es besteht auch **kein Recht auf vorrangige Behandlung**. Wenn etwa zu fortgeschrittener Stunde eine Ratssitzung durch Mehrheitsbeschluss vorzeitig abgebrochen wird und die unerledigten Tagesordnungspunkte für die nächste turnusmäßige Ratssitzung vorgesehen sind, kann darin keine Rechtsverletzung gesehen werden. Anders könnte dies zu beurteilen sein, wenn die Termine und der Ablauf der Ratssitzung so gestaltet werden, dass die von der beantragten Fraktion gewünschten Tagesordnungspunkte ungerechtfertigt verspätet zum Zuge kämen und so das Initiativrecht unterlaufen würde.

Das **Antragsrecht auf Ergänzung der Tagesordnung** gilt grundsätzlich nicht nur **für die Vertretungskörperschaft** selbst, sondern auch **für ihre Ausschüsse**. Dies ergibt sich bereits aus § 58 Abs. 2 Satz 1 GO, wonach auf das Verfahren in den Ausschüssen die für den Rat geltenden Vorschriften entsprechende Anwendung finden. Ausdrücklich weist darüber hinaus § 58 Abs. 2 Satz 4 GO den Fraktionen ein derartiges Antragsrecht in den Ausschüssen zu. Danach haben Fraktionen das Recht, bestimmte Punkte zur Tagesordnung von Ausschusssitzungen anzumelden (vgl. hierzu auch Kleerbaum, in: Kleerbaum/Palmen, GO NRW, § 58, IV.2.).

Damit hat der Gesetzgeber die rechtlichen Möglichkeiten von praktischen Abläufen geöffnet. In der Regel werden Inhalte von Anträgen, die neu in die Tagesordnung aufgenommen werden, vorab in den Fachausschüssen und im Hauptausschuss beraten, bevor sie zur Beschlussfassung in den Rat gelangen. Durch die Möglichkeit, unmittelbar für die Ausschüsse Tagesordnungspunkte zu beantragen, wird das Erfordernis der anfänglichen Verweisung in die Fachausschüsse vermieden und der Verfahrensgang beschleunigt.

Das Recht, die Aufnahme von Punkten auf die Tagesordnung zu beantragen, steht – wie das Recht, den Rat einzuberufen – lediglich den im Gesetz genannten Berechtigten, nicht aber einer Gruppe im Sinne des § 56 Abs. 1 Satz 4 GO zu (vgl. auch Wagner, in: Kleerbaum/Palmen, GO NRW, § 48, II.2.a).

Ein Muster-Schreiben für die Anmeldung zur Tagesordnung ist nachfolgend abgedruckt.

A-Fraktion
im Rat der Gemeinde X

An den
Bürgermeister
Gemeindeverwaltung
Gemeinde X

Durchschrift an:
- B-Fraktion
- C-Fraktion
- D-Fraktion

Datum

Ratssitzung am .....
- Anmeldung zur Tagesordnung -

Sehr geehrter Herr .....,

hiermit beantragt die A-Fraktion, den nachfolgenden Tagesordnungspunkt in die Tagesordnung der nächsten Ratssitzung aufzunehmen:

„Anlage einer Wallhecke entlang des Wirtschaftsweges 100 in der Länge des Grundstückes Gemarkung Gemeinde X, Flur 1, Flurstück 50."

Begründung

Die Anlage einer Wallhecke erscheint uns notwendig, weil die an den Weg angrenzende große Ackerfläche durch eine Hecke kleinräumiger gegliedert wird und die angepflanzten Obstbäume durch zu dichtes Pflügen auf Dauer keine Überlebenschance haben, da die Ackergrenze trotz wiederholter Aufforderung durch die Gemeinde nur sehr geringfügig zurückgenommen wurde.

Die Verwaltung wird deshalb gebeten zu untersuchen, ob entlang des Wirtschaftsweges 100 in der Länge des obigen Grundstückes eine drei- bzw. zweizeilige Wallhecke angepflanzt werden kann. Falls diese Möglichkeit besteht, bitten wir darum, die Wallhecke unter Ausnutzung des gesamten öffentlichen Wegeseitenstreifens anzupflanzen.

gez.

Fraktionsvorsitzender

4. Abstimmungen und Wahlen

Grundsätzlich erfolgen Beschlussfassungen im Rat gemäß § 50 Abs. 1 Satz 3 GO in **offener Abstimmung**. Dabei ist für jedermann erkennbar, in welchem Sinne jedes einzelne Ratsmitglied abstimmt. Üblich ist im kommunalen Bereich die offene Abstimmung durch **Handzeichen**. Auf Antrag einer in der Geschäftsordnung des Rates festzulegenden Zahl von Ratsmitgliedern ist namentlich abzustimmen (vgl. § 16 Abs. 3 Muster-Geschäftsordnung für den Rat und die Ausschüsse im Anhang – VI.). Damit ist das Recht auf **namentliche Abstimmung** im eigentlichen Sinne kein Recht der Fraktionen, auch wenn es in manchen Geschäftsordnungen als ein solches ausgestaltet ist: Dann genügt schon der Antrag einer beliebigen Fraktion für die Durchführung einer namentlichen Abstimmung. Bei namentlicher Abstimmung wird die Stimmabgabe jedes einzelnen Ratsmitgliedes in der Niederschrift festgehalten. Liegt zugleich ein Antrag auf **geheime Abstimmung** vor, so hat dieser **Vorrang** gegenüber dem Antrag auf namentliche Abstimmung. Der Antrag auf geheime Abstimmung ist nach § 50 Abs. 1 Satz 4 GO von mindestens einem Fünftel der Mitglieder des Rates zu stellen. Nach der Rechtsprechung des Oberverwaltungsgerichts NRW ist es zulässig, wenn der Rat das gesetzliche Quorum für geheime Abstimmungen von mindestens einem Fünftel in seiner Geschäftsordnung auf die Mehrheit seiner Mitglieder ausdehnt. Das Quorum bezwecke nämlich nicht einen Minderheitenschutz, sondern den Schutz vor den Anträgen von Minderheiten auf geheime Abstimmung und damit den **Schutz des „Öffentlichkeitsprinzips“** (OVG NRW, NWVBl. 1994, S. 133).

Wahlen betreffen stets **Personalentscheidungen** – in Abgrenzung zu den Abstimmungen über Sachfragen. Soweit das Gesetz nichts Anderes bestimmt oder wenn niemand widerspricht, werden Wahlen durch offene Abstimmung, sonst durch Abgabe von Stimmzetteln vollzogen.

Bei **geheimer Abstimmung** nimmt der einzelne seine Entscheidung unbeobachtet vor. Dies geschieht praktisch durch die **Abgabe von Stimmzetteln**, wobei erforderlichenfalls Wahlkabinen bereitzustellen sind. Das handschriftliche Ausfüllen des Stimmzettels verstößt nicht gegen das Wahlgeheimnis. Ist eine bestimmte Art der Kennzeichnung des Stimmzettels vorgesehen (z. B. ausschließliche Verwendung eines in der Wahlkabine bereitgestellten Stifts), so macht jede hiervon abweichende Kennzeichnung den Stimmzettel ungültig (OVG Niedersachsen, DVBl. 1990, S. 831).

III. Kontroll- und Informationsrechte der Fraktion

Dem Rat obliegt neben seiner Funktion als **Willensbildungs- und Beschlussorgan** auch die **Kontrolle der Verwaltung**. Diese Kontrollbefugnis ist in der Gemeindeordnung an verschiedenen Stellen gesetzlich verankert. So führt der (Ober-) Bürgermeister die Beschlüsse des Rates, der Bezirksvertretungen und der Ausschüsse gemäß § 62 Abs. 2 Satz 2 GO unter der Kontrolle des Rates und in Verantwortung ihm gegenüber durch. Der Rat überwacht gemäß § 55 Abs. 3 Satz 1 GO die Durchführung seiner Beschlüsse, der Beschlüsse der Bezirksvertretungen und Ausschüsse sowie den Ablauf der Verwaltungsangelegenheiten.

Damit der Rat diese **Kontrollfunktion** wirksam ausüben kann, sind in der Gemeindeordnung verschiedene Kontrollbefugnisse und Informationsrechte gegenüber dem (Ober-) Bürgermeister verankert worden, die – wie das Auskunftsrecht und die Stellungnahmeverpflichtung nach § 55 Abs. 1 Satz 2 GO – teilweise durch einzelne Rats- bzw. Bezirksvertretungsmitglieder, teilweise aber auch nur durch ein Quorum von Rats- bzw. Bezirksvertretungsmitgliedern oder einer Fraktion geltend gemacht werden können.

1. Stellungnahmeverpflichtung des (Ober-) Bürgermeisters

Der (Ober-) Bürgermeister ist nach § 69 Abs. 1 Satz 2 GO auf Verlangen einer Fraktion oder eines Fünftels der Ratsmitglieder verpflichtet, zu einzelnen Punkten der Tagesordnung vor dem Rat Stellung zu nehmen. Unter **Stellungnahme** wird dabei eine **über die bloße Tatsachenauskunft hinausgehende subjektive Bewertung im Sinne einer persönlichen Ansicht verstanden**.

Da bereits einzelne Rats- bzw. Bezirksvertretungsmitglieder gemäß § 55 Abs. 1 Satz 2 GO berechtigt sind, vom (Ober-) Bürgermeister Auskunft bzw. Stellungnahme zu verlangen, kommt dieser Verpflichtung zukünftig keine darüber hinausgehende Bedeutung mehr zu.

2. Akteneinsichtsrecht

Ebenfalls eine **Vorschrift des Minderheitenschutzes** ist das **Recht auf Akteneinsicht**. Gemäß § 55 Abs. 4 GO muss auf Beschluss des Rates mit der Mehrheit der Ratsmitglieder oder auf Verlangen eines Fünftels der Ratsmitglieder oder einer Fraktion einem einzelnen, von den Antragstellern jeweils zu benennenden Ratsmitglied Akteneinsicht gewährt werden, soweit dieses nicht von der Beratung und Entscheidung wegen eines Interessenwiderstreits ausgeschlossen ist. Somit hat damit **eine Fraktion** (nicht aber eine Gruppe im Sinne des § 56 Abs. 1 Satz 4 GO) das Recht, Akteneinsicht zu verlangen. Das Verlangen nach Akteneinsicht muss erkennbar vom Willen aller Fraktionsmitglieder getragen sein. Sofern dies der Fall ist, genügt für den Antrag aber die Unterschrift des vertretungsberechtigten Vorsitzenden.

Im Unterschied zu dem Akteneinsichtsrecht einzelner Rats- bzw. Bezirksvertretungsmitglieder nach § 55 Abs. 5 GO ist das **Akteneinsichtsrecht der Fraktionen nicht** auf solche Akten **beschränkt, die der Vorbereitung oder der Kontrolle** von Beschlüssen des Rates, des Ausschusses oder der Bezirksvertretung **dienen**, denen der Akteneinsicht Verlangende angehört. Es ist vielmehr sehr umfassend und schließt grundsätzlich alle Verwaltungsvorgänge innerhalb der Verwaltung ein. Das Akteneinsichtsrecht der Fraktionen im Hinblick auf Ausschuss- bzw. Bezirksvertretungsangelegenheiten besteht überdies unabhängig davon, ob die Fraktion im jeweiligen Gremium vertreten ist. Die Fraktion hat jedoch in dem Antrag das Ratsmitglied zu benennen, das mit der Akteneinsicht beauftragt ist.

Ein über das Akteneinsichtsrecht **hinausgehender Anspruch auf Überlassung von Verwaltungsunterlagen steht den Fraktionen** allerdings nicht zu. Insbesondere kann ein solches Recht der Fraktionen nicht aus § 62 Abs. 2 GO abgeleitet werden. Die darin festgelegte

Aufgabe des Bürgermeisters, die Beschlüsse des Rates, der Bezirksvertretungen und der Ausschüsse vorzubereiten, verpflichtet den Bürgermeister nur gegenüber diesen ausdrücklich genannten Organen und nicht gegenüber den in den Organen vorhandenen Fraktionen (OVG NRW, DVBl. 1989, S. 164, 165).

3. Übersendung von Sitzungsunterlagen

Aus gleichem Grund haben die Fraktionen auch keinen Anspruch darauf, vor einer Ratssitzung schriftliche Sitzungsunterlagen zugeleitet zu bekommen. Die **Pflicht des Bürgermeisters zur Vorbereitung der Ratsbeschlüsse** besteht eben **nur gegenüber dem Rat** und nicht gegenüber den einzelnen Fraktionen oder Ratsmitgliedern. Den Fraktionen bleibt damit letztlich nur die Möglichkeit, den Rat mit einem entsprechenden Antrag zu verpflichten, keinen Sachbeschluss zu treffen (vgl. OVG NRW, NVwZ-RR 2007, S. 627).

Entscheidet sich der Hauptverwaltungsbeamte allerdings im Rahmen seines Ermessens dazu, den Fraktionen zur Vorbereitung Auskünfte zu erteilen oder Sitzungsunterlagen zu überlassen, darf er einer Fraktion ihr Verlangen auf Unterstützung nicht vorenthalten, wenn er es einer anderen Fraktion bereits gewährt hat (OVG NRW, DÖV 1992, S. 170, 171 f.).

Zusammenfassung (II. und III.)

- Eine Ratssitzung muss vom (Ober-) Bürgermeister einberufen werden, wenn eine Fraktion oder ein Fünftel der Ratsmitglieder dies verlangt (vgl. § 47 Abs. 1 GO).
- Eine Fraktion oder ein Fünftel der Ratsmitglieder kann vom (Ober-) Bürgermeister verlangen, eine **Angelegenheit in die Tagesordnung aufzunehmen** (vgl. § 48 Abs. 1 GO). Eine Fraktion kann auch verlangen, dass eine Angelegenheit in die Tagesordnung einer Ausschusssitzung aufgenommen wird (§ 58 Abs. 2 Satz 4 GO). Dem (Ober-) Bürgermeister und dem Ausschussvorsitzenden stehen dabei **nur ein formelles** und kein materielles **Prüfungsrecht** zu.
- Mit dem Antragsrecht auf Erweiterung der Tagesordnung ist **kein Anspruch** auf eine inhaltliche oder vorrangige Behandlung verbunden.
- In § 50 Abs. 1 GO wird zwischen **offener, namentlicher und geheimer Abstimmung** im Rat unterschieden.
- Wahlen betreffen Personalentscheidungen und sind **offen** durchzuführen, wenn nichts Anderes im Gesetz bestimmt ist und niemand widerspricht.
- Auf Verlangen einer Fraktion oder eines Fünftels der Ratsmitglieder ist der (Ober-) Bürgermeister verpflichtet, zu einzelnen Themen vor dem Rat **Stellung zu nehmen** (vgl. § 69 Abs. 1 Satz 2 GO.
- Auf Verlangen einer Fraktion oder eines Fünftels der Ratsmitglieder ist der (Ober-) Bürgermeister verpflichtet, **Akteneinsicht** zu gewähren (vgl. § 55 Abs. 4 Satz 1 GO).

IV. Vorschlags- und Entsenderechte der Fraktion

Die **Vorschlags- und Entsenderechte der Fraktionen** nehmen zu Beginn einer jeden Wahlperiode einen besonderen Stellenwert in der Fraktionsarbeit ein, weil nach der Konstituierung des Rates die Entscheidung zur Ausschussbesetzung – einschließlich der Vorsitzbestimmung (vgl. §§ 50 Abs. 3, 58 Abs. 5 GO) – und die Besetzung weiterer Gremien (z. B. Aufsichtsräte, Verwaltungsräte etc.) sowie die Wahl der ehrenamtlichen Stellvertreter des Bürgermeisters nach § 67 Abs. 2 GO erfolgen.

1. Ausschussbildung und Ausschussbesetzung

Eine Vielzahl kommunaler Angelegenheiten wird in Ausschüssen des Rates vorberaten und ggf. entschieden. Zu Beginn einer Ratsperiode müssen deshalb die Ausschüsse gebildet und besetzt werden.

Die Ausschussmitglieder werden von der Gemeindevertretung bestimmt, nachdem diese zuvor mit einfacher Mehrheit festgelegt hat,

- welche freiwilligen Ausschüsse gebildet werden sollen,
- wie viele Mitglieder die einzelnen Ausschüsse haben sollen,
- wie viele Sachkundige Bürger (und / oder Sachkundige Einwohner) in die jeweiligen Ausschüsse bestellt werden sollen bzw. gesetzlich zulässig sind (§ 58 Abs. 3 GO).

Nach Festlegung der Anzahl der freiwilligen Ausschüsse sollte mit Blick auf die Entscheidungsfähigkeit der Ausschüsse eine ungerade Zahl bei der personellen Stärke gewählt werden. Die Größe der Ausschüsse, d. h. die Zahl ihrer Vollmitglieder und ggf. hinzugewählter (kooptierter) Mitglieder, obliegt dabei voll der **gemeindlichen Bestimmungshoheit**.

Dagegen ist die **Besetzung der Ausschüsse** an die ungeschriebene Rechtsregel gebunden, dass ihr Stärkeverhältnis ein möglichst **getreues Abbild der Mehrheiten im Ratsplenum** darstellen muss. Es gilt der sog. **Grundsatz der Spiegelbildlichkeit** bei der Zusammensetzung von Rat und Ausschüssen, wonach die einzelnen politischen Kräfte proportional zu berücksichtigen sind (vgl. im Einzelnen Wagner, in: Kleerbaum/Palmen, GO NRW, § 50, IV.4.; vgl. auch die Rechtsprechungsdarstellung bei Meyer, a.a.O., S. 174 ff.). Hierbei kommt den Fraktionen eine maßgebliche Bedeutung zu.

Kommt nämlich ein einheitlicher Wahlvorschlag des gesamten Rates (§ 50 Abs. 3 Satz 1 GO) nicht zustande, so wird nach den **Grundsätzen der Verhältniswahl** in einem Wahlgang über die Besetzung des jeweiligen Ausschusses abgestimmt (§ 50 Abs. 3 Satz 2 und 3 GO). Hierzu stellen die Fraktionen Listen auf. Über diese Listen, auf denen die von den Fraktionen vorgeschlagenen Bewerber namentlich und in fester Reihenfolge aufgeführt sind, wird dann durch Ratsbeschluss abgestimmt. Daraufhin werden die Ausschusssitze den einzelnen Fraktionen zugeteilt. Der Rat ist dabei an die Vorschläge der einzelnen Fraktionen gebunden. Er darf keine Ausschussplätze mit anderen als den vorgeschlagenen Ratsmitgliedern besetzen. Dies gilt auch dann, wenn eine Fraktion einen ihr nicht angehörenden, aufgrund der Vorschlagsliste einer anderen Partei gewählten Kandidaten vorschlägt.

Die Zuteilung der Ausschusssitze bestimmt sich nach dem **Proportionalverfahren Hare/Niemeyer**.

Zur Veranschaulichung der Ausschussbesetzung sollen nachfolgende Beispiele dienen.

- Ausschussbesetzung nach Hare/Niemeyer -

Beim **Quotenverfahren nach Hare/Niemeyer** werden die zu vergebenden Sitze mit der Stimmenzahl der jeweiligen Partei / Wählergruppe multipliziert und durch die Gesamtstimmenzahl (ohne Enthaltungen und ungültige Stimmen) geteilt (= Quote).

Der **Ganzzahlenwert der Quote** wird als Sitzzahl direkt zugeteilt. Sofern die Summe direkt zugeteilter Sitze nicht der Gesamtsitzzahl des Ausschusses entspricht, werden die Restsitze nach der Reihenfolge der höchsten Nachkommastellen zugeteilt.

Der Rat der Gemeinde setzt sich im vorliegenden Beispiel aus 50 Vertretern zusammen, die sich wie folgt auf die Fraktionen verteilen:

Fraktion A 25 Fraktion B 18 Fraktion C 7

Der Bürgermeister, der kein gewähltes Ratsmitglied ist und damit keiner Fraktion angehört, ist bei der Besetzung der Ausschüsse nicht stimmberechtigt (§ 40 Abs. 2 Satz 6 i.V.m. § 50 Abs. 3 GO).

Für einen Ratsausschuss sollen elf Ratsmitglieder gewählt werden. Von jeder Fraktion ist ein Listenvorschlag eingereicht worden.

Liste 1 (Fraktion A)	**Liste 2 (Fraktion B)**	**Liste 3 (Fraktion C)**
1. Bäcker	1. Lehmann	1. Friedrich
2. Bergmann	2. Meyer	2. Heinrich
3. Koch	3. Müller	3. Otto
4. Schäfer	4. Schmidt	
5. Schneider	5. Schulze	
6. Schreiner		
7. Schuster		

In der Wahl werden für die Liste 1 = 25 Stimmen, für die Liste 2 = 18 Stimmen und für die Liste 3 = 7 Stimmen abgegeben.

Fraktion	**Sitze**	**x Stimmen**	**: Gesamtstimmen**	**= Quotient**	**ganze Sitze**	**extra**	**Gesamtsitzzahl**
A	11	x 25	: 50	= 5,50	5		5
B	11	x 18	: 50	= 3,96	3	+ 1	4
C	11	x 7	: 50	= 1,54	1	+ 1	2

Danach entfallen auf die Fraktion A = 5 Sitze, auf die Fraktion B = 4 Sitze und auf die Fraktion C = 2 Sitze. Gewählt sind nach obiger Liste von der A-Fraktion: Bäcker, Bergmann, Koch, Schäfer und Schneider, von der B-Fraktion: Lehmann, Meyer, Müller und Schmidt sowie von der C-Fraktion: Friedrich und Heinrich.

Bei der Ausschussbesetzung ist zu beachten, inwieweit die einzelnen Fraktionen auch Sachkundige Bürger – als vollwertige Ausschussmitglieder – mitberücksichtigen wollen. Dann muss nämlich stets die gesetzlich vorgeschriebene Mehrzahl der Ratsmitglieder gegenüber den Sachkundigen Bürgern im Ausschuss gewährleistet sein (§ 58 Abs. 3 Satz 3 GO). Nachdem der Rat die Anzahl der zu berücksichtigenden Sachkundigen Bürger im Ausschuss festgelegt hat, sollte deshalb zur Vereinfachung bei dem Verteilungsverfahren nach Hare/ Niemeyer zunächst die vom Rat festgelegte Anzahl der Ratsmitglieder im Ausschuss berücksichtigt werden und danach erst die Anzahl der Sachkundigen Bürger (zur Zulässigkeit dieser Reihenfolge der Besetzung vgl. auch OVG NRW, NVwZ-RR 1990, S. 506). Um rechnerische Schwierigkeiten zu vermeiden, sollte dabei jede Fraktion auf ihrer Liste zunächst einen **Block von Ratsmitgliedern** und dann einen **Block von Sachkundigen Bürgern** auf der jeweiligen Liste aufführen.

- Ausschussbesetzung unter Beteiligung Sachkundiger Bürger -

Ausgehend vom obigen **Beispiel einer Ausschussbesetzung** mit Ratsmitgliedern ergibt sich Folgendes:

Der Rat der Gemeinde setzt sich aus 50 Vertretern zusammen, die sich wie folgt auf die Fraktionen verteilen:

Fraktion A 25 Fraktion B 18 Fraktion C 7

Der Bürgermeister, der kein gewähltes Ratsmitglied ist und damit keiner Fraktion angehört, ist bei der Besetzung der Ausschüsse nicht stimmberechtigt (§ 40 Abs. 2 Satz 6 i.V.m. § 50 Abs. 3 GO).

Für einen Ratsausschuss sollen elf Mitglieder gewählt werden, davon fünf Sachkundige Bürger. Von jeder Fraktion ist ein Listenvorschlag eingereicht worden.

Liste 1 (Fraktion A)		Liste 2 (Fraktion B)		Liste 3 (Fraktion C)	
1. Bäcker		1. Lehmann		1. Friedrich	
2. Bergmann		2. Meyer			
3. Koch		3. Müller			
4. Schäfer					
1. Schneider	(Sachk.B.)	1. Schmidt	(Sachk.B.)	1. Heinrich	(Sachk.B.)
2. Schreiner	(Sachk.B.)	2. Schulze	(Sachk.B.)	2. Otto	(Sachk.B.)
3. Schuster	(Sachk.B.)				

In der Wahl werden für die Liste 1 = 25 Stimmen, für die Liste 2 = 18 Stimmen und für die Liste 3 = 7 Stimmen abgegeben.

Im Verfahren Hare/Niemeyer werden die Sitze getrennt nach Ratsmitgliedern und Sachkundigen Bürgern verteilt:

Fraktion	Sitze 6 RM	x Stimmen	: Gesamtstimmen	= Quotient	ganze Sitze	extra	Gesamtzahl
A	6	x 25	: 50	= 3,00	3		3
B	6	x 18	: 50	= 2,16	2		2
C	6	x 7	: 50	= 0,84	0	+ 1	1
gesamt					**5**		**6**

Fraktion	Sitze 5 S.B.	x Stimmen	: Gesamtstimmen	= Quotient	ganze Sitze	extra	Gesamtzahl
A	5	x 25	: 50	= 2,50	2		2
B	5	x 18	: 50	= 1,80	1	+ 1	2
C	5	x 7	: 50	= 0,70	0	+ 1	1
gesamt					**3**		**5**

Fraktion	Sitze Ratsmitglieder	Sitze Sachk. Bürger	zusammen
A	3	2	5
B	2	2	4
C	1	1	2
gesamt	**6**	**5**	**11**

Fraktion A kann drei Ratsmitglieder und zwei Sachkundige Bürger entsenden. Fraktion B stellt je zwei Ratsmitglieder bzw. Sachkundige Bürger. Auf Fraktion C entfallen je ein Ratsmitglied bzw. Sachkundiger Bürger.

(Volljährige) Sachkundige Einwohner, die lediglich beratende Ausschussmitglieder werden, können entweder in einem Wahlgang auf den Fraktionslisten mitgewählt oder in einem gesonderten Wahlgang nach den Grundsätzen der Verhältniswahl bestimmt werden (vgl. § 58 Abs. 4 GO).

Soweit **kleine Fraktionen** aufgrund des Verteilungsverfahrens unberücksichtigt bleiben und nicht in einem Ausschuss vertreten sind, so ist dies hinzunehmen, auch wenn damit ein nicht ganz proporzgerechtes Ergebnis erzielt wird. Der **Grundsatz der Spiegelbildlichkeit** gebietet weder die Zuteilung eines stimmberechtigten Sitzes in den Ausschüssen entgegen der Wahlvorschrift des § 50 Abs. 3 GO noch eine Vergrößerung der Ausschüsse von 12 auf 16 Mitglieder bei einem 32-köpfigen Rat (OVG NRW, DVBl. 2005, S. 780).

Bei einem Verhältnis von 47 Ratssitzen zu 9 Ausschusssitzen ergibt sich ebenfalls noch keine Verzerrung der Kräfteverhältnisse (vgl. OVG Schleswig, Urt. v. 15.03.2006 – 2 LB 48/05 –).

Schließlich sind in dieser Weise unberücksichtigt bleibende Fraktionen gemäß § 58 Abs. 1 Satz 7 bis 10 GO ausdrücklich berechtigt, für den jeweiligen Ausschuss ein **zusätzliches Mitglied**, das dem Rat angehören kann, **mit beratender Stimme** zu entsenden. Sie wirken in dem Ausschuss **mit beratender Stimme** mit und werden bei der Zusammensetzung und der Berechnung der **Beschlussfähigkeit** des Ausschusses **nicht mitgezählt**. Indem die Fraktionen statt Ratsmitglieder auch Sachkundige Bürger in den Ausschuss entsenden können, wird zugleich den Personalnöten kleinerer Fraktionen in besonderer Weise Rechnung getragen.

Einzelne Ratsmitglieder werden durch die Nichtbeteiligung an Ausschüssen nicht in der Wahrnehmung ihrer elementaren Rechte und Aufgaben beeinträchtigt (VGH Baden-Württemberg, NVwZ-RR 1993, S. 657, 658; SaarlOVG, NVwZ-RR 2007, S. 409 [Leitsatz]). Ein **Anspruch** (z. B. eines fraktionslosen Ratsmitgliedes) **auf Wahl in einen Ausschuss besteht daher nicht** (BVerwG, NVwZ-RR 1993, S. 209). Letztlich ist damit auch die Rechtsprechung des Bundesverfassungsgerichts (NJW 1990, S. 373) zu Art. 38 Abs. 1 Satz 2 GG (Minderheitenrechte fraktionsloser Abgeordneter im Bundestag) auf kommunale Vertretungen nicht uneingeschränkt übertragbar, da der Rat kein Parlament ist, sondern **Organ einer Selbstverwaltungskörperschaft**. Dem Informationsrecht des einzelnen Ratsmitgliedes wird grundsätzlich dadurch hinreichend entsprochen, dass es als Zuhörer an öffentlichen und nichtöffentlichen Sitzungen teilnehmen darf (ausdrücklich garantiert in § 58 Abs. 1 Satz 4 und 6 GO mit weitergehendem Beratungsrecht im Ausschuss bei Behandlung eines eigenen Antrages).

Allerdings gewährt die entsprechende Regelung in der Kreisordnung NRW (§ 41 Abs. 3 Satz 11 KrO) **einem fraktionslosen Kreistagsmitglied keinen Anspruch auf Mitgliedschaft im Kreisausschuss**.

Im Rahmen der Zusammensetzung der Ausschüsse sind zugleich auch **stellvertretende Ausschussmitglieder** vom Rat zu bestellen. Der Rat legt sowohl die **Anzahl der Vertreter** als auch ihre **Stellung** (Ratsmitglieder, Sachkundige Bürger) und die **Reihenfolge** der Vertretung fest. Eine bestimmte Verfahrensweise sieht das Gesetz dabei nicht vor. Möglich ist sowohl eine **namentliche Vertretung** als auch eine **generelle Vertretung** nach der Reihenfolge der von der Fraktion auf einer Liste benannten Ratsmitglieder. In der Praxis sollte gewährleistet sein, dass über eine flexible Stellvertreterregelung alle Fraktionen mit der ihnen zugewiesenen Anzahl von Ausschussmitgliedern an den Ausschusssitzungen teilnehmen können. Bei der Einbindung Sachkundiger Bürger als stellvertretende Mitglieder ist darauf zu achten, dass die Beschlussfähigkeit in den Ausschüssen immer eine **Mehrzahl von Ratsmitgliedern** voraussetzt. Dies kann z. B. dadurch geschehen, dass Ratsmitglieder auch nur von Ratsmitgliedern vertreten werden.

Soweit ein Ausschussmitglied z. B. wegen Niederlegung des Mandats bzw. Tod oder in sonstiger Weise aus dem Ausschuss ausscheidet, findet eine Ersatzwahl zur Bestimmung des **Nachfolgers (Ersatzperson)** statt. Der Rat wählt dabei auf Vorschlag der Fraktion oder Gruppe, welcher das ausgeschiedene Mitglied bei seiner Wahl angehörte, einen Nachfolger. Nach § 50 Abs. 3 Satz 5 GO bedarf es hierzu allerdings **keines einstimmigen Ratsbeschlusses**. Vielmehr genügt hier ein **Mehrheitsbeschluss** der Ratsmitglieder nach § 50 Abs. 2 GO. Das Vorschlagsrecht der Fraktion oder Gruppe stellt zugleich sicher, dass in der Praxis nur ein Vorschlag dieser Fraktion oder Gruppe zum Zuge kommt. Ein anderes Resultat würde einen Verstoß gegen das Verhältniswahlprinzip bedeuten. In der Praxis ist es deshalb sinnvoll, bereits bei der Festlegung der Zusammensetzung der Ausschüsse Nachfolger aus einer betreffenden **Vorschlagsliste** durch Ratsbeschluss festzulegen. Scheidet ein Ausschussmitglied aus, so wird es allgemein als rechtlich zulässig angesehen, für eine Übergangszeit den Stellvertreter des ausgeschiedenen Ausschussmitgliedes heranzuziehen.

Hiervon zu unterscheiden ist der **Fall des Fraktionsaustritts** eines Ausschussmitgliedes, das auf Vorschlag seiner Fraktion in den Ausschuss gewählt worden ist. Legt das vormalige Fraktionsmitglied sein Ratsmandat nicht nieder, so hat der Fraktionsaustritt **keine Auswirkungen** auf seine Mitgliedschaft im Ausschuss, obwohl hierdurch das Verhältniswahlsystem beeinträchtigt wird. Eine **Anpassung der Ausschusssitze** kann in diesem Fall nur durch einen Mehrheitsbeschluss des Rates erfolgen, der den Ausschuss auflösen und anschließend nach Verhältniswahlgrundsätzen erneut besetzen muss. Dieser Fall wird im Übrigen nach richtiger Ansicht nicht von § 58 Abs. 6 GO erfasst, der nur die ersatzlose Auflösung eines bestehenden Ausschusses, nicht aber die nur personelle Neubesetzung regelt (VG Gelsenkirchen, NWVBl. 1994, S. 179, 180). Einer Wiederholung des Zugreifverfahrens bedarf es dann also nicht (zum Zugreifverfahren sogleich unter 2.).

Einen generellen Anspruch auf Umänderung der Ausschüsse hat die Fraktion, aus der das Ausschussmitglied ausgetreten ist, nach nordrhein-westfälischem Recht – anders als in Brandenburg, Hessen und Niedersachsen – nicht (zur [Um-] Besetzung und Auflösung von Ausschüssen vgl. auch Rehn, Städte- und Gemeinderat 1984, S. 339 ff.; Beckmann, NWVBl. 1994, S. 126).

2. Ausschussvorsitze

Die Festlegung und Verteilung der **Ausschussvorsitze** erfolgt gemäß § 58 Abs. 5 GO.

Danach werden den Fraktionen die Ausschussvorsitze nach dem Stärkeverhältnis zugeteilt: Das Gesetz sieht zwei alternativ anzuwendende Verfahren vor: **das Einigungsverfahren** (§ 58 Abs. 5 Satz 1 GO) und **das Zugreifverfahren** (§ 58 Abs. 5 Satz 2 bis 4 GO), das nur zur Anwendung gelangt, wenn eine Einigung nicht zustande kommt. Beim Einigungsverfahren können sich die im Rat vertretenen Fraktionen über die Verteilung der Ausschussvorsitze einigen, wenn nicht ein Fünftel der Ratsmitglieder widerspricht. Soweit eine Einigung zwischen den Fraktionen zustande kommt, bestimmen die Fraktionen, denen der Vorsitz zusteht, aus der Mitte der den Ausschüssen angehörenden stimmberechtigten Ratsmitglieder den jeweiligen Vorsitzenden.

Sollte das Einigungsverfahren scheitern, werden den Fraktionen – im Gegensatz zur Verteilung der Ausschusssitze – **die Vorsitze in der Reihenfolge ihrer Höchstzahlen zugeteilt**, die sich durch Teilung der Mitgliederzahlen der Fraktionen durch 1, 2, 3 usw. ergeben. Mehrere Fraktionen können sich dabei zusammenschließen (vgl. bereits oben C.IV.). Bei gleichen Höchstzahlen entscheidet das Los, das der Bürgermeister zu ziehen hat. Die Fraktionen benennen die Ausschüsse, deren Vorsitz sie beanspruchen, in der Reihenfolge der Höchstzahlen und bestimmen die Vorsitzenden.

Eine Besonderheit gilt für die Bestimmung des Vorsitzes im Hauptausschuss, der gesetzlich dem (Ober-) Bürgermeister zugewiesen ist (§ 57 Abs. 3 Satz 1 GO) und damit bei der Verteilung unberücksichtigt bleibt.

Die Verteilung der Ausschussvorsitze wird am nachstehenden Beispiel verdeutlicht.

Geht man erneut von einem 50-köpfigen Rat mit folgendem Stärkeverhältnis aus: Fraktion A = 25 Sitze, Fraktion B = 18 Sitze, Fraktion C = 7 Sitze, so errechnet sich die Reihenfolge des Zugriffsrechts auf die einzelnen Ausschussvorsitze wie folgt:

Die Reihenfolge des Zugriffsrechts bestimmt sich nach den **Höchstzahlen der Divisionsergebnisse** (vgl. nachstehende Tabelle).

	Liste 1 (Fraktion A)	**Liste 2 (Fraktion B)**	**Liste 3 (Fraktion C)**
abgegebene Stimmen:	**25**	**18**	**7**
Teiler: 1.	25 : 1 = 25 (1)	18 : 1 = 18 (2)	7 : 1 = 7 (6)
2.	25 : 2 = 12,5 (3)	18 : 2 = 9 (4)	7 : 2 = 3,5
3.	25 : 3 = 8,33 (5)	18 : 3 = 6 (8)	7 : 3 = 2,33
4.	25 : 4 = 6,25 (7)	18 : 4 = 4,5 (10)	7 : 4 = 1,75
5.	25 : 5 = 5 (9)	18 : 5 = 3,6	7 : 5 = 1,4
6.	25 : 6 = 4,17 (11)	18 : 6 = 3	7 : 6 = 1,17

Bei gleichen Höchstzahlen entscheidet das Los, das der Bürgermeister zu ziehen hat (§ 58 Abs. 5 Satz 3 GO). Danach entfallen auf die

- A-Fraktion der 1., 3., 5., 7., 9., 11. Zugriff,
- B-Fraktion der 2., 4., 8., 10. Zugriff und
- C-Fraktion der 6. Zugriff.

Fraktion A kann also zunächst entscheiden, in welchem Ausschuss sie den Vorsitz übernehmen will. Daraufhin kann Fraktion B den Zugriff auf den Vorsitz des für sie (nächst-) wichtigsten Ausschusses nehmen. Dann wiederum kann Fraktion A einen Ausschuss benennen, dem sie vorsitzen will. Fraktion C hat erst beim sechsten Ausschuss (nach dem Hauptausschuss) die Möglichkeit, einen Vorsitz aus ihren eigenen Reihen durchzusetzen.

Die einzelnen Fraktionen müssen also sowohl hinsichtlich der Anzahl der Ausschüsse als auch hinsichtlich der Auswahl der jeweiligen Ausschussvorsitze frühzeitig in internen Beratungen abklären, welche Ausschussvorsitze sie als besonders wichtig ansehen, und eine entsprechende „Rangliste" festlegen, die natürlich durch die jeweiligen Zugriffe der anderen Fraktionen beeinträchtigt werden kann.

Das **Zugreifverfahren** gilt – mit Ausnahme der Sonderregelung für den Hauptausschuss – für **alle Vorsitze** in den Pflicht- und freiwilligen Ausschüssen der Gemeindeordnung, also z. B. für den Schul-, Kultur-, Bau- und Planungs- oder Rechnungsprüfungsausschuss. Darüber hinaus gilt das Prinzip für einige sondergesetzliche Ausschüsse wie z. B. den Betriebsausschuss oder den Wahlprüfungsausschuss.

Keine Anwendung findet das Zugreifverfahren hingegen z. B. auf den Jugendhilfeausschuss, den Umlegungsausschuss oder die Bezirksausschüsse in kreisangehörigen Gemeinden.

Für **stellvertretende Vorsitzende** gelten die Regelungen über die Bestimmung der Ausschussvorsitzenden **entsprechend** (§ 58 Abs. 5 Satz 6 GO). Um Unklarheiten zu vermeiden, sollte im Vorfeld vom Rat durch Beschluss klargestellt werden, ob das bereits bei der Zuteilung der Ausschüsse angewandte Verteilungsprinzip auf die stellvertretenden Vorsitze weiter angewandt wird oder ob es für die Bestimmung der stellvertretenden Vorsitze getrennt – in einem neuen Zugreifverfahren – erfolgen soll. Zu berücksichtigen ist weiterhin, dass der stellvertretende Vorsitzende des Hauptausschusses aus dessen Mitte gewählt wird, also außerhalb des beschriebenen Zugreifverfahrens.

Scheidet ein Ausschussvorsitzender während der Wahlzeit aus, bestimmt die Fraktion, der er angehörte, ein Ratsmitglied zum **Nachfolger** (vgl. § 58 Abs. 5 Satz 5 GO). Der in der Praxis übliche Ratsbeschluss hierzu hat lediglich deklaratorischen Charakter.

Werden während der Wahlzeit Ausschüsse neu gebildet, aufgelöst oder ihre Aufgaben wesentlich verändert, bedarf es sowohl einer Neuregelung der Zusammensetzung der Ausschüsse gemäß § 58 Abs. 1 Satz 1 GO als auch einer erneuten Verteilung der Ausschussvorsitze gemäß § 58 Abs. 5 GO (§ 58 Abs. 6 GO).

Den Ausschussvorsitzenden wird grundsätzlich eine zusätzliche Aufwandsentschädigung – oder je nach Hauptsatzungsregelung ein zusätzliches Sitzungsgeld – nach Maßgabe der Entschädigungsverordnung zugesprochen. Ausnahmen gelten für den Wahlprüfungsausschuss und solche Ausschüsse, die ebenfalls durch Hauptsatzungsregelung seitens der jeweiligen Vertretung von der Gewährung ausgenommen sind (vgl. § 46 GO).

3. Wahl der Stellvertreter des (Ober-) Bürgermeisters

Zu Beginn der Wahlperiode hat der Rat neben der Bildung und Besetzung der Ausschüsse auch die **ehrenamtlichen Stellvertreter** des (Ober-) Bürgermeisters zu wählen. Das Wahlverfahren richtet sich nach § 67 Abs. 2 GO und ist nach dem **d'Hondtschen Höchstzahlverfahren** durchzuführen. Die Anzahl der Stellvertreter kann der Rat mangels gesetzlicher Begrenzung frei festlegen, jedoch sind gemäß § 67 Abs. 1 GO **mindestens zwei Personen** zu bestimmen. Es empfiehlt sich insoweit, die Anzahl in der Hauptsatzung festzulegen.

4. Wahl von Vertretern in wirtschaftliche Unternehmen

Die Entscheidung, wer die Gemeinde in den Organen von gemeindlichen Unternehmen oder Einrichtungen vertritt, obliegt dem Rat (vgl. § 113 Abs. 2 Satz 1 GO). Er kann **Rats- und Ausschussmitglieder**, den **Hauptverwaltungsbeamten** oder **andere Bedienstete** sowie **sonstige Personen** bestellen. Teilweise kann gesetzlich vorgeschrieben sein, dass die Wahrnehmung gemeindlicher Mitgliedschaftsrechte nur durch Ratsmitglieder oder Dienstkräfte zulässig ist. Ist mehr als ein Vertreter zu bestellen, so muss der **(Ober-) Bürgermeister** selbst oder ein **von ihm vorgeschlagener Bediensteter** der Gemeinde bei den vom Rat entsandten Vertretern berücksichtigt werden (§ 113 Abs. 2 Satz 2 GO). Die Bestellung der weiteren gemeindlichen Vertreter erfolgt gemäß § 50 Abs. 4 i.V.m. Abs. 3 GO nach den **Grundsätzen der Verhältniswahl** (vgl. insoweit auch die Ausführungen zu den Verfahren unter D.IV.1.). Dabei ist der Sitz des Bürgermeisters bzw. des von ihm vorgeschlagenen Beamten oder Angestellten nicht auf die Liste einer Fraktion anzurechnen, da er kraft Gesetzes und ausschließlich aufgrund seiner Funktion die Interessen der Gemeinde wahren soll.

Beispiel

Es sollen bei einem städtischen Unternehmen sieben Aufsichtsratspositionen zu besetzen sein; hiervon werden nur sechs Aufsichtsratsmandate entsprechend den Sitzverhältnissen im Rat unter den Fraktionen aufgeteilt.

Geht man dabei von folgenden Stimmenanteilen aus:

CDU = 46,6 %, SPD = 30,2 %, Grüne = 11,5 %, FDP = 6,8 %,

bedeutet dies, dass folgende Sitzaufteilung im bezeichneten Aufsichtsrat erfolgt:

Bürgermeister	1 Sitz
CDU	3 Sitze
SPD	2 Sitze
Grüne	1 Sitz

Abhängig davon, wem der Bürgermeister politisch zuzurechnen ist, ist im vorliegenden Beispiel sowohl eine Mehrheit der Vertreter der CDU als auch der von SPD/Grüne denkbar. Dabei erhält die Bedeutung der Stimme des Bürgermeisters umso mehr Gewicht, je kleiner die Zahl der zu entsendenden Vertreter des Rates ist.

Ist lediglich ein Vertreter der Gemeinde zu entsenden, so erfolgt die Bestellung nach § 50 Abs. 2 GO durch **Mehrheitswahl**.

Typische Fälle sind die Besetzung des Verwaltungsrats der Sparkasse (§ 12 Abs. 1 Sparkassengesetz NRW) und des Aufsichtsrats von als GmbH oder AG ausgestalteten Stadtwerken. Bei der Ausgestaltung des Gesellschaftsvertrages einer Kapitalgesellschaft (GmbH oder AG) ist die Gemeinde nach § 113 Abs. 3 GO verpflichtet, darauf hinzuwirken, dass ihr das Recht eingeräumt wird, Mitglieder in den Aufsichtsrat zu entsenden. Diese sind dann wie dargestellt zu benennen.

Die vom Rat bestellten Vertreter haben im Interesse einer besseren Anbindung der gemeindlichen Unternehmen an die Gemeinde den Rat **frühzeitig** über alle besonders bedeutsamen Angelegenheiten **zu unterrichten**. Dies gilt allerdings nur, soweit diese Unterrichtungspflicht nicht gesetzlich beschränkt ist (vgl. weiterführend zum Ganzen auch Flüshöh, in: Kleerbaum/Palmen, GO NRW, § 113 nebst Erl.).

Durch die letzte gesetzliche Aktualisierung ist nunmehr – ausdrücklich – die Sachkundenachweispflicht der Vertreter normiert worden (§ 113 Abs. 6 GO):

„Die Vertreterinnen der Gemeinde haben über die zur Wahrnehmung des Vertretungsamtes sowie die zur Beurteilung und Überwachung der Geschäfte, die das Unternehmen oder die Einrichtung betreibt, erforderliche betriebswirtschaftliche Erfahrung und Sachkunde zu verfügen. Die Gemeinde soll den nach Satz 1 entsandten Personen die Gelegenheit geben, regelmäßig an Fortbildungsveranstaltungen teilzunehmen, die der Wahrnehmung dieser Aufgaben dienlich sind. Die nach Satz 1 entsandten Personen haben sich regelmäßig zur Wahrnehmung dieser Aufgaben fortzubilden."

Zusammenfassung

- Kommt bei der Ausschussbesetzung ein einheitlicher Wahlvorschlag des gesamten Rates nicht zustande, so wird nach den **Grundsätzen der Verhältniswahl** über die Besetzung der einzelnen Ausschüsse abgestimmt. Hierzu stellen die Fraktionen Listen auf, die in **fester Reihenfolge** die von ihnen vorgeschlagenen Bewerber aufführen.
- Sofern **Sachkundige Bürger** vorgesehen sind, ist darauf zu achten, dass stets **mehr Ratsmitglieder als Sachkundige Bürger** dem Ausschuss angehören (vgl. § 58 Abs. 3 Satz 3 GO).
- Bleiben **kleine Fraktionen** in einem Ausschuss unberücksichtigt, so ist dies im Rahmen der **Gestaltungsfreiheit des Rates** hinzunehmen. Es besteht dann aber ein **Anspruch auf beratende Mitwirkung** durch einen Vertreter dieser Fraktion. Einzelne Ratsmitglieder haben **keinen Anspruch** auf Wahl in einen Ausschuss.
- Scheidet ein Ausschussmitglied aus dem Ausschuss aus, wählt der Rat einen Nachfolger auf **Vorschlag der Fraktion**, der das ausscheidende Mitglied bei seiner Wahl angehörte. Übergangsweise kann auch ein vom Rat gewählter Stellvertreter herangezogen werden.
- Die **Ausschussvorsitze** der Ratsausschüsse (Ausnahme: Hauptausschuss) werden den Fraktionen **nach dem Stärkeverhältnis** zugeteilt. Dabei benennen die Fraktionen die Ausschüsse, deren Vorsitz sie beanspruchen, in der durch die Größenverhältnisse vorgegebenen Reihenfolge (**Zugreifverfahren**).
- Scheidet ein Ausschussvorsitzender aus, bestimmt die Fraktion, der er angehörte, ein Ratsmitglied zum Nachfolger (§ 58 Abs. 5 Satz 5 GO).
- Der Rat wählt am Anfang seiner Wahlperiode die ehrenamtlichen Stellvertreter des (Ober-) Bürgermeisters.
- Die Entscheidung, wer die Gemeinde in den Organen von gemeindlichen Unternehmen und Einrichtungen vertritt, obliegt dem Rat. Die Bestellung erfolgt nach den **Grundsätzen der Verhältniswahl**. Ist mehr als ein Vertreter zu bestellen, so muss der **(Ober-) Bürgermeister** oder ein von ihm **vorgeschlagener Bediensteter der Gemeinde** berücksichtigt werden (§ 113 Abs. 2 GO).

V. Sonstige Rechte

Zur Erfüllung ihrer Aufgaben können der Fraktion auch außerhalb der Gemeindevertretung eigene Rechte zustehen. So besitzen Fraktionen beispielsweise einen Anspruch gegenüber einer Sparkasse, dem Antrag auf Eröffnung eines Girokontos stattzugeben, wenn dieselbe Sparkasse auch anderen Fraktionen die Einrichtung eines Girokontos gestattet (so zum Anspruch einer Kreistagsfraktion VG Frankfurt/ Oder, Urt. v. 10.07.2008 – 4 K 1176/04 –, NVwZ-RR 2009, S. 259 f.).

VI. Recht zur Öffentlichkeitsarbeit

Ungeachtet einer ausdrücklichen Regelung in den jeweiligen Kommunalverfassungen, ist heute allgemein anerkannt, dass an der grundsätzlichen Zulässigkeit einer eigenständigen Öffentlichkeitsarbeit der kommunalen Fraktionen (vgl. § 56 Abs. 2 Satz 1 GO) – auch finanziert aus kommunalen Mitteln – kein Zweifel (mehr) besteht. Sie haben das Recht, ihr politisches Wirken darzustellen und entsprechend erläutern zu können. In der Praxis kommt es dabei häufig zu Konfliktpotenzial hinsichtlich einer (parallelen oder gleichzeitigen) parteiorientierten Aufgabenwahrnehmung. Maßstab der Unterscheidung ist hier der Grundsatz der unzulässigen Parteienfinanzierung. Um die Grenze zwischen unzulässiger Partei- oder Wahlwerbung und der sachbezogenen kommunalen Fraktionsarbeit zu beachten, können in der Praxis die Grundsätze zur Öffentlichkeitsarbeit der Bundesregierung herangezogen werden (vgl. Meyer, a.a.O., S. 244, 250 ff.).

Grundsätzlich ist die Öffentlichkeitsarbeit für kommunale Fraktionen insoweit zulässig, als sie der Darstellung der politischen Handlungsfähigkeit der Fraktion dient, was zugleich einen konkreten Bezug zu kommunalen Angelegenheiten – und nicht allgemeinpolitischer Vorgänge – voraussetzt.

Zu den zulässigen Maßnahmen gehören insbesondere die Informationen über die Fraktionsarbeit in Form von Druckerzeugnissen (Fraktionszeitung), Informationsschriften (Flugblätter, Faltblätter) oder ein entsprechender Internetauftritt (Homepage, Abdruck eines „Fraktions-Logos").

Die Zulässigkeit der Öffentlichkeitsarbeit steht insbesondere bei der Finanzierung gemeinsamer Publikationen von Fraktion und Partei infrage. Insoweit sollte immer eine scharfe Trennung in der Darstellung zwischen der Fraktions- und Parteiarbeit stattfinden, sodass die Kosten eindeutig und anteilig klar zuordnungs- und anerkennungsfähig sind. Über die Bemessung der jeweiligen Anteile bedarf es in der Regel vor Ort immer einer konkreten Einzelfallentscheidung mit entsprechender nachvollziehbarer Begründung.

Bei allen Veröffentlichungen muss immer ein Bezug zu den gesetzlichen Aufgaben der Fraktion in der Gemeindevertretung oder dem Kreistag vorhanden sein.

In der engeren Vorwahlzeit ist hinsichtlich der Öffentlichkeitsarbeit der Fraktionen besondere Zurückhaltung geboten. Informationen, die „in der Regel" zulässig sind, können in der Vorwahlzeit durchaus die Grenze zur unzulässigen Wahlwerbung überschreiten. Dies kann insbesondere dann der Fall sein, wenn die Öffentlichkeitsarbeit in der Zeit des Wahlkampfes gegenüber dem sonstigen Umfang verstärkt wird. Generell sollte in einem Zeitraum von etwa drei Monaten vor dem Wahltag entsprechende Zurückhaltung – am besten ein vollkommener Verzicht – auf Öffentlichkeitsarbeit der kommunalen Fraktionen in Betracht gezogen werden.

Die zulässige Öffentlichkeitsarbeit umfasst selbstverständlich heute auch die Nutzung Sozialer Medien. Facebook, Twitter und Co. sind nicht nur wichtige und schnelle Quellen der passiven Informationsbeschaffung, sondern ermöglichen auch, Informationen einfach und kostengünstig in einem geeigneten (Fraktions-) Format ins Netz zu stellen. Zugleich werden Kontaktaufnahmen und Diskussionsprozesse zu kommunalpolitischen Themen aktuell und unbürokratisch gefördert.

(Vgl. hierzu auch Kleerbaum, in: KOPO 12/2022, S. 47 ff.)

VII. Rechtsschutzmöglichkeiten

Als Teile des Organs Rat sind die Fraktionen berechtigt, eine Verletzung der ihnen zugewiesenen Rechte gerichtlich geltend zu machen. Solche Streitigkeiten zwischen Organen und Organteilen der Gemeinde werden als „**Kommunalverfassungsstreitverfahren**" bezeichnet. Trotz dieser Bezeichnung handelt es sich nicht um einen „Verfassungsstreit" im staatsrechtlichen Sinne. Da es sich bei den **Fraktionen** um **öffentlich-rechtliche Vereinigungen** handelt und auch die geltend zu machenden Rechte öffentlich-rechtlicher Natur sind, ist hierfür das Verwaltungsgericht zuständig (§ 40 Abs. 1 Verwaltungsgerichtsordnung – VwGO). Die Fraktionen sind insofern in entsprechender Anwendung des § 61 Nr. 1 und Nr. 2 VwGO beteiligungsfähig (vgl. OVG NRW, DVBl. 1992, S. 444 ff.).

Dies gilt für den Fall der Geltendmachung von Geldforderungen einer Fraktion gegen die Gemeinde sogar dann, wenn die Fraktion nach Zusammentritt des neu gewählten Rates aufgelöst worden ist und damit als (aktuelle) Trägerin körperschaftsinterner Mitwirkungsbefugnisse nicht mehr existent ist. Insofern hat die **erneute Konstituierung** einer gleichnamigen neuen Fraktion nach der Kommunalwahl **keinen Einfluss**. Die alte Fraktion besteht in eingeschränktem Umfang fort, soweit dies für die Geltendmachung und notfalls auch gerichtliche Durchsetzung solcher Forderungen notwendig ist. Die „alte" Fraktion ist nach Ablauf der Wahlperiode allerdings nicht mehr berechtigt, die Rechtswidrigkeit von Ratsbeschlüssen gerichtlich klären zu lassen. Für die Einreichung einer entsprechenden Klage beim Verwaltungsgericht ist für die Fraktion der **jeweilige Vorsitzende** handlungsbefugt. Nicht erforderlich ist dagegen, dass alle Fraktionsmitglieder eine entsprechende Vollmacht gegenüber einem gerichtlichen Vertreter unterzeichnen. Richtet sich das Begehren gegen den Vorsitzenden selbst, handelt sein Stellvertreter.

1. Geltendmachung organschaftlicher Rechte

In einem Kommunalverfassungsstreitverfahren können die Fraktionen allerdings stets nur **eigene organschaftliche Rechte** geltend machen. Es geht also nicht um den Schutz von Individualrechten, sondern um die Beteiligung an der kommunalen Selbstverwaltung im Rahmen der von der Kommunalverfassung eingeräumten Rechte des klagenden Organs bzw. Organteils. Deswegen kann in einem solchen Verfahren z. B. um die Rechtmäßigkeit von Beschlüssen oder Wahlentscheidungen des Rates, die Besetzung von Ausschüssen oder Akteneinsichtsrechte gestritten werden, die mangels einer Außenwirkung keinen Verwaltungsakt i.S.d. § 35 Verwaltungsverfahrensgesetz Nordrhein-Westfalen – VwVfG NRW darstellen. Es handelt sich damit um **Binnenstreitigkeiten innerhalb der Gemeinde**. Diese sind abzugrenzen von den kommunalen Aufsichtsstreitigkeiten, die einen Außenrechtsstreit zwischen der Kommune und dem Staat darstellen und von einer Fraktion nicht geltend gemacht werden können. Aus diesem Grunde kann eine Fraktion auch nicht die Verletzung des Neutralitätsgebots durch den (Ober-) Bürgermeister als Ratsvorsitzenden und kommunalen Wahlbeamten insbesondere im Vorfeld von Kommunalwahlen geltend machen. Die allgemeine Neutralitätspflicht ist kein wehrfähiges Organrecht einer Ratsfraktion. Sie ist nicht zum Schutz gerade von Teilorganen des Rates bestimmt, sondern dient dem öffentlichen Interesse. Ein **allgemeines Beanstandungsrecht** gegenüber Organhandlungen des (Ober-) Bürgermeisters **steht den Fraktionen** deshalb **nicht zu** (vgl. SächsOVG, Beschl. v. 02.06.2009 – 4 B 287/09 –). Nicht zu verwechseln ist das Kommunalverfassungsstreitverfahren mit der Kommunalverfassungsbeschwerde, mit der eine Gemeinde vor dem Landes- bzw. Bundesverfassungsgericht ihr Selbstverwaltungsrecht aus Artikel 28 GG bzw. Artikel 78 LVerf NRW gegenüber dem Staat geltend machen kann.

2. Geltendmachung eigener Rechte

Erfolgreich ist ein Kommunalverfassungsstreitverfahren darüber hinaus nur dann, wenn ein **eigenes (subjektives) Recht** des klagenden

Organs oder Organteils tatsächlich verletzt ist. Entscheidend ist dabei, ob die Rechtsposition gerade dem Kläger bzw. Antragsteller zusteht und ob er dieses Recht nicht bereits im laufenden Verfahren (z. B. durch fehlende – rechtzeitige – Geltendmachung oder Verzicht) „verwirkt“ hat und somit dem Grundsatz der Organtreue entgegensteht. Ist nur eine Verletzung der allgemeinen Rechtslage (des objektiven Rechts) festzustellen, ist eine Klage unabhängig von der Schwere des Rechtsverstoßes abzuweisen (OVG NRW, NWVBl. 1989, S. 402 ff.). Das heißt beispielsweise, dass eine Fraktion nicht die Rechte des Rates geltend machen kann; insoweit fehlt es ihr an der **Klagebefugnis** (BVerwG, DVBl. 1994, S. 866 f.). Hat z. B. anstelle des Rates ein Ausschuss entschieden (vgl. OVG NRW, DVBl. 1993, S. 216) oder der Bürgermeister im Rahmen einer angeblichen Dringlichkeitsentscheidung (OVG NRW, NVwZ 1989, S. 989 ff.), so kann nur der Rat selbst eine Rechtsverletzung vor dem Verwaltungsgericht zulässigerweise geltend machen. Das Gleiche gilt hinsichtlich einer Berufung auf das Demokratieprinzip.

Eine insoweit nur mittelbar betroffene Fraktion kann hiergegen nicht vorgehen. Anderenfalls könnte diese die Kompetenzen des Rates auch gegen dessen mehrheitlichen Willen anderen Organen gegenüber durchsetzen. Darin läge aber ein neuerlicher Eingriff in die Zuständigkeit des Rates, der umso weniger hinnehmbar wäre, als dadurch das im Demokratiegedanken wurzelnde Mehrheitsprinzip verletzt würde.

Gleiches gilt etwa für den Fall, dass Fraktionen oder einzelne Ratsmitglieder die Pflicht des Bürgermeisters zur Vorbereitung von Ratsbeschlüssen gemäß § 62 Abs. 2 Satz 1 GO geltend machen wollen. Auch diese Pflicht des Bürgermeisters besteht **nur gegenüber dem Rat als Ganzes**, sodass weder Fraktionen noch einzelne Ratsmitglieder daraus organschaftliche Rechte herleiten können (OVG NRW, Kommunaljurist 2007, S. 374 f.).

Für die Praxis bedeutet dies weiter, dass ein Ratsbeschluss in Sachfragen oder auch zu Personalentscheidungen nicht durch eine unterliegende Fraktion auf dem Klageweg angegriffen werden kann. Verstößt etwa die Wahl eines Beigeordneten gegen objektives Recht, ist es einer Fraktion verwehrt, dies auf dem Rechtsweg anzugreifen.

Klagebefugt ist hingegen ein insoweit unterliegender Mitbewerber, der eine „**Konkurrentenklage**" vor dem Verwaltungsgericht anstrengen kann. Im Übrigen kennt die Gemeindeordnung zur Beseitigung objektiver Rechtsverstöße nur die **Beanstandung durch den Bürgermeister** sowie **kommunalaufsichtsrechtliche Maßnahmen** (§§ 119 ff. GO). Liegt etwa ein rechtswidriger Ratsbeschluss vor, ist es Sache der (staatlichen) Kommunalaufsicht, ggf. korrigierend einzugreifen (BVerwG, NVwZ-RR 1994, S. 352). Insoweit steht einer Fraktion auch **kein gerichtlich geltend zu machender Anspruch auf Einschreiten der Kommunalaufsicht** zu. Allerdings kann eine Fraktion, soweit aus ihrer Sicht eine Rechtsverletzung vorliegt, die Kommunalaufsicht von sich aus in Kenntnis setzen, um „von Amts wegen" eine Überprüfung des Sachverhaltes einzuleiten.

Die **Klagebefugnis** zum Kommunalverfassungsstreit besteht für Fraktionen aber dann, wenn sie die **Verletzung eigener (subjektiver) Rechte** behaupten, die ihnen von der Gemeindeordnung zugewiesen sind. Das sind insbesondere die vorstehend bezeichneten **Initiativ-, Kontroll- oder Informationsrechte** und das **Recht auf gleichberechtigte Zuwendungen von Haushaltsmitteln**. Auch beinhaltet das **Wahlvorschlagsrecht** für die Wahl der Stellvertreter des (Ober-) Bürgermeisters einen Anspruch auf Einhaltung der für den Erfolg des Wahlvorschlags maßgeblichen Vorschriften über das Verfahren bei der Stimmabgabe und bei der Feststellung des Stimmergebnisses, das von einer Fraktion geltend gemacht werden kann (vgl. OVG NRW, NVwZ 1989, S. 989, 991).

3. Erstattung entstandener Kosten

Beim Kommunalverfassungsstreitverfahren über die Verletzung organschaftlicher Rechte fallen die **Verfahrenskosten** im Ergebnis der Gemeinde zur Last, der das Organ zugeordnet ist. Die Pflicht der Gemeinde zur Kostenübernahme besteht insofern auch, wenn nicht das Organ (Rat) als solches, sondern lediglich ein mit eigenen Kompetenzen ausgestatteter **Organteil** – wie z. B. eine im Rat vertretene Fraktion – seine Rechte im Wege des Kommunalverfassungsstreitverfahrens gerichtlich geltend macht. Für den Kostenerstattungsanspruch kommt es nicht darauf an, ob die geltend gemachten organschaftlichen Rechte tatsächlich bestanden haben oder verletzt worden sind (OVG NRW, Urt. v. 24.04.2009 – 15 A 981/06 –).

Die **grundsätzliche Verpflichtung der Gemeinde zur Kostenerstattung** begründet sich unmittelbar in den dem jeweiligen Funktionsträger kommunalverfassungsrechtlich zugewiesenen Aufgaben und Kompetenzen als **Ausfluss seiner Organstellung**, ohne dass es eines Rückgriffs auf das allgemein anerkannte Rechtsinstitut des öffentlich-rechtlichen Erstattungsanspruchs bedarf (OVG NRW, Urt. v. 24.04.2009 – 15 A 981/06 –). Der Anspruch resultiert daraus, dass bereits im Gemeinderecht des Landes Nordrhein-Westfalen der Grundsatz gilt, dass „jede öffentlich-rechtliche Körperschaft die Ausgaben zu tragen hat, die sich aus der Wahrnehmung ihrer Aufgaben durch ihre Organe ergeben". Die bei einer gerichtlichen und außergerichtlichen Geltendmachung beteiligten Funktionsträger verfolgen oder verteidigen Rechtspositionen, die ihnen zwar zur eigenverantwortlichen Wahrnehmung zugewiesen sind, aber dennoch **im ausschließlichen Interesse der Gebietskörperschaft (Gemeinde)** selbst ausgeübt werden. Deshalb müssen diese ihre verfahrensbeteiligten Funktionsträger von der Kostenpflicht freistellen bzw. ihnen die Aufwendungen erstatten (OVG NRW, DVBl. 1992, S. 444 ff.).

a) Voraussetzung für eine Kostenerstattung

Voraussetzung ist allerdings, dass die **Einleitung des gerichtlichen Verfahrens geboten** war. Gerade in der politischen Auseinandersetzung besteht mit Blick auf das fehlende Kostenrisiko die **Gefahr eines Missbrauchs des Rechtsweges**. Eine Fraktion handelt ihrer Treupflicht gegenüber der Gemeinde zuwider, wenn sie ohne vernünftigen Anlass gerichtliche Auseinandersetzungen führt, was jeweils für den Einzelfall zu prüfen ist. Jedenfalls darf das Beschreiten des Rechtswegs **nicht mutwillig** oder **aus sachfremden Erwägungen** erfolgen (OVG NRW, NWVBl. 1990, S. 320). Die Grenze der Mutwilligkeit ist überschritten, wenn eine nicht klärungsbedürftige Frage dem Gericht zur Entscheidung vorgelegt wird. Als mutwillig kann indes nicht gelten, dass durch die Einschaltung der Kommunalaufsicht das Ziel ebenfalls zu erreichen gewesen wäre. Dies kann einem Erstattungsanspruch deshalb nicht entgegengehalten werden. Gleiches gilt auch für den Einwand, den Fraktionen seien bereits **Mittel für allgemeine Aufwendungen** gewährt worden. Solche beschränken sich ihrem Wesen nach **auf regelmäßig anfallende Kosten**, die zudem von den Fraktionen weitgehend beeinflusst werden können. Dies ist bei den durch Organstreitigkeiten verursachten Kosten nicht der Fall (OVG NRW, DVBl. 1992, S. 444 ff.; VG Aachen, NWVBl. 1990, S. 320; KPBl. 1990, S. 838).

b) Umfang der Kostenerstattung

Der Erstattungsanspruch umfasst grundsätzlich auch die **Rechtsanwaltskosten**, ist dabei aber in der Regel auf die Höhe der gesetzlichen Gebühren beschränkt (VG Arnsberg, MittNWStGB 1992, S. 55).

Abzulehnen ist allerdings eine Erstattung von Rechtsanwaltsgebühren, die dadurch entstanden sind, dass sich eine Fraktion im Vorfeld einer Ratssitzung durch Einholung von Rechtsrat eine Meinung zu einem bestimmten Rechtsproblem (z. B. zur Zulässigkeit von Zählgemeinschaften bei der Bildung von Ausschüssen) bilden wollte. Dies gilt selbst dann, wenn gerade über diesen Punkt im Rat streitig diskutiert, anschließend abgestimmt und letztlich in einem Kommunalverfassungsstreitverfahren die Rechtslage geklärt wird. Die **Kostenerstattung** ist nämlich auf diejenigen Kosten beschränkt, **die dem Grunde und der Höhe nach notwendig sind**, um die eigenständige Wahrnehmung der im Interesse der Gemeinde zugewiesenen Aufgaben oder Kompetenzen zu verteidigen. Die Notwendigkeit der Maßnahme, die die angefallenen Kosten verursacht hat, setzt regelmäßig einen **Organ- oder Kommunalverfassungsstreit** voraus. Hiervon kann so lange nicht gesprochen werden, wie das zuständige Gemeindeorgan (Rat / Ausschuss) nicht über das Bestehen oder Nichtbestehen, den Inhalt und Umfang der Rechte entschieden hat. Erst **infolge einer solchen Entscheidung**, mithin einer Rats- oder Ausschussentscheidung, können organschaftlich zugewiesene Aufgaben oder Kompetenzen verletzt und aus Sicht eines Funktionsträgers, der sich ihrer berühmt, „zu verteidigen“ sein.

Allein die **bloße Meinungsverschiedenheit** von Fraktionen über Inhalt und Umfang ihrer Aufgaben und Kompetenzen vor einer entsprechenden Entscheidung der Organe **genügt hierfür** noch **nicht**. Bestehen etwa zwischen den im Rat vertretenen Fraktionen, Gruppen oder einzelnen Ratsmitgliedern Unstimmigkeiten über die ihnen jeweils zustehenden Aufgaben und Kompetenzen (also z. B. die Zulässigkeit von Zählgemeinschaften), ohne dass das zuständige Organ Rat hierüber bereits entschieden hat, werden zwar auch organschaftliche Aufgaben und Kompetenzen berührt, in diesem (frühen) Stadium steht jedoch die politische Meinungsbildung im Vordergrund. Hingegen ist es noch völlig ungewiss, ob die von einem Beteiligten möglicherweise befürchtete Verletzung organschaftlicher Befugnisse überhaupt eintreten wird. Dies lässt sich erst erkennen, wenn der **Meinungsbildungsprozess mit einer Entscheidung abgeschlossen** wird. Die nur erwartete oder auch befürchtete Rechtsverletzung gehört in den Bereich der mehr oder weniger fundierten Spekulationen. Selbst Äußerungen des Vorsitzenden einer Ratsfraktion, die ein bestimmtes Abstimmungsverhalten ankündigen, geben nicht ohne Weiteres sicheren Aufschluss über das tatsächliche Abstimmungsverhalten ihrer Mitglieder. Nichts Anderes gilt im Grundsatz, wenn etwa der Bürgermeister einerseits und der Rat bzw. die in ihm vertretenen Fraktionen, Gruppen oder einzelnen Ratsmitglieder andererseits unterschiedliche Ansichten über das Bestehen oder auch Inhalt und Umfang organschaftlicher Rechte haben.

Deshalb kann einem Funktionsträger in aller Regel zugemutet werden, die Entscheidung des zuständigen Gemeindeorgans abzuwarten, die aus seiner Sicht seine organschaftlichen Befugnisse betrifft oder verletzt. Kosten verursachende Maßnahmen zur Wahrung organschaftlicher Befugnisse sind daher in diesem Stadium grundsätzlich nicht notwendig. Aus **Gründen des effektiven Rechtsschutzes** mag eine großzügigere Handhabung des Kostenerstattungsanspruchs allenfalls dann in Betracht zu ziehen sein, wenn jeglicher nachfolgende Rechtsschutz einschließlich des vorläufigen Rechtsschutzes zu spät käme und eine endgültige Rechtsvereitelung nicht mehr verhindert werden könnte. Erforderlich ist aber auch dann, dass eine Fraktion oder Gruppe oder eine Mehrheit im Rat ihre Auffassung endgültig kundgetan hat.

Soweit also eine Fraktion **Rechtsrat durch einen Rechtsanwalt** zur Meinungsbildung in der Fraktion einholt, sind die Kosten hierfür aus den **finanziellen Zuwendungen, die nach § 56 Abs. 3 GO zur Verfügung gestellt werden**, zu bezahlen. Diese Mittel sind nämlich immer dann einzusetzen, soweit es darum geht, Informationen zu bestimmten, den Rat beschäftigenden Themen einzuholen, ohne hiermit für die eigene Position bei anderen im Rat vertretenen Fraktionen und Gruppen zu werben.

Zusammenfassung

- **Fraktionen** sind als **Teile des Organs Rat grundsätzlich klagebefugt**, d. h., sie können die Verletzung eigener Rechte wie Antrags-, Akteneinsichts- und Abstimmungsrechte, Vorschlags- oder Entsenderechte (vgl. oben Kapitel D.II. bis D.IV.) geltend machen.
- Für Streitigkeiten zwischen Organen und Organteilen der Gemeinde („**Kommunalverfassungsstreitverfahren**") sind die **Verwaltungsgerichte zuständig**.
- Die Verfahrenskosten in Kommunalverfassungsstreitverfahren fallen letztlich der Gemeinde, der das Organ zugeordnet ist, zur Last, soweit das Verfahren nicht willkürlich angestrebt worden ist.
- **Anwaltskosten**, die zur Meinungsbildung im Vorfeld einer Ratsentscheidung der Fraktion angefallen sind, können nur **aus den allgemeinen Zuwendungen nach § 56 Abs. 3 GO** beglichen werden.

E. Rechtsstellung der Fraktionsmitglieder

Die Rechtsstellung der Ratsmitglieder wird durch die Gewähr des „**freien Mandats**“ bestimmt, was sich bereits aus der Homogenitätsklausel in Artikel 28 Abs. 1 Satz 1 GG i.V.m. Artikel 38 Abs. 1 Satz 2 GG ergibt. Zusätzlich gibt es mit § 43 Abs. 1 GO auch eine Verankerung in der Kommunalverfassung.

Nach dem **Prinzip des freien Mandats** sind die Ratsmitglieder bei ihrer Tätigkeit an Aufträge nicht gebunden und verpflichtet, ausschließlich **nach dem Gesetz und ihrer freien, nur durch Rücksicht auf das öffentliche Wohl bestimmten Überzeugung** zu handeln. Daraus und aus seiner Stellung als unmittelbar gewählter Vertreter der gesamten Bürgerschaft folgt, dass das Ratsmitglied nicht an Weisungen oder Aufträge seiner Wähler, seiner Partei oder sonstiger Interessengruppen gebunden ist. Insoweit steht es ihm auch jederzeit frei, aus seiner Partei auszutreten, ohne dass es seine Mitgliedschaft im Rat oder in den Ausschüssen verliert. Dies gilt unabhängig davon, ob das Ratsmitglied im **Wahlbezirk** direkt gewählt oder über die **Reserveliste** in den Rat eingezogen ist. Damit wird dem Ratsmitglied eine ähnliche Stellung eingeräumt wie den Bundestagsabgeordneten nach Artikel 38 Abs. 1 GG und den Landtagsabgeordneten nach Artikel 30 Abs. 2 LVerf NRW. Die zum freien Mandat des Parlamentsrechts entwickelten Grundsätze sind jedoch nicht generell und uneingeschränkt auf das Ratsmandat übertragbar, weil es sich bei der Ratsvertretung nicht um ein Parlament mit gesetzgeberischer Funktion, sondern um **ein Verwaltungsorgan** handelt. So bestehen **für Ratsmitglieder keine Schutzvorschriften** im Sinne einer **Indemnität** (Straflosigkeit wegen Abstimmung oder Äußerung im Parlament) oder einer **Immunität** (Verantwortung wegen einer mit Strafe bedrohten Handlung). Nach herrschender Meinung gehören Ratsmitglieder – anders als Abgeordnete – auch nicht ohne Weiteres zu den nach § 187a Strafgesetzbuch – StGB geschützten Personen (BayOLG, NJW 1982, S. 2511; vgl. hierzu einführend bereits oben C.I. Seit der Änderung des § 188 StGB im Jahr 2021 erhalten Kommunalpolitiker allerdings nunmehr einen besonderen strafrechtlichen Schutz.

Der **Grundsatz des freien Mandats** ist auch Ausgangspunkt für die **Mitgliedschaft in einer Fraktion**. Jedes Mitglied der Vertretungskörperschaft ist berechtigt und befähigt, einer bestehenden Fraktion beizutreten oder mit anderen Mitgliedern der Vertretungskörperschaft eine Fraktion zu begründen (BVerfG, NVwZ 2007, S. 916, 919; VGH NRW, NVwZ-RR 2000, S. 265, 266). Die Fraktion stellt sich insoweit als Produkt der auf öffentlich-rechtlicher Grundlage durch Vertrag verbundenen Ratsmitglieder dar (vgl. im Einzelnen auch oben C.I.).

Auf **Grundlage gemeinsamer politischer Grundanschauungen und Zielvorgaben** gestaltet sich das Rechtsverhältnis zwischen der Fraktion und ihren Mitgliedern insbesondere durch die **Grundsätze des freien Mandats** sowie den **Regelungen**, die die Fraktion **in der Fraktionsgeschäftsordnung** für ihre gemeinsame Arbeit festlegt. Dabei setzt die ordnungsgemäße, möglichst reibungslose Fraktionsarbeit voraus, dass sich die einzelnen Fraktionsmitglieder nach allgemein verbindlichen Regelungen richten und dass entsprechende Ordnungs- oder Pflichtverletzungen, wie beispielsweise auch im Vereins- oder Arbeitsrecht, sanktioniert werden können. Insoweit sehen auch die Muster-Geschäftsordnungen für Fraktionen entsprechende **Ordnungsmaßnahmen** vor, die ggf. im Wege des sog. Kommunalverfassungsstreitverfahren sowohl von Seiten der Fraktion als auch der einzelnen Fraktionsmitglieder durchgesetzt werden können (vgl. hierzu im Einzelnen unten E.V.).

Die den Fraktionen gerade obliegende Aufgabe, verschiedene Meinungen zusammenzuführen, darf allerdings nicht zu einer Selbstbindung der Fraktionsmitglieder führen. Insoweit findet die zulässige und wünschenswerte Einflussnahme der Fraktion gegenüber ihrem Mitglied ihre **Grenze** dort, **wo ein unzulässiger Fraktionszwang** ausgeübt wird (vgl. im Einzelnen auch mit Blick auf die Selbstständigkeit der Fraktion von unzulässigen Parteieinwirkungen oben C.I.).

Unter **Fraktionszwang** ist die durch Mehrheit oder den Vorstand der Fraktion gegenüber einem Fraktionsmitglied auferlegte Verpflichtung einer bestimmten Ausübung seines Mandats unter Androhung einer Sanktion für den Fall des Nichtbefolgens zu verstehen (z. B. Androhung von Fraktionsausschluss bei jedem abweichenden Stimmverhalten). Ein solcher Zwang ist **rechtswidrig** und kann gegenüber dem

Mandatsträger nicht durchgesetzt werden. Verhängt die Fraktion dennoch die angekündigte Sanktion, kann der Mandatsträger gerichtliche Maßnahmen dagegen ergreifen. Er kann also seine durch das freie Mandat gesicherte Rechtsposition bei der Beschneidung von Rechten auch gegen seine Fraktion gerichtlich verteidigen. Allerdings ist es rechtlich nicht zu beanstanden, wenn eine Fraktion von einem Mitglied nachdrücklich die Niederlegung des Mandats fordert, sofern dieses in einer zentralen Frage abweichend von der Fraktionsmehrheit gestimmt hat (HessVGH, NVwZ 1984, S. 55).

Ein **Fraktionszwang** ist **mit dem freien Mandat unvereinbar**, denn nach Sinn und Zweck soll es den Mandatsträger freistellen von Einwirkungen aller Richtungen – also auch seiner Fraktion.

Dies bedeutet andererseits jedoch nicht, dass jegliche Abstimmungen in den Fraktionen zum Zwecke einer einheitlichen Beschlussfassung unzulässig wären. Auch ist hinter der **Übereinstimmung von Fraktion und Mandatsträger** nicht von vorneherein das Ausüben von Druck zu vermuten. Vielmehr fühlt sich das Fraktionsmitglied regelmäßig der politischen Grundlinie der Partei verpflichtet. Diese prinzipielle Übereinstimmung ist durch die Nominierung seitens der Partei bestätigt worden, wodurch dem Volksvertreter das Gefühl vermittelt wird, nur dank seiner Rückbindung an die Partei zur Mandatsausübung in der Lage zu sein. Außerdem bedarf der einzelne Mandatsträger zur Durchsetzung seiner Vorstellungen der Unterstützung einer Vielzahl von Mitstreitern, die er naturgemäß am ehesten im Kreis seiner Fraktionskollegen findet. Deren Unterstützung kann er nur erwarten, wenn er seinerseits abweichende Vorstellungen zurückstellt, wenn ein bestimmtes Vorhaben in der Fraktion ausdiskutiert wurde. Auch spielt hierbei die Fraktionsfunktion, eine **arbeitsteilige Bewältigung der Entscheidungsgegenstände** zu ermöglichen, eine Rolle: Für die Gebiete, in denen er nicht Experte ist, kann und muss sich der einzelne Mandatsträger auf die sachverständigen Empfehlungen seiner kompetenten Fraktionskollegen verlassen. Entsprechend veranschaulicht es das gesteigerte Durchsetzungsvermögen des einzelnen Fraktionsmitgliedes, wenn sich die Fraktion die Ausführungen zu seinem Spezialgebiet zu eigen macht. Als einzelner Mandatsträger könnte er vergleichbaren Einfluss niemals erzielen.

Deshalb ist im Gegensatz zum Fraktionszwang eine gewisse **Fraktionsdisziplin** rechtlich nicht zu beanstanden und für das Funktionieren der Fraktion und der gesamten Vertretungskörperschaft sogar unverzichtbar. Abstimmungen in den Fraktionen zum Zwecke einer einheitlichen Beschlussfassung sind vor diesem Hintergrund selbstverständlich zulässig (vgl. BVerwG, NVwZ 1993, S. 375 f.). Auch ist es üblich, dass das einzelne Fraktionsmitglied seinerseits von der Mehrheitsmeinung innerhalb der Fraktion abweichende Vorstellungen zurückstellt, wenn ein bestimmtes Vorhaben in der Fraktion ausdiskutiert wurde. Es ist also im Interesse ihrer **Handlungsfähigkeit**, einen Anspruch der Fraktionen gegenüber ihren Mitgliedern auf Solidarität anzuerkennen. Diese Fraktionsdisziplin kann andererseits dem Mandatsträger auch behilflich sein, sich der Beeinflussung von Interessengruppen zu entziehen. Auf kommunaler Ebene kommen als Partialinteressen insbesondere lokale Sonderwünsche in Betracht. Örtliche Betroffenheit steht oftmals im Widerspruch zur Durchsetzung erforderlicher Gesamtwohlinteressen. Solchen Wählern in „seinem“ Wahlkreis gegenüber kann sich der Mandatsträger auf die Wahrnehmung ihrer Interessen der Fraktion berufen, deren mehrheitlichen Willen er bei der Abstimmung im Rat respektieren müsse.

Will ein Fraktionsmitglied dennoch im Hinblick auf sein freies Mandat bei der Abstimmung im Rat oder in einem Ausschuss von der abgestimmten Fraktionsmeinung abweichen, so sehen die Fraktionsgeschäftsordnungen regelmäßig eine diesbezügliche **Offenbarungspflicht** vor. **Schwerwiegende Verstöße gegen die Fraktionsdisziplin bzw. die Offenbarungspflicht** können insofern auch entsprechende **Ordnungsmaßnahmen** nach sich ziehen (vgl. hierzu unten E.V.).

Keinen Schutz vermag das freie Mandat auch **im Hinblick auf das künftige politische Schicksal** des Mandatsinhabers zu bieten. Bei der Entscheidung über eine erneute Nominierung für das Mandat steht es der Partei frei, die bisherige Mitarbeit kritisch zu bewerten. Diese Maßnahme ist schon nicht der Fraktion zuzurechnen, denn die Kandidatennominierung obliegt allein den Parteien. Diese müssen dabei lediglich die formalen und rechtsstaatlichen Verfahrensgrundsätze beachten. Es ist der Partei unbenommen, Aspekte wie **politische Solidarität und anhaltende Übereinstimmung mit der Ge-**

samtlinie der Partei zu berücksichtigen. Entsprechendes gilt aber auch für die Fraktionen selbst, wenn innerhalb der Ratsperiode Funktionen (z. B. Fraktionsvorstand) zu besetzen sind. Im Rahmen einer demokratischen Wahl kann auch die **Einhaltung der Fraktionsdisziplin** als legitime Erwägung die Wahlentscheidung beeinflussen.

I. Rechte innerhalb der Fraktion

Fraktionsmitgliedern stehen selbstverständlich zunächst einmal alle Rechte zu, die ihnen – unabhängig von der Mitgliedschaft in einer Fraktion – aufgrund ihrer Stellung als Rats-, Kreistags- bzw. Bezirksvertretungsmitglied zustehen.

Zur Wahrnehmung seiner Rechtsstellung innerhalb der Fraktion auf Grundlage des freien Mandats sowie der Regelungen in der Fraktionsgeschäftsordnung und ergänzender gemeinderechtlicher Vorschriften stehen dem **einzelnen Fraktionsmitglied** u. a. folgende Rechte zu:

- Recht auf Zugang und Mitarbeit in der Fraktion;
- Recht auf Teilnahme an Sitzungen der Fraktion;
- Recht auf Mitberatung (trotz Befangenheit);
- Rede- und Abstimmungsrechte hinsichtlich aller sachpolitischen und innerfraktionellen Punkte (z. B. Wahl und Abberufung von Fraktionsorganen) in den Sitzungen;
- Recht zur Stellung von Anträgen und Anfragen in den Fraktionssitzungen;
- Einberufungsrecht zur Fraktionssitzung (ggf. gemeinsam mit weiteren Fraktionsmitgliedern);
- Recht auf frühzeitige Einladung und Zustellung der Sitzungsunterlagen nach Maßgabe der Regelungen in der Fraktionsgeschäftsordnung;

- Recht auf umfassende Information durch den Fraktionsvorsitzenden bzw. Fraktionsvorstand;
- Recht auf Berücksichtigung bei der Zuordnung von Plätzen in Ausschüssen oder sonstigen Gremien nach Maßgabe der Fraktionsgeschäftsordnungsregelungen bzw. der Beschlusslage der Fraktion;
- Recht auf Einhaltung formaler Geschäftsordnungsregelungen (z. B. Einhaltung der Redezeiten, Rauchverbot, Behandlung von Anträgen etc.);
- Recht auf Kündigung der Fraktionsmitgliedschaft;
- Klagerecht gegen Maßnahmen der Fraktion oder bei Verletzung der vorgenannten Rechte.

Dem einzelnen Fraktionsmitglied stehen folglich sehr weitreichende **Mitwirkungsrechte** sowohl bei **innerfraktionellen Angelegenheiten** wie auch bei der **Umsetzung gemeinsamer kommunalpolitischer Zielsetzungen** zu (z. B. durch die Einbindung in bestimmte Ausschüsse oder durch den Informationsanspruch zu aktuellen kommunalpolitischen Entwicklungen gegenüber dem Fraktionsvorsitzenden bzw. Fraktionsvorstand).

Zusammenfassung

- Nach dem **Prinzip des „freien Mandats“** sind die Fraktionsmitglieder bei ihrer Tätigkeit an Aufträge nicht gebunden und verpflichtet, ausschließlich nach dem Gesetz und ihrer freien, nur durch Rücksicht auf das öffentliche Wohl bestimmten Überzeugung zu handeln.
- **Fraktionszwang** ist die durch Mehrheit oder den Vorstand der Fraktion gegenüber einem Fraktionsmitglied auferlegte Verpflichtung einer bestimmten Ausübung seines Mandats unter Androhung einer Sanktion für den Fall des Nichtbefolgens.
- **Fraktionszwang** ist **rechtswidrig** und kann gegenüber dem Mandatsträger nicht durchgesetzt werden. Vielmehr kann der Madnatsträger dagegen gerichtliche Maßnahmen ergreifen.
- **Fraktionsdisziplin** ist für das Funktionieren der Fraktion und des gesamten Rates **unverzichtbar**.
- Das **„freie Mandat“ schützt nicht das politische Schicksal** des Mandatsträgers: Bei der Entscheidung über eine erneute Nominierung für das Mandat oder der Besetzung des Fraktionsvorstandes kann auch die Einhaltung der Fraktionsdisziplin als legitime Erwägung die Wahlentscheidung beeinflussen.
- Dem **einzelnen Fraktionsmitglied** stehen innerhalb der Fraktion sehr **weitreichende Mitwirkungsrechte** zu. Dies betrifft sowohl **innerfraktionelle Angelegenheiten** als auch die **Umsetzung gemeinsamer kommunalpolitischer Zielsetzungen**.

II. Weitere Rechte aus dem Status als Fraktionsmitglied

Die Mitgliedschaft in der Fraktion begründet zugleich auch für Fraktionstätigkeiten den **Freistellungs- sowie Anrechnungsanspruch** nach § 44 Abs. 2 GO, den **Verdienstausfallanspruch** nach § 45 Abs. 1 Satz 1 bis 3 GO einschließlich des Anspruchs auf Auslagenersatz. Darüber hinaus beinhaltet die Fraktionsmitgliedschaft – soweit die Aufwandsentschädigung im Wege einer verringerten Pauschale und eines entsprechenden Sitzungsgeldes gezahlt wird – auch den **Anspruch auf Aufwandsentschädigung für Fraktionssitzungen**. Erhöhte Aufwandsentschädigungspauschalen sehen die Gemeindeordnung bzw. Entschädigungsverordnung für Fraktionsvorsitzende und deren Stellvertreter sowie Ausschussvorsitzende und Stellvertreter des Bürgermeisters vor (§ 46 Abs. 1 GO; vgl. zum Ganzen eingehend sogleich unten II.2.).

Darüber hinaus steht es den Fraktionen frei, aus gemeindlichen Zuwendungen oder sonstigen Beitragsgeldern der einzelnen Fraktionsmitglieder für geleisteten Aufwand eines einzelnen Fraktionsmitgliedes im Rahmen des gesetzlich Zulässigen entsprechenden **Auslagenersatz** zu gewähren.

1. Freistellungsanspruch für Fraktionstätigkeiten

Ratsmitglieder, die in einem **abhängigen Dienst- oder Beschäftigungsverhältnis** stehen, haben gemäß § 44 Abs. 2 Satz 1 GO einen Anspruch gegenüber ihrem Dienstherrn oder Arbeitgeber auf Freistellung von der Verpflichtung zur Arbeit für die Zeit der Ausübung des Mandats (vgl. umfassend dazu Smith, in: Kleerbaum/Palmen, GO NRW, § 44, IV.).

Zur Ausübung des Mandats gehören Tätigkeiten, die mit dem Mandat in einem unmittelbaren Zusammenhang stehen oder auf Veranlassung des Rates oder des Ausschusses erfolgen.

Hierzu zählt zunächst die Teilnahme an Sitzungen des Rates, der Ausschüsse, an Fraktions- und Teilfraktionssitzungen oder deren Vorbesprechungen sowie Ältestenratssitzungen.

Eine Freistellung kann darüber hinaus für die Teilnahme **an sonstigen von Rat, Ausschüssen oder der Fraktion festgesetzten Terminen** weiterer Gremien gewährt werden (Arbeitskreise etc.). Ferner ist ein Freistellungsanspruch gegeben, wenn das Mitglied im Auftrag des Rates oder des Ausschusses **in einem konkreten Fall** kommunale Interessen wahrzunehmen hat, z. B. die Teilnahme an Besprechungen, Besichtigungen, Empfängen und sonstigen Veranstaltungen, sofern sie vom Rat gebilligt sind oder sich aus der Wahrnehmung des Mandats ergeben (OVG NRW, DVBl. 1983, S. 1116).

Die **Wahrnehmung eines Mandats in den Organen und Gremien von Drittorganisationen** als vom Rat bestellter Vertreter (vgl. oben D.IV.4.) ist als „Tätigkeit auf Veranlassung des Rates" nach § 44 Abs. 2 Satz 3 GO ebenso von dem Freistellungsanspruch umfasst wie die repräsentative Tätigkeit als Stellvertreter des Bürgermeisters oder Landrates.

Schließlich können auch Ortsvorsteher für ihre Aufgabenwahrnehmung einen Anspruch auf Freistellung geltend machen.

Der Freistellungsanspruch ist stets für die Zeit der Kollision von Mandatstätigkeit und individuell bestimmter konkreter Arbeitsverpflichtung begründet. Er wird mithin für den Fall gewährt, wenn Arbeitsverpflichtung und Mandatstätigkeit zeitlich zusammenfallen.

Dies bedeutet beispielsweise für ein Ratsmitglied, welches beruflich in einem Betrieb mit gleitender Arbeitszeit tätig ist, dass ihm ein Freistellungsanspruch nur insoweit zusteht, wie es erforderlich ist, für die Mandatsausübung **Kernarbeitszeit** in Anspruch zu nehmen. Für die Gleitzeit besteht hingegen kein Freistellungsanspruch.

§ 44 Abs. 2 Satz 4 GO gewährt deshalb einen Anspruch auf Anrechnung von (Arbeits-) Zeiten, über die der Arbeitnehmer innerhalb eines Zeitrahmens frei verfügen darf (Gleitzeit), wenn diese Zeiten mit der Mandatstätigkeit zusammenfallen.

Der Anrechnungsanspruch erfolgt durch eine Zeitgutschrift auf dem Arbeitszeitkonto.

Er ist auf die Hälfte der innerhalb des individuellen Arbeitszeitrahmens beanspruchten Zeit der Mandatsausübung beschränkt.

§ 44 Abs. 3 GO gewährt darüber hinaus allen Mandatsträgern einen Urlaubsanspruch von bis zu acht Tagen in jeder Wahlperiode für die Teilnahme an kommunalpolitischen Bildungsveranstaltungen (z. B. der kommunalpolitischen Vereinigungen). Dabei dürfen jedoch nicht mehr als vier aufeinanderfolgende Arbeitstage im Jahr genommen und bei Doppelmandaten der Anspruch nicht verdoppelt werden.

2. Entschädigungsregelungen

Für die Wahrnehmung ihres kommunalen Mandats haben alle Rats-, Kreistags- und Ausschussmitglieder, die Mitglieder von Bezirksvertretungen und Verbandsversammlungen sowie die Ortsvorsteher (Ortsbürgermeister) und Bezirksvorsteher (Bezirksbürgermeister) einen **Rechtsanspruch auf Entschädigungszahlungen**, die einen – pauschal oder konkret berechneten – Ausgleich für ihre Tätigkeit in einer kommunalen Vertretungskörperschaft beinhalten. Den Ausgangspunkt für die **Entschädigungsregelungen** bildet der Grundsatz, dass der kommunale Mandatsträger **eine ehrenamtliche Tätigkeit** ausführt, die **keine finanziellen Nachteile, aber auch keine finanziellen Vorteile** für den einzelnen Mandatsträger herbeiführen soll. Im Einzelnen umfasst die gesetzliche Entschädigungsregelung den **Ersatz des Verdienstausfalls und die Aufwandsentschädigung sowie den Auslagenersatz** (§§ 45, 46 GO; vgl. im Einzelnen Entschädigungsverordnung des MHKBG vom 01.01.2022 im Anhang III.).

a) Verdienstausfall

Nach § 45 Abs. 1 bis 3 GO wird ein Ausgleich für entgangenen Arbeitsverdienst oder Verdienst aus eigener Erwerbstätigkeit gewährt. Darin enthalten sind auch eigene Bestimmungen zur sog. Haushaltsentschädigung.

Der Ersatz des Verdienstausfalls betrifft sämtliche Tätigkeiten, die sich aus dem **Kernbereich der Wahrnehmung des Mandats** ableiten. Hierunter fällt nicht nur die Teilnahme an Sitzungen des Rates und seiner Ausschüsse, sondern auch die **Wahrnehmung der Fraktions- und Teilfraktionssitzungen** (Fraktionsvorstand, Fraktionsarbeitskreise) bzw. der Sitzungen von Beiräten, Kommissionen, die vom Rat oder von einem Ausschuss gebildet wurden. Schließlich werden alle sonstigen Tätigkeiten erfasst, zu denen das Mitglied von der Gemeinde eingeladen ist oder die durch den Rat, einen Ausschuss oder eine Bezirksvertretung veranlasst oder von ihnen genehmigt worden sind.

Voraussetzung für eine Zahlung ist jedoch, dass überhaupt **finanzielle Nachteile** entstanden sind. Dies ist nicht der Fall bei Beamten, Angestellten und Arbeitern im öffentlichen Dienst sowie Studenten, Pensionären und Rentnern, deren Dienst- und Versorgungsbezüge von ihrer Tätigkeit als Ratsmitglied nicht berührt werden.

Sind allerdings Nachteile eingetreten, so besteht ein Anspruch auf den sog. **Regelstundensatz als Pauschale**, auch dann, wenn der tatsächlich entstandene Verdienstausfall niedriger liegt. Dieser Regelstundensatz ist in der Entschädigungsverordnung dem Grunde nach festgelegt und befindet sich auf Höhe des gesetzlichen Mindestlohns. In der Hauptsatzung kann jedoch auch ein darüberliegender Regelstundensatz durch die jeweilige Vertretung beschlossen und zur Grundlage der Erstattung gemacht werden. **Auf Antrag** kann zudem eine **höhere Entschädigung** (begrenzt durch einen ebenfalls in der Entschädigungsverordnung festgelegten Höchstbetrag von 80 Euro) gezahlt werden, wenn der tatsächlich entstandene Verdienstausfall höher ist als der Regelstundensatz. In der Hauptsatzung dürfen künftig keine Höchstbeträge pro Tag oder Monat mehr festgesetzt werden. Bei den Verdienstausfallregelungen unterscheidet der Gesetzgeber drei Berufsgruppen: die **abhängig Beschäftigten**, die **Selbstständigen** sowie die **überwiegend im eigenen Haushalt Tätigen**.

- **Abhängig Erwerbstätige** erhalten auf Antrag den **tatsächlich entstandenen und nachgewiesenen Verdienstausfall** ersetzt. Die Berechnung erfolgt auf Grundlage der tatsächlich versäumten regelmäßigen Arbeitszeit. Als regelmäßige Arbeitszeit gilt die Zeit, während der von den einzelnen Mandatsträgern – entsprechend ihrem Berufsbild – tatsächliche Arbeit geleistet wird. Einnahmen aus Nebentätigkeiten oder Einnahmen, die möglicherweise außerhalb der regelmäßigen Arbeitszeit hätten erzielt werden können, bleiben außer Betracht. Überstunden allerdings werden insoweit mitberücksichtigt, als der Mandatsträger regelmäßig an seinem Arbeitsplatz Überstunden zu leisten hat. Als **Berechnungskriterien** sind für einen Arbeitnehmer die **Stunden-, Tages-, Wochen- oder Monatslöhne** einerseits, aber auch **Zuschüsse für freiwillige Sozialleistungen des Betriebes, Steuern und Sozialabgaben** andererseits zugrunde zu legen. Obgleich der Anspruch auf Verdienstausfall nur dem Arbeitnehmer selbst zusteht, wird in der Praxis auch eine direkte Zahlung an den jeweiligen Arbeitgeber als zulässig erachtet. Neben der schnellen und unbürokratischen Abwicklung sprechen hierfür auch steuerliche und sozialversicherungsrechtliche Vorteile.

- **Selbstständigen** wird auf Antrag eine **Verdienstausfallpauschale** gewährt, die im Einzelfall **auf Grundlage des nachgewiesenen oder glaubhaft gemachten Einkommens** festgesetzt wird. Das oft erhebliche Gefälle in den Einkommensverhältnissen der vielfältigen Berufsbilder macht eine individuelle Festsetzung des Stundensatzes erforderlich. Zur konkreten Berechnung können auch **Erfahrungssätze von Berufsverbänden** (z. B. Handwerks- oder Rechtsanwaltskammern) bzw. **frühere Steuerbescheide** des Ratsmitgliedes herangezogen werden.

- Mandatsträgern, die einen **Haushalt mit mindestens zwei Personen**, von denen **mindestens eine ein Kind unter 14 Jahren** oder eine **anerkannt pflegebedürftige Person** nach § 14 SGB XI ist, oder einen **Haushalt mit mindestens drei Personen** führen, steht ebenfalls ein Anspruch auf Verdienstausfallentschädigung nach dem Regelstundensatz zu. Nach allgemeiner Auffassung gelten die „Hausfrauenklauseln“ auch für Hausmänner. Diese verfassungskonforme Auslegung ist vor dem Hintergrund des Artikel 3 Abs. 2 und 3 GG nicht nur zulässig, sondern sogar geboten (OVG NRW, NVwZ 1997, S. 617).

Anspruchsberechtigt sind jedoch nur die Personen, die **nicht oder weniger als 20 Stunden pro Woche erwerbstätig** sind. Für überwiegend berufstätige Hausfrauen gelten die allgemeinen Regelungen des Verdienstausfalls nach den beruflichen Einkünften. Statt des Regelstundensatzes werden auf Antrag die **notwendigen Kosten für eine Vertretung im Haushalt** ersetzt. Hausfrauen erhalten den Verdienstausfall als Ersatz für den geldwerten – im Einzelfall allerdings nicht messbaren – Nachteil, dass sie mandatsbedingt versäumte Hausarbeit zu einer anderen Zeit nachholen oder gegen Entgelt eine Ersatzkraft beschäftigen müssen. Da dieser Nachteil auch solche Hausfrauen trifft, die daneben noch Einkommen aus einer Pension, Rente oder aus Vermögen beziehen, steht auch diesen ein Anspruch auf Verdienstausfallentschädigung zu (OVG NRW, NVwZ 1997, S. 617, 618). Soweit trotz Anspruch keine Hausfrauenentschädigung geltend gemacht wird, besteht für die mandatsbedingte Abwesenheit ein Erstattungsanspruch für **Kinderbetreuungskosten** (vgl. § 45 Abs. 4 GO). Die Hauptsatzung kann die näheren Einzelheiten regeln.

b) Fahrtkosten- und Auslagenersatz

Neben der Zahlung der Verdienstausfallentschädigung hat das Ratsmitglied gemäß § 45 Abs. 2 GO einen Anspruch auf Erstattung von **Fahrtkosten und Auslagenersatz**. Konkrete Regelungen enthalten die vom MHKBG NRW im Einvernehmen mit dem Kommunalpolitischen Ausschuss des Landtages erlassene **Entschädigungsverordnung** (vgl. im Anhang – III.) und die **Ausgestaltung in der Hauptsatzung** (vgl. Muster-Hauptsatzung im Anhang – V.).

c) Aufwandsentschädigung

Zudem hat das Ratsmitglied Anspruch auf eine **Aufwandsentschädigung**, mittels derer der mit der Amtsausübung verbundene Aufwand ausgeglichen wird.

Die Aufwandsentschädigung kann nach § 46 Abs. 2 GO entweder als **monatlicher Fixbetrag**, der pauschal alle Ansprüche umfasst, festgelegt werden, oder es kann ein **(geringerer) Monatsbetrag** festgesetzt und darüber hinaus **für jede einzelne Sitzung ein entsprechendes Sitzungsgeld** gezahlt werden. Soweit diese letztgenannte Regelung in der Satzung getroffen wird, ist – neben Rats- und Ausschusssitzungen sowie sonstigen in der Satzung festgelegten Sitzungen anderer Gremien – auch für die Teilnahme an Fraktions- und Teilfraktionssitzungen ein Sitzungsgeld zu zahlen. In diesem Fall ist jedoch die Zahl der Fraktionssitzungen, für die ein Sitzungsgeld zu zahlen ist, durch die Hauptsatzung zu begrenzen (§ 45 Abs. 3 GO).

Auf die Aufwandsentschädigung kann nicht verzichtet werden. Der Anspruch auf Aufwandsentschädigung ist nicht übertragbar. Wird das Mandat länger als drei Monate nicht wahrgenommen, kann eine Aufwandsentschädigung für die Zeit der andauernden Nichtausübung des Mandats nicht beansprucht werden, es sei denn, das Mitglied hat die Nichtausübung nicht zu vertreten (§ 45 Abs. 4 GO).

Ein Sitzungsgeld ist darüber hinaus für die **Sitzungen des Integrationsrates oder -ausschusses** zu zahlen (§ 27 Abs. 7 GO). Zudem kann für die Teilnahme an Sitzungen von Unterausschüssen ein Sitzungsgeld gezahlt werden. Die Gemeinde ist darüber hinaus berechtigt, sonstige Gremien, z. B. einen Senioren- oder Jugendbeirat, einzurichten und eine Aufwandsentschädigung für die Teilnahme an deren Sitzungen zu zahlen. Auch **Sachkundige Bürger** und **Sachkundige Einwohner** erhalten für die **Teilnahme an Ausschuss- und Fraktionssitzungen** ein Sitzungsgeld. Ein Anspruch auf Aufwandsentschädigung besteht dagegen nicht. Darüber hinaus haben auch Stellvertretende Sachkundige Bürger und Stellvertretende Sachkundige Einwohner einen **Anspruch auf Sitzungsgeld für die Teilnahme an Fraktionssitzungen**. Dies gilt auch dann, wenn der Vertretungsfall nicht eintritt, d. h., wenn das zu vertretende ordentliche Ausschussmitglied an der betreffenden Sitzung teilnimmt. Daneben besteht selbstverständlich ein Anspruch auf Sitzungsgeld bei der Wahrnehmung der Vertretung des abwesenden ordentlichen Ausschussmitgliedes in einer Fraktions- oder Ausschusssitzung.

Die Höhe der monatlichen Aufwandsentschädigung sowie der Sitzungsgelder legt das für Kommunales zuständige Ministerium in der **Entschädigungsverordnung** fest. *(Diese befindet sich derzeit in Überarbeitung.)* Die Beträge werden bislang nach Ablauf und zum Beginn der Wahlperiode des Rates kraft Gesetzes angepasst. Deshalb ist es empfehlenswert, in der Hauptsatzung die Regelung zu treffen, dass die Aufwandsentschädigung „**nach Maßgabe der Entschädigungsverordnung**" gewährt wird. Grundlage für die Anpassung ist die Preisentwicklung ausgewählter Waren und Leistungen im Preisindex für die Lebenshaltung aller privaten Haushalte seit dem Zeitpunkt der vorangegangenen Anpassung der Höhe der Aufwandsentschädigung und der Sitzungsgelder.

Die Höhe der Aufwandsentschädigung beträgt bei Ratsmitgliedern:

a) ausschließlich als monatliche Pauschale in Gemeinden

	bis	20.000	Einwohner	228,50 €
von 20.001	bis	50.000	Einwohner	313,00 €
von 50.001	bis	150.000	Einwohner	417,20 €
von 150.001	bis	450.000	Einwohner	519,10 €
	über	450 000	Einwohner	622,00 €

b) gleichzeitig als monatliche Pauschale und Sitzungsgeld

	in Gemeinden			mtl. Pauschale	Sitzungsgeld
	bis	20.000	Einwohner	123,00 €	21,20 €
von 20.001	bis	50.000	Einwohner	206,20 €	21,20 €
von 50.001	bis	150.000	Einwohner	308,00 €	21,20 €
von 150.001	bis	450.000	Einwohner	412,30 €	21,20 €
	über	450.000	Einwohner	514,10 €	21,20 €

Zusätzliche Aufwandsentschädigungen sind an die **ehrenamtlichen Stellvertreter des Bürgermeisters bzw. an die Fraktionsvorsitzenden und deren Stellvertreter** sowie an Ausschussvorsitzende (mit Ausnahme des Vorsitzenden des Wahlprüfungsausschusses sowie derjenigen Ausschüsse, die in der Hauptsatzung ausgenommen sind) zu zahlen.

Die zusätzliche Aufwandsentschädigung beträgt:

1. bei der ersten Stellvertretung des Bürgermeisters den 3-fachen,
2. bei weiteren Stellvertretungen des Bürgermeisters den 1,5-fachen,
3. bei Fraktionsvorsitzenden den 2-fachen,
4. bei Fraktionsvorsitzenden einer Fraktion mit mehr als 8 Mitgliedern den 3-fachen,
5. bei stellvertretenden Fraktionsvorsitzenden den 1,5-fachen,
6. bei Vorsitzenden von Ausschüssen (mit Ausnahme des Wahlprüfungsausschusses und der durch Hauptsatzung ausgenommenen Ausschüsse) den 1-fachen

Satz des Betrages der Aufwandsentschädigung für Mitglieder kommunaler Vertretungen (vgl. im Einzelnen § 3 Entschädigungsverordnung im Anhang – III.).

Die Zahlung zusätzlicher Aufwandsentschädigungen an Ratsmitglieder, die zugleich **hauptberuflich tätige Mitarbeiter der Fraktion** sind, ist in § 46 Satz 2 GO gesetzlich ausgeschlossen. Für diese erfolgt bereits eine Bezahlung ihrer Tätigkeit aus Fraktionszuwendungen gemäß § 56 Abs. 3 GO und damit aus Haushaltsmitteln der Gemeinde, sodass für die Fraktionsarbeit darüber hinaus keine zusätzlichen Entschädigungen gezahlt werden.

d) Steuerliche Behandlung der Entschädigungen

Die **steuerliche Behandlung** der Entschädigungen für Mitglieder kommunaler Vertretungen hat der Finanzminister NRW in Abstimmung mit dem Bundesfinanzminister zuletzt durch Schreiben vom

1. September 2021 (Bezugserlass vom 08.11.2013 – S 2337 – 3 – V B 3 –) geregelt.

Die Entschädigungen unterliegen danach grundsätzlich der Einkommensteuer als **Einkünfte aus „sonstiger selbstständiger Arbeit“** (§ 18 Abs. 1 Nr. 3 EStG). Sie sind jedoch steuerfrei, soweit sie Aufwendungen abgelten, die einkommensteuerrechtlich als Betriebsausgaben zu berücksichtigen wären (vgl. § 3 Nr. 12 Satz 2 EStG). Pauschale Entschädigungen (und Sitzungsgelder) sind darüber hinaus bis zu einer bestimmten Höhe **steuerfrei**, was jeweils von der Einwohnerzahl der Gemeinde abhängig ist.

Für ehrenamtliche Mitglieder eines Gemeinderates (Ratsmitglieder) sind folgende Regelungen festgelegt:

Pauschale Entschädigungen und Sitzungsgelder sind steuerfrei, soweit sie insgesamt während der Dauer der Mitgliedschaft folgende Beträge nicht übersteigen:

In einer Gemeinde oder Stadt mit	monatlich	jährlich
höchstens 20.000 Einwohnern	125 €	1.500 €
20.001 bis 50.000 Einwohnern	199 €	2.388 €
50.001 bis 150.000 Einwohnern	245 €	2.940 €
150.001 bis 450.000 Einwohnern	307 €	3.684 €
mehr als 450.000 Einwohnern	367 €	4.404 €

Die pauschalen Entschädigungen und Sitzungsgelder sind jedoch mit steuerlicher Wirkung ab 01.01.2021 mindestens in Höhe von 250 € monatlich steuerfrei (vgl. umfassend den Erlass zur Steuerlichen Behandlung der Entschädigungen unten – Anhang IV.).

Die steuerfreien Beträge (B.I.1. des Erlasses) erhöhen sich **für zwei Stellvertreter des Bürgermeisters**, in Gemeinden mit mehr als 50.000 Einwohnern **für einen weiteren Stellvertreter,** sowie **für Fraktionsvorsitzende** auf das Doppelte der Beträge nach Nr. 1.

In Fällen einer Vervielfältigung ist der steuerfreie Mindestbetrag von 250 € monatlich nicht anzuwenden.

Für **ehrenamtliche Mitglieder der Bezirksvertretungen und Ortsvorsteher (Ortsbürgermeister)** gelten die Angaben entsprechend, wobei die Einwohnerzahl des jeweiligen Stadtbezirks maßgebend ist. Für den **Bezirksvorsteher (Bezirksbürgermeister)** erhöhen sich die Beträge auf das Doppelte, mindestens auf insgesamt 264 Euro monatlich (vgl. Erlass Steuerliche Behandlung der Entschädigungen, Abschnitt B.IV., im Anhang IV.).

Für **Sachkundige Bürger bzw. Sachkundige Einwohner** vgl. auch oben Abschnitt B.V. sowie den Erlass zur Steuerlichen Behandlung der Entschädigungen unten im Anhang – IV.

Steuerpflichtige, die gleichzeitig mehreren kommunalen Vertretungen (z. B. Rat und Kreistag bzw. Bezirksvertretung) angehören, können steuerfreie Entschädigungen nebeneinander beziehen.

Mit diesen steuerfreien Beträgen sind **alle Aufwendungen**, die mit der Tätigkeit als Rats-, Kreistags- oder Bezirksvertretungsmitglied zusammenhängen, abgegolten, mit Ausnahme der Aufwendungen für Dienstreisen und Fahrten zwischen Wohnung und Sitzungsort. Bei Benutzung eines eigenen Kraftfahrzeugs ist hierfür die **Wegstreckenentschädigung** nach dem Bundesreisekostengesetz bzw. Landesreisekostengesetz NRW maßgebend. Solche Fahrtkosten werden also über die oben genannten Sätze hinaus als steuerfreie Aufwandsentschädigungen anerkannt.

Des Weiteren besteht die Möglichkeit, die tatsächlichen Aufwendungen im **Einzelnachweis gegenüber dem Finanzamt** geltend zu machen. Dann können die tatsächlichen Aufwendungen, soweit sie die steuerfreien Entschädigungen übersteigen, ggf. als Betriebsausgaben berücksichtigt werden.

Die Besteuerung erfolgt im Wege der **Einkommensteuerveranlagung** für das abgelaufene Steuerjahr (Kalenderjahr). Es erfolgt also kein Steuerabzug bei der Auszahlung. Die Mitglieder kommunaler Vertretungen erhalten jeweils zu Beginn des Jahres eine Bescheinigung von der Gemeinde über die bei der Lohn- bzw. Einkommensteuer des vergangenen Jahres zu berücksichtigenden Aufwandsentschädigungen (vgl. nachfolgende Muster-Bescheinigung zur Vorlage beim Finanzamt).

A-Stadt

Der Bürgermeister

PLZ, Ort
Straße, Hausnr.
Auskunft erteilt:
Aktenzeichen:
Zimmer:
Durchwahl-Nr.:
Sammel-Nr.:
Telefax:
E-Mail:

Bescheinigung zur Vorlage beim Finanzamt über Entschädigungen an Mitglieder kommunaler Vertretungen

Aufgrund Ihrer ehrenamtlichen Tätigkeit in den kommunalen Vertretungen der A-Stadt wurden für die Zeit vom ..... bis ..... die nachfolgenden Beträge an Sie ausgezahlt:

Entschädigungsbezeichnung		**Betrag**
1.	Aufwandsentschädigungen	..... Euro
2.	Sitzungsgeld	..... Euro
3.	…	..... Euro
Summe		**..... Euro**

Erläuterungen zu Ziffer 1:

Aufwandsentschädigung

– als Ratsmitglied	..... Euro
– als stellvertretender Fraktionsvorsitzender	..... Euro
– als Fraktionsvorsitzender	..... Euro

Dem Finanzamt wird eine Durchschrift dieser Bescheinigung mit Ihrer Steuernummer ..... / Identifikationsnummer ..... übersandt.

Nachrichtlicher Hinweis: Ein Steuerabzug wurde seitens der Stadt A nicht vorgenommen.

Die Zuordnung der Aufwandsentschädigungen zu den Einkünften aus „selbstständiger Arbeit“ bedeutet zugleich, dass **keine Sozialversicherungspflicht** besteht. Während zur Arbeits- und Rentenversicherung somit keine Abgaben zu leisten sind, gilt für die **Krankenversicherung** aber eine Besonderheit: Diese betrifft die Mitversicherung eines Mandatsträgers über die Krankenversicherung des Ehepartners. Eine solche Familienversicherung über den Ehepartner endet, wenn die steuerpflichtigen Einnahmen jährlich 5.460 Euro (= 1/7 von 38.220 Euro; § 10 Abs. 1 Nr. 5 SGB V i.V.m. § 18 Abs. 1 SGB IV) überschreiten (Stand: 2020). Maßgebend ist dabei gemäß § 16 SGB IV die Summe der Einkünfte im Sinne des Einkommensteuerrechts. Insoweit sind auch die den kommunalen Mandatsträgern gewährten Entschädigungen als **Einnahmen aus „sonstiger selbstständiger Arbeit“** (vgl. oben) zu berücksichtigen.

Nicht abschließend geklärt ist die Berücksichtigung der Aufwandsentschädigung bei der Beitragsbemessung freiwillig Versicherter in der gesetzlichen Krankenversicherung. Die Frage ist nicht gesetzlich geregelt und gerichtlich nicht entschieden. Die Beitragshöhe freiwillig gesetzlich Versicherter bestimmt gemäß § 240 SGB V die Satzung der Krankenkasse. Bei der Beitragsbemessung ist nach § 240 Abs. 1 Satz 2 SGB V „die gesamte wirtschaftliche Leistungsfähigkeit zu berücksichtigen“. Darunter fallen nach der Rechtsprechung des Bundessozialgerichts Einnahmen zum Lebensunterhalt, d. h. Einnahmen und Geldmittel, die das Mitglied zum Lebensunterhalt verbraucht oder verbrauchen könnte – ohne Rücksicht auf ihre steuerliche Behandlung (BSG, Urt. v. 06.09.2001 – B 12 KR 5/01 –). Angesichts der Unbestimmtheit des Begriffs „Einnahmen zum Lebensunterhalt“ haben die Spitzenverbände der Krankenkassen in ihrem Rundschreiben vom 4. Dezember 2013, zuletzt i.d.F. vom 19./20. März 2015, die Aufwandsentschädigungen für ehrenamtliche Mitglieder als „Einnahmen zum Lebensunterhalt“ qualifiziert. Diese Auffassung der Krankenkassen ist inzwischen von der Rechtsprechung abgelehnt worden (SG Aachen, Urt. v. 29.11.2012 – S 15 KR 142/12 –, m.V.a. Smith, in: Kleerbaum/Palmen, GO NRW, § 45, V.5., und vergleichbarer Argumentation wie in der Vorauflage dieses Buches). Zu Recht werden dort gegen diese Praxis Einwendungen erhoben und die Aufwandsentschädigung bei freiwillig gesetzlich Versicherten als beitragsfrei qualifiziert (Kasper, NWVBl. 2007, S. 219, 221). Denn die Berücksichtigung bei der Beitragsbemessung widerspricht dem Sinn der Aufwandsentschädigung, finanzielle Nachteile durch die Mandatsausübung auszugleichen. Sie dient nicht dazu, den Lebensunterhalt zu bestreiten. Darüber hinaus liegt das Ziel der Aufwandsentschädigung darin, Bürger zur Übernahme eines kommunalpolitischen Ehrenamtes zu veranlassen. Durch eine Unterwerfung unter die Sozialversicherungspflicht würde dieser Zweck unterlaufen.

Zusammenfassung

- Mandatsträgern ist die für ihre ehrenamtliche Tätigkeit erforderliche freie Zeit zu gewähren. Da **Fraktionen Teile des Rates** sind, gelten die Freistellungsregelungen grundsätzlich auch für die Ausübung der Fraktionstätigkeit.
- Die Tätigkeit muss mit dem Mandat **in unmittelbarem Zusammenhang stehen oder auf Veranlassung des Rates bzw. eines Ausschusses** erfolgen und darf nicht während der arbeitsfreien Zeit ausgeübt werden können.
- Keinesfalls darf die Ratstätigkeit ihren **ehrenamtlichen Charakter** verlieren. Damit unvereinbar ist es, wenn keine Zeit für den regulären Beruf verbleibt. Besondere Regelungen gelten z. B. für die Freistellung von Beamten.
- Arbeitnehmer mit flexiblen Arbeitszeiten können einen Anspruch auf **Anrechnung von Arbeitszeiten** für die Zeit der Ausübung des Mandats haben.
- Es ist anerkannt, dass die Tätigkeit eines **Fraktionsvorsitzenden** einen deutlich erhöhten Zeitaufwand erfordert.
- Der Grundsatz ehrenamtlicher Tätigkeit beinhaltet, dass dem Mandatsträger **weder finanzielle Nachteile noch Vorteile** hieraus entstehen sollen.
- **Verdienstausfallersatz** setzt daher voraus, dass überhaupt finanzielle Nachteile entstanden und hierdurch auszugleichen sind.

- Grundsätzlich besteht ein **Anspruch auf den sog. Regelstundensatz**, der in der Entschädigungsverordnung als Mindestbetrag festgelegt ist, jedoch in der Hauptsatzung angehoben werden kann. **Auf Antrag** kann darüber hinaus eine **höhere Entschädigung** (wiederum begrenzt durch einen Höchstsatz in der Entschädigungsverordnung) gezahlt werden, wenn der tatsächliche Verdienstausfall höher ist als der Regelstundensatz. **Sonderregelungen** gelten z. B. für **Hausfrauen (Hausmänner)**.

- Der Verdienstausfall betrifft nicht nur die Teilnahme an Sitzungen des Rates und seiner Ausschüsse, sondern auch die **Wahrnehmung der Fraktions- und Teilfraktionssitzungen** (Fraktionsvorstand, Fraktionsarbeitskreise).

- Neben der Zahlung der Verdienstausfallentschädigung hat das Ratsmitglied einen **Anspruch auf Erstattung von Fahrtkosten und Auslagen**.

- Daneben besteht auch ein Anspruch auf eine **Aufwandsentschädigung**, die entweder als **monatlicher Pauschalbetrag** oder **als Kombination von Pauschale und Sitzungsgeld** gewährt wird. Sitzungsgeld wird dann auch für (eine in der Hauptsatzung begrenzte Zahl von) Fraktionssitzungen gezahlt. Dies gilt für (stellvertretende) Sachkundige Bürger auch dann, wenn der Vertretungsfall nicht eingetreten ist.

- Die Höhe der monatlichen Aufwandsentschädigung wird in der **Entschädigungsverordnung** festgelegt.

- Zusätzliche Aufwandsentschädigungen sind u. a. an die **ehrenamtlichen Stellvertreter des (Ober-) Bürgermeisters** bzw. an die **Fraktionsvorsitzenden und deren Stellvertreter** sowie grundsätzlich an die **Ausschussvorsitzenden** zu zahlen.

- Die Entschädigungen unterliegen als **Einkünfte aus „Sonstiger selbstständiger Arbeit“** grundsätzlich der Einkommensteuer. Sie sind aber bis zu einer bestimmten Höhe steuerfrei.

- Die Besteuerung erfolgt im Wege der **Einkommensteuerveranlagung** für das abgelaufene Steuerjahr auf Grundlage des gemeindlichen „Bescheides“ (Nachweises).
- Eine Sozialversicherungspflicht besteht nicht. Für die **Krankenversicherung** gilt allerdings eine Besonderheit hinsichtlich der Mitversicherung über den Ehepartner und bei freiwillig Versicherten.

III. Pflichten innerhalb der Fraktion

Innerhalb der Fraktion haben die Mitglieder nicht nur Rechte, sondern auch Pflichten, damit die angestrebte Zusammenführung der Meinungen innerhalb der Fraktion und deren Beschlussfassung in der Vertretungskörperschaft verfahrensmäßig und organisatorisch umgesetzt werden kann. Zu den **Pflichten des einzelnen Fraktionsmitgliedes** gegenüber seiner Fraktion gehören insbesondere:

- Mitarbeitspflicht nach den Grundsätzen der Geschäftsordnungsregelungen;
- Teilnahmepflicht an Fraktions-, Ausschuss- und Ratssitzungen sowie sonstigen Veranstaltungen (z. B. Fraktionssprechstunden oder Pressekonferenzen);
- Vertretungspflicht für andere Fraktionsmitglieder;
- Verschwiegenheitspflicht in innerfraktionellen und sachpolitischen Angelegenheiten;
- Offenbarungspflicht (z. B. bei Befangenheit, bestehenden Vertretungsverboten oder abweichendem Stimmverhalten);
- Pflicht zur Erbringung des Sachkundenachweises bei der Entsendung in „Drittgremien“ durch die Fraktion;
- Beitragszahlungspflicht in die Fraktionskasse;

- Beitrittspflicht zur kommunalpolitischen Vereinigung / zum Bildungswerk;
- haftungsrechtliche Verpflichtungen;
- Gebot der Zurückhaltung im kommunalpolitischen Geschehen (Verbot fraktionsschädigenden Verhaltens, beleidigender Äußerungen, verbaler Entgleisungen);
- Pflicht zur einheitlichen Außendarstellung der Fraktion;
- Mitteilungspflichten gegenüber dem Fraktionsvorsitzenden oder der Fraktion über wichtige kommunalpolitische Entwicklungen;
- Beachtung der datenschutzrechtlichen Grundsätze in der Fraktionsarbeit;
- Einhaltung der Regelungen der Fraktionsgeschäftsordnung im Hinblick auf die Sitzungsdurchführung (z. B. Beachtung der Redezeiten, Einhaltung des Hausrechts etc.);
- generelle Verpflichtung zur Weiterbildung und der sorgfältigen Vorbereitung der Sitzungen;
- Beachtung der Richtlinien zur Betreuung der jeweiligen Wahlbezirke durch geeignete Maßnahmen;
- Berücksichtigung besonderer Pflichten wie z. B. der Berichterstattung, Vorberatung oder Information gegenüber der Fraktion als Verantwortlicher für die Fraktion (z. B. als entsandtes Vorstandsmitglied eines Gremiums oder Obmann bzw. Sprecher oder Vorsitzender eines Ausschusses);
- Mitteilungspflicht bei Kündigung der Fraktionsmitgliedschaft gegenüber dem Fraktionsvorsitzenden.

Die Einhaltung der vorgenannten Pflichten des einzelnen Fraktionsmitgliedes bestimmt in der Praxis maßgeblich die Qualität der gesamten Fraktionsarbeit. Diese ist in der Regel nur dann gewährleistet, wenn sich neben den verfahrensrechtlichen und organisatorischen Rahmenbedingungen auch die erforderliche vertrauensvolle und disziplinierte Zusammenarbeit entwickelt.

IV. Weitere Pflichten im Zusammenhang mit dem Mandat

Als **Teile der Vertretungskörperschaft** unterliegen Fraktionen den gleichen rechtlichen Grenzen, haben also grundsätzlich die Vorschriften zu beachten, die für die Vertretungskörperschaft selbst gelten. Entsprechendes gilt für das einzelne Fraktionsmitglied, dem aus seinem kommunalen Mandat bestimmte Pflichten obliegen.

So ist die **Verschwiegenheitspflicht** auch für Fraktionsberatungen erheblich. Dabei ist nicht maßgeblich, wie ein gemäß § 43 Abs. 2 Satz 1 i.V.m. § 30 GO zur Verschwiegenheit verpflichteter Mandatsträger Kenntnis von einer vertraulichen Angelegenheit erhält. Die Geheimhaltungspflicht umfasst vielmehr alle Fälle, in denen ein Ratsmitglied Kenntnis von Angelegenheiten erhält, die in einer **nichtöffentlichen Ausschuss- oder Ratssitzung** verhandelt worden sind bzw. behandelt werden sollen. Die Kenntnisnahme erfolgt dabei z. B. oftmals auch im Rahmen der Vorberatung in einer Fraktionssitzung.

Bei Fraktionssitzungen kommt hinzu, dass regelmäßig nicht nur Ratsmitglieder anwesend sind. Vertrauliche Angelegenheiten dürfen aber nicht im Beisein solcher Personen beraten werden, die nicht unter die Verschwiegenheit fallen (zu dieser Problematik vgl. auch oben C.III.3.f).

Das **Mitwirkungsverbot** des § 31 i.V.m. § 43 Abs. 2 Satz 2 Nr. 4 GO bei Befangenheit erstreckt sich allerdings **nicht auf die Teilnahme an Fraktionssitzungen** (OVG NRW, Urt. v. 30.06.1987 – 22 A 2684/83 –). Fraktionsmitglieder können daher aus rechtlicher Sicht an Beratungen ihrer Fraktion über Angelegenheiten teilnehmen, bei denen sie bei der Beratung im Rat oder Ausschuss befangen wären. Dies könnte überraschen, immerhin hat sich die Meinungsbildung von der Vertretungskörperschaft weitgehend in die Fraktionen verlagert, sodass eine Vorentscheidung über Ratsbeschlüsse vielfach schon im Zuge der Vorberatung – insbesondere der jeweiligen Mehrheitsfraktionen – fällt. Jedoch findet sich in der Regelung für die Fraktionen in § 56 GO kein entsprechender Verweis. Außerdem ist auf den **Normzweck des Mitwirkungsverbots** zu verweisen, der nur das Verfahren in den Gemeindegremien betrifft, zu denen Fraktionen nicht gehören, wenngleich sie Teile des Gemeindeorgans Rat sind. Eine entsprechende erweiternde Auslegung erscheint auch nicht sachgerecht, da Fraktionsmitglieder nicht gehindert sind, im Vorfeld der Beratungen Einfluss auf Fraktionskollegen zu nehmen. Auch die Regelung des § 31 Abs. 2 Satz 2 GO setzt eine Unmittelbarkeit zwischen dem Vor- und dem Nachteil und der Entscheidung voraus. Diese direkte Kausalbeziehung zwischen den Fraktionsberatungen einerseits und den Entscheidungen im Ausschuss oder im Rat andererseits ist nicht herzustellen. Selbst wenn sich daraus insgesamt ergibt, dass die Befangenheitsregelungen nicht auf Fraktionsberatungen Anwendung finden, sollte die Fraktionsgeschäftsordnung bestimmen, dass eine schließlich in der Ratssitzung bedeutsame Befangenheit dem Fraktionsvorsitzenden anzuzeigen ist (vgl. auch § 7 Abs. 4 Muster-Geschäftsordnung für Fraktionen im Anhang – I.). Das kann insbesondere bei knappen politischen Mehrheitsverhältnissen entscheidend sein.

Das **kommunale Vertretungsverbot** gemäß § 43 Abs. 2 Nr. 6 i.V.m. § 32 Abs. 1 Satz 2 GO ist eine **besondere Ausgestaltung der Treuepflicht der Ratsmitglieder**. Diese dürfen Ansprüche anderer gegen die Gemeinde nicht geltend machen, es sei denn, sie handeln als gesetzliche Vertreter (z. B. Eltern für ihre Kinder). Das Vertretungsverbot betrifft insbesondere **Rechtsanwälte** und **Architekten**, die oftmals Interessen der Bürger gegenüber den Kommunen vertreten sollen, was zwangsläufig zu Kollisionen zwischen der geschäftsmäßigen beruflichen Interessenvertretung und den Amtspflichten als ehrenamtlich Tätige führt. Nach Auffassung des Oberverwaltungsgerichts NRW erstreckt sich das Vertretungsverbot aber **nicht auf kommunalverfassungsrechtliche Organstreitigkeiten** (OVGE 38, S. 14). Rechtsanwälte, die zugleich Fraktionsmitglied sind, sollen also insoweit nicht an der Prozessvertretung vor dem Verwaltungsgericht gehindert sein, auch wenn ihre Fraktion oder ein Gemeindeorgan (z. B. der Rat) Verfahrensbeteiligte ist. Gegenstand solcher Organstreitigkeiten ist nämlich die Verletzung innerorganisatorischer Kompetenzen. Bei derartigen kommunalverfassungsrechtlichen Innenrechtsstreitigkeiten besteht der dem § 32 GO zugrundeliegende Gegensatz zwischen der Gemeinde und einem außerhalb ihrer Interessensphäre stehenden Rechtssubjekt nicht. Eine durch das Vertretungsverbot zu verhindernde Interessenkollision in der Person des

Vertreters, der zugleich Ratsmitglied ist, kann dadurch von vorneherein nicht auftreten. Nur solche gegen die Gemeinde als eine am allgemeinen Außenrechtsverkehr beteiligte juristische Person gerichtete Ansprüche will deshalb das Vertretungsverbot erfassen.

Eine ausdrückliche **Teilnahmepflicht** für Ratsmitglieder ist in der nordrhein-westfälischen Gemeindeordnung nicht verankert. Aber auch ohne eine dahingehende gesetzliche Feststellung ergibt sich wegen der **gemeindlichen Interessenwahrnehmung** durch den Rat eine **Verpflichtung zur Anwesenheit**. Überdies hat der Rat die Möglichkeit, in seiner Geschäftsordnung zu bestimmen, dass die ordentlichen Mitglieder zur Teilnahme an den Sitzungen verpflichtet sind. Eine solche Bestimmung würde die aus §§ 40, 43 GO resultierende Verpflichtung zur Vertretung der Bürgerschaft rechtsverbindlich konkretisieren. Für die Teilnahme an Fraktionssitzungen kann dieser Grundsatz zwar nicht ohne Weiteres übernommen werden; jedoch ergibt sich aus dem Konstitutionsakt der Fraktion auch eine **Verpflichtung ihrer Mitglieder zur Mitwirkung und Mitarbeit** einschließlich der Teilnahme an Fraktionssitzungen. Wesen der Fraktion ist nämlich der **Zusammenschluss zwecks gemeinsamer politischer Arbeit innerhalb der Vertretung** (vgl. auch oben C.III.). Dies kann nicht als „Einbahnstraße“ zu verstehen sein. Stärkt das Ratsmitglied durch seine Mitgliedschaft in der Fraktion seine Mitwirkungsmöglichkeiten, so ist es im Gegenzug auch zu gewissenhafter Mitarbeit verpflichtet. Das folgt nicht zuletzt auch aus dem **freiwilligen Charakter des Fraktionszusammenschlusses**, wonach jedes Ratsmitglied selbst entscheiden kann, ob es diese Pflichten für sich in Kauf nehmen will. Auch hier kann zur Klarstellung eine Regelung in die Fraktionsgeschäftsordnung aufgenommen werden (vgl. § 7 Muster-Geschäftsordnung für Fraktionen im Anhang – I.).

Zusammenfassung

- Die Mitarbeit innerhalb der Fraktion wird auch von **Mitwirkungspflichten** bestimmt, damit die Meinungsbildung und Beschlussfassung organisatorisch umgesetzt werden kann.
- Die **Verschwiegenheitspflicht** ist auch für Fraktionsberatungen erheblich.
- Das **Mitwirkungsverbot** wegen Befangenheit erstreckt sich nicht auf die Teilnahme an Fraktionssitzungen. Jedoch sollte eine für die Rats-, Kreistags- oder Bezirksvertretungssitzung bedeutsame Befangenheit dem Fraktionsvorsitzenden zuvor angezeigt werden.
- Das **Vertretungsverbot** erstreckt sich nicht auf kommunalverfassungsrechtliche Organstreitigkeiten; Rechtsanwälte, die zugleich Fraktionsmitglied sind, sollen nicht an der Prozessvertretung ihrer Fraktion gehindert sein.
- Aus dem **Konstitutionsakt der Fraktion** ergibt sich auch eine **Pflicht der Mitglieder zur Mitwirkung und Mitarbeit**, was auch die Teilnahme an Fraktionssitzungen umfasst.

V. Ordnungsmaßnahmen gegenüber Fraktionsmitgliedern

Zur Aufrechterhaltung einer effektiven Fraktionsarbeit bedarf es – wie in jedem anderen Dauerschuldverhältnis auch – der Möglichkeit, Verhaltensregeln nicht nur als Zielvorgabe durch Geschäftsordnungsbestimmungen vorzugeben, sondern auch entsprechender Mittel, um die Verletzung der Verhaltensregeln zu **sanktionieren**. Soweit sich ein Fraktionsmitglied nicht an die aufgestellten Regeln hält, muss es insoweit auch zur Verantwortung gezogen werden können.

Vor diesem Hintergrund sind Festlegungen erforderlich, die der breiten Mehrheit der Fraktionsmitglieder die Möglichkeit eröffnen, **Ordnungsmaßnahmen** gegenüber unsolidarischen Fraktionsmitgliedern auszusprechen, die sich nicht an die gemeinsam aufgestellten wesentlichen Verhaltensregeln halten, um so eine effektive Fraktionsarbeit aufrechterhalten zu können.

Generelle gesetzliche Regelungen, die die formellen und materiellen Voraussetzungen von Ordnungsmaßnahmen gegenüber Mitgliedern einer kommunalen Fraktion fixieren, liegen allerdings nicht vor. Die Gemeindeordnung gibt im Rahmen der Regelungen zur Bildung und Rechtsstellung der Fraktionen in § 56 Abs. 2 Satz 3 lediglich vor, dass die Fraktionen sich ein Statut zu geben haben, in dem u. a. der Ausschluss aus der Fraktion geregelt werden muss.

In der kommunalpolitischen Praxis hat dies dazu geführt, dass die Muster-Geschäftsordnung für Fraktionen der kommunalpolitischen Vereinigungen regelmäßig die **Missbilligung (Rüge) eines Verhaltens** und den **Ausschluss aus der Fraktion** als – abgestufte – Maßnahmen bei einem entsprechenden Zuwiderhandeln vorsehen, die von den einzelnen Fraktionen in ihre jeweiligen Fraktionsstatute übernommen werden. Die Verhängung eines **Ordnungsgeldes** findet heute keine Aufnahme mehr, da diese Maßnahme nicht vollstreckbar und damit praktisch wirkungslos ist. Selbst in dem Fall, in dem sich Fraktionen keine eigene Geschäftsordnung gegeben haben oder Ordnungsmaßnahmen im Fraktionsstatut nicht ausdrücklich vorgesehen sind, wird in der Rechtsprechung allgemein anerkannt, dass in Anlehnung an vereins- und gesellschaftsrechtliche Dauerschuldverhältnisse Ordnungsmaßnahmen – sowohl die Missbilligung als auch die Rüge und der Fraktionsausschluss – **auch ohne** besondere schriftliche Regelung in der Fraktionsgeschäftsordnung rechtlich zulässig sind (vgl. VG Potsdam, Beschl. v. 12.06.2008 – 2 K 445/05 –; VG Gießen, NVwZ-RR 2004, S. 204 f., m.w.N.; OVG NRW, NJW 1989, S. 1105 f.). Dennoch empfiehlt es sich, aus Gründen der Rechtssicherheit die Verhängung von Ordnungsmaßnahmen ausdrücklich in der jeweiligen Fraktionsgeschäftsordnung zu regeln.

Dabei ist zu beachten, dass der Ausschluss aus einer kommunalen Fraktion nicht auch automatisch zum Ausschluss aus der jeweiligen

Partei führen muss – und umgekehrt. Vielmehr sind der (kommunale) Fraktionsausschluss und der Parteiausschluss **rechtlich selbstständige Ordnungsmittel**, die unterschiedliche rechtliche Voraussetzungen haben und in der parteipolitischen Praxis oftmals differenziert angewendet werden.

Nach allgemeiner Meinung sind diese Ordnungsmaßnahmen sowohl zulässig als auch zur Durchsetzung der gemeinsamen Aufgaben erforderlich.

1. Formelle Voraussetzungen zur Durchführung einer Ordnungsmaßnahme

Hinsichtlich der Sanktionierung von Verstößen gegen fraktionsinterne Verhaltensregeln sind ggf. unter Beachtung der Fraktionsgeschäftsordnungsregelungen (vgl. § 14 Muster-Geschäftsordnung für Fraktionen im Anhang – I.) formelle und materielle Voraussetzungen zu beachten.

a) Ordnungspflichtiger Adressatenkreis

Fraktionsinterne Ordnungsmaßnahmen gehören zum Innenrecht der Fraktionen und können daher auch nur auf Fraktionsmitglieder Anwendung finden. Entsprechend der Legaldefinition für die kommunalen Fraktionen (vgl. § 56 Abs. 1 Satz 1 GO) umfasst die Stellung als Fraktionsmitglied danach **nur die Personen, die gewähltes Mitglied des Rates oder einer Bezirksvertretung sind**. Andere Personen – wie etwa Hospitanten, Sachkundige Bürger bzw. Sachkundige Einwohner, Verwaltungsmitarbeiter, Bundestags- oder Landtagsabgeordnete der jeweiligen Partei, Parteivorsitzende – sind danach, auch wenn ihnen in der Praxis oftmals weitreichende Mitberatungs- oder sogar Mitentscheidungsrechte eingeräumt werden, nicht Mitglieder der Fraktion, wenn sie nicht gleichzeitig in das kommunale Selbstverwaltungsorgan gewählt worden sind. Ein Fraktionsausschlussverfahren ihnen gegenüber kommt daher schon kraft ihrer Rechtsstellung als „Nichtfraktionsmitglieder“ nicht in Betracht.

b) Verfahrenseinleitung durch Antrag

Grundsätzlich setzt jede Ordnungsmaßnahme einen **entsprechenden Antrag** voraus. Ob für einen solchen Antrag ein bestimmtes Quorum erforderlich ist oder ob der Antrag eines einzelnen Fraktionsmitgliedes ausreicht, um das Verfahren in Gang zu setzen, hängt im Wesentlichen von den jeweils in der Geschäftsordnung vereinbarten Regelungen ab. Die **Festlegung der Notwendigkeit eines entsprechenden Antragsquorums** (z. B. ein Viertel oder ein Drittel der Fraktionsmitglieder) oder auch eines entsprechenden Vorstandsbeschlusses entspricht dabei – zumindest, wenn es um einen Fraktionsausschluss geht – durchaus gängiger Praxis. Allerdings reicht – soweit keine entgegenstehende Regelung vorhanden ist – auch der Antrag eines einzelnen Fraktionsmitgliedes rechtlich aus.

Soweit ein entsprechender Antrag durch das bzw. die antragsberechtigte(n) Fraktionsmitglied(er) gestellt wird, sollte dies in **Schriftform** erfolgen. Im Einzelnen sollte dabei dargelegt werden, welche konkreten Verhaltensregeln der Auszuschließende verletzt hat und welcher konkrete Vorwurf geltend gemacht wird. Aus dem dargelegten Sachverhalt sollte auch der Schluss auf die geforderte Ordnungsmaßnahme – Missbilligung (Rüge) oder Fraktionsausschluss – abzuleiten sein. Dabei sollte dem (den) antragstellenden Fraktionsmitglied(ern) die **Verpflichtung zur umfassenden Darstellung des Fehlverhaltens** schon deshalb auferlegt werden, um möglichem missbräuchlichem Verhalten von vorneherein entgegenzuwirken.

c) Ordnungsgemäße Einberufung der Fraktionssitzung

Zur Durchsetzung der Ordnungsmaßnahme bedarf es weiterhin der **ordnungsgemäßen Einberufung der Fraktionssitzung** durch den Fraktionsvorsitzenden bzw. den Fraktionsvorstand unter Einhaltung der nach der Geschäftsordnung vorauszusetzenden Fristen und Formen. Zu der Sitzung, in der über die Ausschließung befunden werden soll, sind **sämtliche Fraktionsmitglieder** unter Benennung dieses Punktes in der Tagesordnung **zu laden** (OVG NRW, Beschl. v. 20.07. 1992 – 15 B 1643/92 –, NVwZ 1993, S. 399 f.). Dabei hat die Aufnahme des Antrages in die Tagesordnung sowie dessen Konkretisierung nach allgemeinen kommunalverfassungsrechtlichen Grundsätzen zu erfolgen. Ein Tagesordnungspunkt „Verschiedenes“ genügt insofern nicht, wohl aber „Ausschluss eines Mitgliedes“ ohne konkrete namentliche Nennung (BayVGH, NVwZ 1989, S. 494, 496). Die **Nichteinhaltung erforderlicher Fristen und Formen** führt zwangsläufig zur **Rechtswidrigkeit** der jeweiligen Ordnungsmaßnahme.

d) Mitteilung an das betroffene Fraktionsmitglied

Im Rahmen des Verfahrens über die Festlegung einer Ordnungsmaßnahme sollten dem betroffenen Fraktionsmitglied frühzeitig, vollständig und hinreichend **konkret entsprechende Informationen** – ggf. auch der Inhalt des Antragsschreibens – **zur Verfügung gestellt** werden, damit es sich im Rahmen der nachfolgenden Anhörung umfassend zu dem ihm vorgeworfenen Fehlverhalten äußern kann. Dies gebietet das **Rechtsstaatsprinzip**. In der Praxis wird sich bei Vorlage bzw. Zugang des Antrages regelmäßig der Fraktionsvorstand mit dem Anliegen auseinandersetzen und die erforderlichen Schritte beraten, soweit nicht die Initiative von ihm ausgegangen ist. Durch eine **frühzeitige Information über den Beratungsgegenstand** kann das betroffene Fraktionsmitglied zugleich in die Lage versetzt werden, verantwortlich am Prozess und an möglichen Alternativen mitzuwirken. Die Gründe, die die Ordnungsmaßnahme tragen, müssen dem Betroffenen so dargelegt werden, dass er allein aufgrund deren Lektüre entscheiden kann, ob er den Beschluss hinnehmen oder aber hiergegen gerichtlichen Rechtsschutz in Anspruch nehmen will. Eine Verletzung dieses **Begründungserfordernisses** ist nicht heilbar (VG Osnabrück, NVwZ-RR 2009, S. 260).

e) Anhörung des Betroffenen

Keinesfalls darf im Verfahren über die Ordnungsmaßnahme das **Recht** des betroffenen Fraktionsmitgliedes **auf Anhörung** missachtet werden. Aus dem **Grundsatz der Gewährung rechtlichen Gehörs** folgt zunächst, dass dem Betroffenen die Gelegenheit zur wirksamen Darlegung seines Standpunktes eingeräumt wird. Dies muss in der

Art und Weise geschehen, dass alle anderen Fraktionsmitglieder zum Zeitpunkt der Entscheidung über eine mögliche Ordnungsmaßnahme die (schriftliche oder mündliche) Stellungnahme des betroffenen Fraktionsmitgliedes mit einbeziehen können.

Dem Prinzip des rechtlichen Gehörs ist allerdings schon dann Genüge getan, wenn eine Fraktion dem betroffenen Mitglied die Gelegenheit gibt, **sich vor der Entscheidung** zu den ihm gegenüber erhobenen Vorwürfen **zu äußern**. Dass der Betroffene hiervon eventuell keinen Gebrauch macht, ist unerheblich (OVG NRW, NVwZ 1993, S. 399 f.). Ausnahmefälle – wie etwa eine dauerhafte Verhinderung durch Krankheit – lassen möglicherweise ein anderes Ergebnis zu. In der Regel obliegt es jedoch dem betroffenen Fraktionsmitglied, das Anhörungsrecht zu nutzen. Macht es hiervon keinen Gebrauch, so ist ihm diese Obliegenheitsverletzung zuzurechnen. Im späteren Verfahren kann es sich darauf jedenfalls nicht berufen.

Bis zur Abstimmung über den Fraktionsausschluss bleibt dem Betroffenen neben der **Möglichkeit zur schriftlichen Stellungnahme** immer auch die Möglichkeit, im Rahmen der Beratung und Entscheidung über die Ordnungsmaßnahme **mündliche Erläuterungen bzw. Ergänzungen** zu dem ihm vorgeworfenen Fehlverhalten vorzutragen.

f) Abstimmung und Mehrheit

An der konkreten Abstimmung über die Ordnungsmaßnahme dürfen nur die **Fraktionsmitglieder** teilnehmen. Keine rechtlichen Bedenken bestehen insoweit, als das vom Antrag auf Verhängung einer Ordnungsmaßnahme betroffene Mitglied bei der Entscheidung **selbst mitstimmt**. Die Regelungen der Befangenheit finden im Rahmen der Entscheidung über fraktionsinterne Angelegenheiten keine Anwendung (vgl. oben E.IV.). Vielmehr steht dem Betroffenen aufgrund seiner Rechtsstellung als Fraktionsmitglied ein Mitwirkungsrecht zu.

Andere Personen – wie etwa Hospitanten, Sachkundige Bürger bzw. Sachkundige Einwohner, Verwaltungsmitarbeiter, Bundestags- oder Landtagsabgeordnete der jeweiligen Partei, Parteivorsitzende –, die nicht Mitglieder der Fraktion sind, dürfen zwar an einer im Rahmen der Fraktionssitzung stattfindenden vorausgehenden Beratung im Vorfeld der Abstimmung über die Ordnungsmaßnahme teilnehmen (vgl. OVG NRW, NVwZ 1993, S. 399 f.); von der Abstimmung selbst sind sie allerdings **ausgeschlossen**.

Ob über den jeweiligen Antrag auf Verhängung einer Ordnungsmaßnahme geheim oder offen abgestimmt wird, ist wiederum von den Regelungen der jeweiligen Fraktionsgeschäftsordnung abhängig. Wenn es keine Vorschriften gibt, die die geheime Abstimmung verlangen, wird eine **offene Abstimmung** grundsätzlich für zulässig erachtet (vgl. HessVGH, DVBl. 1998, S. 783 f.). In diesem Fall sollte jedoch – schon aus Gründen der Rechtssicherheit – vor Durchführung des Abstimmungsverfahrens die **Frage nach einem möglichen Widerspruch** gestellt werden. Widerspricht kein Fraktionsmitglied der offenen Abstimmung, so kann anschließend kein rechtlich wirksamer Einwand geltend gemacht werden. **In Zweifelsfällen** sollte aus Gründen der Rechtssicherheit **immer geheim** abgestimmt werden. Dies gilt jedenfalls dann, wenn alle Beteiligten mit der geheimen Abstimmung einverstanden sind oder der Auszuschließende selbst eine geheime Abstimmung verlangt (vgl. VG Gießen, NVwZ-RR 2004, S. 204 f.).

Liegen dem Abstimmungsverfahren keine Geschäftsordnungsregelungen zugrunde, die konkrete Anforderungen an ein mögliches Stimmenquorum zur Verhängung der Ordnungsmaßnahme festlegen, oder besteht überhaupt keine Regelung, so bedarf es als Untergrenze für den Erfolg des jeweiligen Antrages jedenfalls der Stimmenmehrheit aller Mitglieder der Fraktion (**qualifizierte Mehrheit**), wobei das auszuschließende Fraktionsmitglied mitzuzählen ist (so zu Recht Meyer, S. 67; vgl. auch OVG NRW, NJW 1989, S. 1105 f., das eine einstimmige Entscheidung aller in der Fraktion verbleibenden Mitglieder bei fehlender Regelung im Fraktionsstatut für naheliegend hält). Zum Ausschluss aus der Fraktion, der das einschneidendste Ordnungsmittel darstellt, legen die Fraktionsgeschäftsordnungen regelmäßig ein **Quorum von zwei Dritteln** der Fraktionsmitglieder fest.

g) Bekanntgabe der Entscheidung

Mit der erfolgreichen Beschlussfassung durch die erforderliche Mehrheit der Fraktionsmitglieder wird die Ordnungsmaßnahme unmittelbar wirksam. Ungeachtet dessen muss die Entscheidung dem betroffenen Fraktionsmitglied – insbesondere wenn es an der Beschlussfassung nicht teilgenommen hat – **bekannt gegeben werden**. Dies kann auf unterschiedliche Weise **durch eine ausdrückliche Mitteilung** oder aber auch **durch ein Anschreiben mit Übersendung des Protokolls** über die entsprechende Fraktionssitzung erfolgen. Dem betroffenen Fraktionsmitglied müssen die konkrete Entscheidung und die maßgeblichen Gründe **in Schriftform** zugehen, um die erforderlichen Grundlagen für ein eventuell nachfolgendes Gerichtsverfahren bereithalten zu können; andere Auffassung VG Gießen, NVwZ-RR 2004, S. 204 f., m.w.N.). Nicht erforderlich ist aber eine Belehrung über mögliche Rechtsbehelfe.

In der Praxis ist es insoweit hilfreich, im Rahmen der Niederschrift über den entsprechenden Tagesordnungspunkt der jeweiligen Fraktionssitzung eine umfassende Protokollierung des Beratungsverlaufs und der Entscheidungsgründe vorzunehmen.

Zusammenfassung

- Formelle Voraussetzungen zur Durchführung einer Ordnungsmaßnahme -

- **Vorliegen des (schriftlichen) Antrages** eines oder mehrerer Fraktionsmitglieder zur Durchführung der Ordnungsmaßnahme.
- **Aufzeigen des vorwerfbaren Fehlverhaltens** des zu maßregelnden Mitgliedes sowie **konkrete Bezeichnung** der zu verhängenden Ordnungsmaßnahme.
- **Ordnungsgemäße Einberufung** der Fraktionssitzung unter Einhaltung der nach der Geschäftsordnung vorauszusetzenden Fristen und Formen, insbesondere **Aufnahme des Antrages** in die Tagesordnung sowie deren Konkretisierung.
- **Frühzeitige vorherige Information** über die Ordnungsmaßnahme an das betroffene Fraktionsmitglied, um die erforderliche Anhörung in der Sitzung oder aber in sonstiger Form vor der Sitzung zu ermöglichen.
- **Entscheidung über die zu treffende Ordnungsmaßnahme** im Rahmen der Fraktionssitzung auf Grundlage der erörterten Vorwürfe sowie der **Anhörung des Betroffenen**. (Die Entscheidung bedarf in jedem Fall mindestens der **Mehrheit aller Fraktionsmitglieder** bzw. – darüberhinausgehend – der in der Fraktionsgeschäftsordnung **festgelegten Quoren** zur Durchführung der Maßnahme.)
- **Protokollierung des Beratungsverlaufs und der Entscheidungsgründe** im Rahmen der allgemeinen Niederschrift über die Fraktionssitzung unter dem entsprechenden Tagesordnungspunkt.
- **Schriftliche Mitteilung** der Gründe der getroffenen Ordnungsmaßnahme gegenüber dem betroffenen Fraktionsmitglied.

2. Materielle Voraussetzungen zur Durchführung einer Ordnungsmaßnahme

Aufgrund des **Verhältnismäßigkeitsprinzips** ist bei der Verhängung von Ordnungsmaßnahmen eine **abgestufte Sanktionierung** zu berücksichtigen. Das eingesetzte Mittel (die Ordnungsmaßnahme) muss **geeignet** sein, die Pflichtverletzung des Fraktionsmitgliedes von ihrer Wertigkeit her richtig zu erfassen, und darauf abzielen, zukünftige Verstöße zu verhindern. Auch beim Fehlen einer Geschäftsordnung mit einem abgestuften Sanktionssystem verlangt der Grundsatz der Verhältnismäßigkeit, dass mildere Maßnahmen als der Fraktionsausschluss in Betracht gezogen und ggf. auch ergriffen werden (VG Osnabrück, NVwZ-RR 2009, S. 260; VG Potsdam, Beschl. v. 12.06. 2008 – 6 K 445/05 –; vgl. hierzu auch Kleerbaum, KPBl. 11/2008, S. I ff.).

a) Missbilligung (Rüge) des Verhaltens

Das am wenigsten einschneidendste Mittel ist die sog. „**Missbilligung des Verhaltens**“ oder auch „**Rüge des Verhaltens**“. Diese Sanktion kommt insbesondere dann in Betracht, wenn ein Fraktionsmitglied **zum ersten Mal** vorwerfbar und nachweislich gegen die Regeln der Fraktionsgeschäftsordnung verstoßen hat oder ein wiederholter, aber nicht schwerer Verstoß vorliegt.

Diese Maßnahme ist dann gerechtfertigt, wenn ein Fraktionsmitglied z. B.

- (mehrfach) unentschuldigt an Fraktionssitzungen nicht teilgenommen hat;
- unentschuldigt an Rats- und Ausschusssitzungen nicht teilgenommen hat;
- entgegen der abgestimmten Fraktionsmeinung und ohne entsprechenden Hinweis in einer weniger bedeutsamen kommunalpolitischen Angelegenheit eine abweichende Auffassung vertritt;

- unabgestimmt (eigene) Anträge in Sitzungen stellt, die nicht auf der Fraktionslinie liegen;
- seinen Verpflichtungen zur Abhaltung von Sprechstunden oder Beitragszahlungen in die Fraktionskasse nicht nachkommt.

b) Fraktionsausschluss

Die **weitreichendste Ordnungsmaßnahme** stellt der Fraktionsausschluss dar. Als einzige Ordnungsmaßnahme ist er aus Gründen der Rechtssicherheit und -klarheit gemäß § 56 Abs. 2 GO in der Fraktionsgeschäftsordnung zu regeln.

Während die Missbilligung (Rüge) des Verhaltens lediglich den innerfraktionellen Bereich betrifft, wird durch den Fraktionsausschluss gleichzeitig auch die Stellung der Fraktion innerhalb des Rates insgesamt getroffen.

Nicht nur die **Veränderung der Stimmenanteile im Rat und in den Ausschüssen**, denen das ausgeschlossene Fraktionsmitglied angehörte, sondern auch die **Änderung der gemeindlichen Zuwendungen** an die Fraktionen sind regelmäßige Folgen eines entsprechenden Ausschlusses.

Auch das betroffene Fraktionsmitglied wird durch die Maßnahme wesentlich in seiner Stellung als Ratsmitglied geschwächt, weil es einerseits durch den Fraktionsausschluss zu einer **Beeinträchtigung der Informationsmöglichkeiten** kommt, andererseits aber auch zu einem **Verlust an Rechten** führt, die nach der Kommunalverfassung und der Geschäftsordnung des Rates lediglich der Fraktion als Ganzes zugewiesen sind (vgl. im Einzelnen oben D., insbesondere II. bis IV.).

Ob und ggf. unter welchen Voraussetzungen ein Fraktionsmitglied ausgeschlossen werden kann, richtet sich in erster Linie nach den bei der Errichtung der Fraktion getroffenen Absprachen und den hierbei zugrunde gelegten rechtlichen Regelungen – insbesondere der Fraktionsgeschäftsordnung –, die von den Gerichten im Verfahren auf ihre Rechtswirksamkeit hin mit überprüft werden.

Ausgangspunkt eines Ausschlussverfahrens ist, dass ein unter der Voraussetzung grundsätzlicher Übereinstimmung der Beteiligten und mit dem Ziel ihrer persönlichen Zusammenarbeit auf längere Dauer eingegangenes Rechtsverhältnis nur aus „**wichtigem Grund**“ beendet werden kann. Die mit der Bildung einer Fraktion verfolgten politischen Zwecke lassen sich nur so lange erreichen, wie die Mitglieder der Fraktion zumindest in den Grundsatzfragen einig und in Randfragen zu Kompromissen bereit sind.

Der danach **notwendige Grundkonsens** wird deshalb weder durch jede Meinungsverschiedenheit der Fraktionsmitglieder noch durch jedes abweichende Verhalten Einzelner bei der Abstimmung im Rat oder in dessen Ausschüssen in Frage gestellt; er liegt jedoch dann nicht mehr vor, wenn Umstände eintreten, **die das Vertrauensverhältnis nachhaltig und derart stören, dass eine weitere Zusammenarbeit den übrigen Fraktionsmitgliedern nicht zugemutet werden kann**.

Ein wichtiger Grund für einen Fraktionsausschluss ist auch dann gegeben, wenn das für eine sinnvolle Meinungsbildung und die Arbeit der Fraktion **erforderliche Mindestmaß an prinzipieller politischer Übereinstimmung fehlt** oder wenn **durch das Verhalten des Fraktionsmitgliedes das Ansehen der Fraktion in der Öffentlichkeit nachhaltig geschädigt wird**.

Eine entsprechende Situation liegt insbesondere dann vor, wenn als Grund für die Störung des Vertrauensverhältnisses nur Umstände in Frage kommen, die von dem betroffenen Mitglied zu verantworten sind und in seinem alleinigen Einwirkungsbereich liegen.

Ein ausreichender Grund für einen Fraktionsausschluss kann ferner in folgenden Fällen bejaht werden:

- (regelmäßig) abweichendes Stimmverhalten und entsprechende negative Darstellung der Fraktionsmeinung in der Öffentlichkeit;
- Verkündung nationalsozialistischen Gedankengutes durch ein Fraktionsmitglied im Rahmen seiner kommunalpolitischen Tätigkeit;

- wiederholt beleidigende Äußerungen über andere Ratsmitglieder durch das betroffene Fraktionsmitglied;
- mehrmaliges abweichendes Stimmverhalten in der ersten Sitzung des Rates zu Beginn der Wahlperiode unter Verletzung der Offenbarungspflicht;
- Erschweren der Gremienarbeit der Fraktion bis zur Ineffektivität, wobei abweichendes Stimmverhalten in Einzelfragen kein ausreichendes Indiz ist;
- strafgerichtliche Verurteilung eines Fraktionsmitgliedes als wichtigster „parlamentsexterner" Ausschließungsgrund, wobei die Schwere des Delikts, sein politischer Einschlag und der erhobene Schuldvorwurf eine entscheidende Rolle spielen;
- dauerhafte Weigerung, freiwillige Beiträge an die Fraktion zu entrichten.

Als unbegründet ist ein Fraktionsausschluss aber beispielsweise in folgenden Fällen anzusehen:

- einmaliges abweichendes Verhalten bei der Abstimmung über den Haushalt einer Gemeinde bei Einhaltung der Offenbarungspflicht;
- abweichendes Stimmverhalten in einzelnen Fragen wie z. B. hinsichtlich Kindergartengebühren;
- regelmäßige einfache Verstöße gegen die Fraktionsgeschäftsordnung ohne entsprechende Sanktionierung und Fernbleiben des betroffenen Ratsmitgliedes bei den Haushaltsplanberatungen;
- eigene Kandidatur zum (hauptamtlichen) (Ober-) Bürgermeister gegen ein von der Partei bereits nominiertes anderes Fraktionsmitglied;
- die nicht erwiesene Annahme der anderen Fraktionsmitglieder, das betreffende Fraktionsmitglied habe bei der Wahl eines hauptamtlichen Wahlbeamten gegen den Fraktionskandidaten gestimmt;

- das Begehren eines Fraktionsmitgliedes, ein Kreuz aus dem Fraktionszimmer zu entfernen;
- zutreffende öffentliche Kritik eines Fraktionsmitgliedes an einem Bundestagsabgeordneten, zumal wenn die Kritik nicht in Diffamierungsabsicht geäußert wurde, sondern um Lösungen für das zugrundeliegende Problem zu finden.

3. Beurteilungsspielraum der Fraktion und eingeschränkte Prüfungskompetenz der Gerichte

Bei der entscheidenden Frage, ob das konkrete Verhalten des Fraktionsmitgliedes das Erfordernis eines „**wichtigen Grundes**" erfüllt und damit einen Fraktionsausschluss rechtfertigt, ist der Fraktion ein gerichtlich **nur eingeschränkt überprüfbarer Beurteilungsspielraum** zuzubilligen. Es handelt sich dabei um eine Frage, die außerhalb eines rechtlich exakt erfassbaren Bereichs steht. Dabei spielen insbesondere auch persönliche Erfahrungen und Eindrücke innerhalb und außerhalb der Fraktionsarbeit eine nicht unerhebliche Rolle. Letztendlich haben die Fraktionsmitglieder eine **Prognose** zu treffen, ob aufgrund des Verhaltens des Betroffenen eine weitere Zusammenarbeit zumutbar und vertretbar erscheint.

Eine Überprüfung und Einschätzung dieser wertenden Kriterien steht den Gerichten bei der Beurteilung eines Fraktionsausschlusses nur in begrenztem Umfange zu. Es ist nämlich nicht Aufgabe der Gerichte, ihre Beurteilung an die Stelle derjenigen politischen und sonstigen an innerparteilichen Maßstäben ausgerichteten Wertungen zu setzen, nach denen die Fraktion arbeitet und ihre Ziele verfolgt. Demgemäß hat sich die gerichtliche Überprüfung in materieller Hinsicht auf eine **Evidenz – und Willkürkontrolle –** zu beschränken; nämlich darauf, ob allgemein gültige Grundsätze verletzt werden. Diese eingeschränkte Prüfungskompetenz der Gerichte bezieht sich einerseits darauf, ob die Fraktion ihre Entscheidung über den Fraktionsausschluss auf einer **ausreichenden Beurteilungsgrundlage** getroffen hat, d. h., ob die Fraktionsmitglieder die zutreffenden tatsächlichen und rechtlichen Verhältnisse zugrunde gelegt haben und von einem **möglichst vollständig aufgeklärten Sachverhalt** ausgehen konnten. Insoweit trifft z. B. auch das vom Ausschluss bedrohte Fraktionsmitglied die Obliegenheit, die Fraktion seinerseits über alle nicht bekannten bzw. nicht allgemein zugänglichen für ihn günstigen Umstände zu informieren.

Des Weiteren darf die Fraktion bei ihrer Ausschlussentscheidung den Rahmen ihres Beurteilungsspielraumes bzw. ihrer sog. „Einschätzungsprärogative" nicht überschritten haben. Bei der vorzunehmenden Gesamtwürdigung des Verhaltens des Auszuschließenden muss es zumindest „**vertretbar erscheinen**", dass das **Vertrauensverhältnis** des Auszuschließenden zu den übrigen Fraktionsmitgliedern **nachhaltig gestört** ist und dass diesen Mitgliedern die **weitere Zusammenarbeit** mit ihm **nicht mehr zugemutet** werden kann.

4. Ermessen und Verhältnismäßigkeitsgrundsatz

Bei der Gesamtwürdigung des Verhaltens ist gleichzeitig immer auch abzuwägen, ob der Ausschluss die richtige Entscheidung ist oder ob ggf. nicht eine mildere Ordnungsmaßnahme – wie die förmliche Missbilligung des Verhaltens – zum beabsichtigten Ziel führt. Insofern muss das Fraktionsausschlussverfahren rechtsstaatlichen Prinzipien, insbesondere dem **Verhältnismäßigkeitsgrundsatz**, genügen. Maßgeblicher Anknüpfungspunkt ist dabei immer die Frage, ob es Anhaltspunkte dafür gibt, dass **durch weniger einschneidende Maßnahmen** das angestrebte Ziel zur „Wiederherstellung des Vertrauensverhältnisses" überhaupt erreicht werden kann.

Stehen weniger strenge Mittel zur Einwirkung auf das Fraktionsmitglied nicht zur Verfügung bzw. erscheinen sie im Hinblick auf die nachhaltige Störung des Vertrauensverhältnisses unter Berücksichtigung der Umstände des Einzelfalles als ungeeignet, so stehen weder Ermessensgesichtspunkte noch der Grundsatz der Verhältnismäßigkeit einer Ausschlussentscheidung entgegen.

Unter diesen Gesichtspunkten rechtfertigt nur das Vorliegen eines **besonderen schweren Verstoßes gegen die Prinzipien der Fraktionsarbeit oder eine tiefe Zerrüttung des Vertrauensverhältnisses** einen sofortigen Ausschluss aus der Fraktion (Nds. OVG, DÖV

1993, S. 1101, 1102; VG Potsdam, LKV 2004, S. 478, 480). Insgesamt rechtfertigt nicht jedes einmalige Vorkommnis, das für sich betrachtet als schwerwiegender Grund einzustufen ist, den Fraktionsausschluss, wenn das Verhalten des betreffenden Gemeinderatsmitgliedes zur Fraktion im Übrigen loyal ist und mildere Mittel wie eine förmliche Ermahnung bisher nicht angewendet wurden.

Schließlich gebietet der Grundsatz der Verhältnismäßigkeit auch bei Fehlen einer Geschäftsordnung mit einem abgestuften Sanktionssystem, dass **mildere Maßnahmen** als der Fraktionsausschluss in Betracht gezogen und ergriffen werden, die nicht von vorneherein als ungeeignet erscheinen, auf das Fraktionsmitglied angemessen einzuwirken und es zu einer Änderung des kritisierten Verhaltens zu veranlassen (VG Osnabrück, NVwZ-RR 2009, S. 260).

5. Rechtsmittel gegen den Fraktionsausschluss

Aufgrund der einschneidenden Rechtswirkungen des Fraktionsausschlusses auf das betroffene Fraktionsmitglied ist diesem nach allgemeiner Meinung die Möglichkeit der gerichtlichen Überprüfung eröffnet.

Der Streit um die Mitgliedschaft in einer Gemeinderatsfraktion gehört vor die Verwaltungsgerichte (zuletzt VG Braunschweig, Urt. v. 12.09. 2007 – 1 A 37/07 –, m.w.N.).

a) Hauptsacheverfahren

Der Streit um das Bestehen der Mitgliedschaft in einer Ratsfraktion oder die Feststellung über die Ordnungsmäßigkeit weiterer Maßnahmen sind öffentlich-rechtliche Streitigkeiten nichtverfassungsrechtlicher Art i.S.v. § 40 Abs. 1 Satz 1 VwGO, die keinem anderen Gericht zugewiesen sind. Bei der Klageart handelt es sich nach allgemeiner Auffassung um eine **Kommunalverfassungsstreitigkeit** zwischen dem einzelnen Fraktionsmitglied und seiner Fraktion (vgl. im Einzelnen oben D.V. und oben E.V.2.b; weiterführend Schmidt-Jortzig/ Hansen, NVwZ 1994, S. 116).

Die Klage auf Fortbestehen der Fraktionsmitgliedschaft wegen eines unrechtmäßigen Fraktionsausschlusses ist als **Feststellungsklage** i.S.v. § 43 Abs. 1 VwGO statthaft. Das streitige Mitgliedschaftsverhältnis zwischen dem betroffenen Fraktionsmitglied als Kläger und der beklagten Fraktion ist ein **Rechtsverhältnis i.S.v. § 43 Abs. 1, 1. Alternative, VwGO**, an dem der Kläger mit eigenen, ihm als Fraktionsmitglied zugeordneten Rechten beteiligt ist. Der Kläger hat – mit Blick auf die Bedeutung, die die Frage des Fortbestehens der Fraktionsmitgliedschaft für seine Ratsarbeit hat – zudem ein **berechtigtes Interesse** an der baldigen Feststellung des Bestehens dieses Rechtsverhältnisses.

Die Überprüfung der verwaltungsgerichtlichen Entscheidung vor dem Oberverwaltungsgericht NRW ist möglich, soweit dieses über den Antrag auf Zulassung der Berufung der unterlegenen Partei positiv entscheidet. Bis zum rechtskräftigen Abschluss des gerichtlichen Verfahrens kann der Kläger seine Rechte als Fraktionsmitglied weiter ausüben.

b) Vorläufiger Rechtsschutz nach § 123 Abs. 1 Satz 2 VwGO

Neben dem anzustrebenden Hauptsachverfahren besteht für das Ratsmitglied die Möglichkeit, sein Begehren im Wege einer **einstweiligen Anordnung** nach § 123 Abs. 1 Satz 2 VwGO durchzusetzen (vgl. OVG NRW, DVBl. 1973, S. 674 ff.), wobei die allgemeinen Voraussetzungen, die dem Hauptsacheverfahren zugrunde liegen, auch im Rahmen des vorläufigen Rechtsschutzes vorliegen müssen (vgl. oben E.V.2.b). Dem Verfahren nach § 123 Abs. 1 Satz 2 VwGO steht auch das **Verbot der Vorwegnahme der Hauptsache im Verfahren nicht entgegen**, weil es dem Antragsteller nämlich nicht zuzumuten ist, den Ausgang eines von ihm angestrebten Hauptsacheverfahrens auf Gewährung der Rechtsstellung eines Fraktionsmitgliedes abzuwarten.

Im Falle des Fraktionsausschlusses ist daher das angerufene Verwaltungsgericht zur Gewährung eines effektiven Rechtsschutzes gehalten, das Antragsbegehren in der Sache zu prüfen und eine entsprechende einstweilige Anordnung zu erlassen, wenn ein hoher Grad von Wahrscheinlichkeit für einen Erfolg auch im Hauptsacheverfahren spricht.

Ein erfolgreiches Verfahren ist davon abhängig, ob das ausgeschlossene Fraktionsmitglied vor Gericht glaubhaft machen kann, dass ihm gegenüber der Fraktion ein Anspruch auf Beteiligung an der Fraktionsarbeit mit allen Rechten und Pflichten von Fraktionsmitgliedern zusteht (Anordnungsanspruch) und eine einstweilige Anordnung i.S.v. § 123 Abs. 1 Satz 2 VwGO nötig erscheint, um wesentliche Nachteile abzuwenden (**Anordnungsgrund**).

Die sog. Beweislast liegt dabei auf Seiten des ausgeschlossenen Fraktionsmitgliedes als Antragsteller.

Gegen die positive oder negative Beschlussentscheidung des Gerichts besteht die Möglichkeit, im Wege der **Beschwerde** eine erneute Überprüfung der getroffenen verwaltungsgerichtlichen Entscheidung beim Oberverwaltungsgericht NRW zu erlangen. Auch hier bedarf es allerdings – wie im Hauptsacheverfahren – einer **positiven Zulassungsentscheidung**.

c) Passivlegitimation

Klagegegner ist die **Fraktion**. Selbst wenn die Handlung eines Fraktionsvorsitzenden Anlass der Auseinandersetzung ist, ist die Klage gegen die Fraktion zu richten, wenn feststeht, dass der Fraktionsvorsitzende für die Fraktion gehandelt hat. Ist das nicht eindeutig, kann die Klage gegen den Fraktionsvorsitzenden gerichtet werden.

Zusammenfassung

- Fraktionsinterne Ordnungsmaßnahmen können **nur von den Fraktionsmitgliedern** beschlossen werden. Das von der Ordnungsmaßnahme betroffene Mitglied darf bei der Entscheidung mitstimmen. Nichtfraktionsmitglieder können lediglich im Vorfeld beteiligt werden.

- Bei der Durchführung einer Ordnungsmaßnahme gegenüber einem Fraktionsmitglied müssen **strenge formelle Voraussetzungen** beachtet werden. Insbesondere ist das **Verhältnismäßigkeitsprinzip** zu beachten. Die Ordnungsmaßnahme muss geeignet sein, die Pflichtverletzung des Fraktionsmitgliedes von ihrer Wertigkeit richtig zu erfassen, und darauf abzielen, künftige Verstöße zu verhindern.

- Die weitreichendste Ordnungsmaßnahme ist der **Fraktionsausschluss**, der aus Gründen der Rechtssicherheit und –klarheit gemäß § 56 Abs. 2 GO in der Fraktionsgeschäftsordnung zu regeln ist.

- Durch den Fraktionsausschluss wird nicht nur das **betroffene Ratsmitglied in seiner Stellung wesentlich geschwächt**, auch die **Stellung der Fraktion innerhalb des Rates wird berührt** (z. B. Veränderung der Stimmenanteile und der gemeindlichen Zuwendungen).

- In Anlehnung an die Rechtsprechung zum Gesellschafts- und Vereinsrecht sowie die Voraussetzungen für einen Parteiausschluss hat die Rechtsprechung eigene Grundsätze zum Fraktionsausschluss entwickelt. Maßgeblicher Ansatzpunkt ist danach, dass ein Fraktionsausschluss nur aus „**wichtigem Grund**" verhängt werden kann, d. h. Umstände vorliegen, die der Fraktion eine weitere Zusammenarbeit mit dem Auszuschließenden **unzumutbar** machen.

- Die Umstände, die zu einem Fraktionsausschluss führen können, müssen von dem betroffenen Fraktionsmitglied zu verantworten sein und in seinem **alleinigen Einwirkungsbereich** liegen.

- Aufgrund der einschneidenden Rechtswirkungen der Ordnungsmaßnahmen für das betroffene Fraktionsmitglied ist diesem eine **rechtliche Überprüfung** eröffnet. Die Klage auf Fortbestehen der Fraktionsmitgliedschaft wegen eines unrechtmäßigen Fraktionsausschlusses ist als Feststellungsklage vor dem Verwaltungsgericht statthaft. Neben dem Hauptsacheverfahren besteht dort die Möglichkeit einer einstweiligen Anordnung.

VI. Haftung

Ratsmitglieder sind bei Ausübung ihres Amtes als **Beamte im haftungsrechtlichen Sinne** anzusehen. Danach haben sie, wenn sie bei Ausübung ihres Amtes die einem Dritten gegenüber obliegende Amtspflicht verletzen, diesem Dritten den daraus entstehenden Schaden zu ersetzen. Eine solche Schadensersatzpflicht aus § 839 BGB wird allerdings gemäß Art. 34 GG auf die Körperschaft übergeleitet. Das Ratsmitglied haftet also grundsätzlich **nicht persönlich** für in Ausübung des Mandats verursachte Schäden, sondern die Gemeinde haftet im Außenverhältnis (dem Geschädigten gegenüber). Im Innenverhältnis zur Gemeinde haften die Ratsmitglieder nur, wenn sie in **vorsätzlicher oder grob fahrlässiger Verletzung ihrer Pflicht** gehandelt haben (§ 43 Abs. 4 Buchst. a GO). Ein Haftungsgrund liegt auch ausdrücklich vor, wenn Ratsmitglieder bei der Beschlussfassung mitgewirkt haben, obwohl sie nach dem Gesetz hiervon ausgeschlossen waren und ihnen der Ausschließungsgrund bekannt war, oder wenn sie der Bewilligung von Ausgaben zugestimmt haben, für die das Gesetz oder die Haushaltssatzung eine Ermächtigung nicht vorsieht, soweit nicht gleichzeitig die erforderlichen Deckungsmittel bereitgestellt worden sind (§ 43 Abs. 4 Buchst. b und c GO).

Die Amtshaftung setzt eine **schuldhafte Amtspflichtverletzung** voraus. Obgleich dem einzelnen Ratsmitglied regelmäßig keine Amtspflichten gegenüber fremden Dritten obliegen, kann eine Amtspflichtverletzung beispielsweise dann gegeben sein, wenn im Rahmen der Aufstellung von Bebauungsplänen zu Lasten von Grundstückseigentümern erforderliche Änderungen unterlassen worden sind. In diesem Fall wirkt die Amtspflicht zur ordnungsgemäßen Aufstellung eines Bebauungsplans auch direkt gegen die betroffenen Grundstückseigentümer oder sonstigen dinglich Berechtigten. Das Gleiche gilt etwa auch für den Fall, dass der Rat der Gemeinde das nach § 36 Abs. 1 Baugesetzbuch – BauGB erforderliche Einvernehmen rechtswidrig gegenüber einem Bauwilligen verweigert (zur Haftung der Mitglieder eines Planungsausschusses vgl. OLG Hamm, NWVBl. 1995, S. 443 ff.). Für die Annahme eines Verschuldens kommt es nicht auf die tatsächlichen Fähigkeiten des einzelnen Beamten an, sondern auf die **Kenntnisse und Einsichten**, die für die Wahrnehmung des übernommenen Amtes üblicherweise erforderlich sind (Maßstab des pflichtgetreuen Durchschnittsbeamten).

Liegen die Haftungsvoraussetzungen vor, so haften die Ratsmitglieder als **Gesamtschuldner**.

Auch auf die **Fraktionen** finden diese Regelungen der „Amtshaftung" Anwendung, da sie als Teile der kommunalen Vertretungskörperschaften öffentliche Aufgaben wahrnehmen.

Hiervon abgesehen haftet die Fraktion selbstverständlich **aus vertraglicher Verpflichtung** nach den Vorschriften des Bürgerlichen Gesetzbuches. Beim Abschluss von Verträgen handelt für die Fraktion der Vorsitzende oder eine andere für vertretungsberechtigt erklärte Person (z. B. der Fraktionsgeschäftsführer; ausführlich zur Haftung vgl. Smith, in: Kleerbaum/Palmen, GO NRW, § 43, VII.).

F. Fraktionsfinanzierung

I. Zuwendungen an Fraktionen, Gruppen, Einzelratsmitglieder

Die zunehmende Aufgabenverlagerung auf die Kommunen und die voranschreitende Parlamentarisierung der Entscheidungsabläufe mit der Folge weitergehender Spezialisierung und arbeitsteiliger Zuordnung von Aufgaben führen zu einem **erheblichen Informations- und Koordinationsbedarf** in der Fraktionsarbeit.

Zur Erfüllung ihrer politischen Aufgaben, insbesondere zur Wahrnehmung der ihr von der Gemeindeordnung eingeräumten Beteiligungs- und Kontrollrechte gegenüber dem Rat und der hauptamtlichen Verwaltung, bedarf es deshalb ausreichender **sachlicher und finanzieller Grundlagen**.

In Anlehnung an die Rechtsprechung des Bundesverfassungsgerichts zur Fraktionsfinanzierung der Bundestags- und Landtagsfraktionen ist unbestritten, dass den Fraktionen in den Räten, Kreistagen, Landschafts- und Verbandsversammlungen zur Finanzierung des notwendigen sächlichen und personellen Aufwandes, der ihnen bei der Erfüllung ihrer Aufgaben entsteht, **Haushaltsmittel** zur Verfügung gestellt werden können.

1. Finanzierungsanspruch der Fraktionen und Gruppen

Die Möglichkeit zur Finanzierung der Fraktionen aus gemeindlichen Haushaltsmitteln ist in der nordrhein-westfälischen Gemeindeordnung bereits seit 1979 verankert. Vor der Kommunalverfassungsreform 2007 konkretisierte § 56 Abs. 1 Satz 3 GO den Anspruch der Fraktionen einfachgesetzlich dahingehend, dass die Gemeinden den Fraktionen aus Haushaltsmitteln Zuwendungen zu den sächlichen und personellen Aufwendungen für die Geschäftsführung gewähren. Mit der Neufassung der Regelung durch das GO-Reformgesetz 2007 erstreckt sich dieser Anspruch auch auf **eine Gruppe** (§ 56 Abs. 3

Satz 4 GO). Den Fraktionen und Gruppen wird damit ein **originärer und einklagbarer Anspruch** auf die Gewährung von (proportionalen) Zuwendungen aus kommunalen Haushaltsmitteln dem Grunde nach zugesprochen.

Durch die gesetzliche Verankerung steht das „Ob" der Gewährung von Fraktionszuwendungen nicht zur Disposition der jeweiligen Kommune.

Aufgrund der sich auch in der Praxis in vielfältiger Weise veränderten Rahmenbedingungen hat eine Arbeitsgruppe des Landtages NRW unter Federführung des MIK NRW und unter Beteiligung der kommunalpolitischen Vereinigungen diesen ursprünglichen Erlass aus 1989 auf seine Aktualität und Klarheit hin überprüft und Vorschläge für eine Neufassung erarbeitet. Daraufhin hat das MIK NRW die Bezirksregierungen mit Schreiben vom 05.11.2015 – 31-43.02.01-2-2556/15 – über den neuen Erlass zu den „Zuwendungen kommunaler Körperschaften an Fraktionen der Vertretungen" informiert.

Die Regelungen des Alt-Erlasses sind hierbei nicht in Gänze verworfen, sondern vielmehr unter grundsätzlicher Fortgeltung der ursprünglichen Regelungsinhalte neu gefasst worden. In dem neuen Erlass wurde sodann auch der grundsätzliche – einklagbare – Mindestanspruch auf Mittelzuweisung der Fraktionen gegenüber den Kommunen noch einmal ausdrücklich herausgestellt und konkretisiert. Dieser Mindestanspruch umfasst danach eine **generelle Mindestausstattung**, deren **Finanzierung** aus kommunalen Haushaltsmitteln grundsätzlich **allen Fraktionen möglich sein muss** und auf die – auch im Rahmen einer Konsolidierung der kommunalen Haushalte – **nicht verzichtet werden kann**. Gleichzeitig wurden in Fortentwicklung des Alt-Erlasses die Zweckbindung und die Grenzen der Zuwendungsverwendung ausführlich dargestellt (vgl. im Einzelnen dazu sogleich unten; zum Ganzen auch Meyer, a.a.O., S. 257 ff.).

Aktuell findet eine weitere Überarbeitung der Hinweise statt (vgl. hierzu ausführlich unten III.).

2. Finanzierungsquellen

Die Fraktionsfinanzierung erfolgt in der kommunalen Praxis regelmäßig nicht allein aus dem gesetzlich normierten Anspruch der einzelnen Fraktion oder Gruppe auf entsprechende Unterstützung durch die jeweilige **Kommune**, sondern in nicht unerheblichem Maße auch durch **Zahlung von Teilen der Aufwandsentschädigung oder Beiträgen** der einzelnen Fraktionsmitglieder an die Fraktion selbst (zu den Nachweispflichten vgl. § 56 Abs. 3 Satz 2 und 3 GO).

Zum Teil wird die Annahme dieser „privaten" Mittel durch eine Fraktion als unzulässig angesehen. Verwiesen wird insoweit auf die Qualifizierung der Fraktion als Teil der Staatsorganisation, die vollständig aus öffentlichen Geldern zu finanzieren sei. Dem ist jedoch entgegenzuhalten, dass die Abführung der Aufwandsentschädigung der Gemeinderatsvertreter als **private Einkünfte** in ihrer Verwendung nicht durch die öffentliche Hand eingeschränkt werden dürfen. Darüber hinaus kann allein aus dem Umstand, dass den Fraktionen ein gesetzlicher Anspruch auf eine Finanzierung aus öffentlichen Mitteln dem Grunde nach zusteht, nicht gefolgert werden, dass sie allein auf diese staatlichen Mittel beschränkt sind (vgl. ebenso Hölscheidt, DÖV 2000, S. 712, 713 f.). Zugleich können Zweckbindungen und Grenzen, die für die aus öffentlichen Mitteln an die Fraktionen geleisteten Zuwendungen gelten, nicht auch auf diese privaten Mittel angewendet werden. Der Erlass über die Zuwendungen kommunaler Körperschaften an die Fraktionen der Vertretungen begrenzt sodann auch ausdrücklich allein die Verwendung der Zuwendungen aus kommunalen Haushalten, nicht jedoch die Verwendung von Mitteln aus anderen Quellen.

In der Praxis obliegt es dem – ehrenamtlichen oder hauptamtlichen – **Geschäftsführer**, für den ordnungsgemäßen buchungstechnischen Ablauf sowie die ordnungsgemäße Verwendung der Fraktionsmittel Sorge zu tragen. Dies ist beispielsweise in großstädtischen Fraktionen mit einer erheblichen Anzahl von Fraktionsmitgliedern eine sehr umfassende und verantwortungsvolle Aufgabe, die ehrenamtlich kaum zu bewältigen ist.

Steuerrechtliche Rahmenbedingungen spielen bei der Fraktionsfinanzierung allerdings keine Rolle, weil die einzelnen Fraktionen von der Körperschaftsteuer und Umsatzsteuer befreit sind.

3. Höhe der Zuwendungen

§ 56 Abs. 3 Satz 1 GO begründet einen strikten Anspruch bezüglich des „Ob" der Zuwendungen zugunsten der Fraktionen und Gruppen. **Regelungen über die Höhe** der Zuwendungen finden sich im Gesetz dagegen nur vereinzelt (zum Anspruch der Gruppen vgl. § 56 Abs. 3 Satz 4 ff. GO). Hinsichtlich der Fraktionen sind solche Bestimmungen nicht getroffen. Es gibt weder Mindestsätze noch eine Begrenzung der Mittel nach oben.

Aus der Entscheidung des Gesetzgebers, den grundsätzlichen Anspruch der Fraktionen und Gruppen zu normieren, ist aber zu folgern, dass ihnen eine angemessene Mindestausstattung der sächlichen und personellen Aufwendungen für die Geschäftsführung zu gewähren ist.

Maßstab dafür sind nach dem Erlass des MIK NRW die Größe der Gebietskörperschaft, die mit ihr zusammenhängende Komplexität der Aufgaben, die Größe der Fraktionen sowie spezifische Besonderheiten.

a) Kein Anspruch auf Vollkostenerstattung

Zugleich enthält § 56 Abs. 3 Satz 1 GO **keinen Anspruch auf Vollkostenerstattung**. Eine gesetzlich zwingende Erstattung aller Fraktionsgeschäftsführungskosten ließe den Umstand außer Acht, dass den Fraktionen weitere Finanzierungsquellen zur Verfügung stehen, wie Finanzmittel der hinter ihnen stehenden Parteien oder Wählervereinigungen, Spenden Einzelner oder Umlagen der Fraktionsmitglieder.

b) Ermessensentscheidung des Rates

Die Bestimmung der Zuwendungshöhe steht grundsätzlich im pflichtgemäßen Ermessen des Rates. Dies folgt bereits aus der Finanzhoheit der Kommunen. Bei der Festsetzung der Mittel hat der Rat – neben dem haushaltsrechtlichen **Grundsatz der Sparsamkeit und Wirtschaftlichkeit** – die allgemeinen Ermessensgrundsätze, insbesondere den **Grundsatz der Chancengleichheit und das Willkürverbot**, zu beachten.

Bei der Ausübung der Ermessensentscheidung hat die Vertretungskörperschaft allerdings auch zu beachten, dass aufgrund der gewährten Zuwendungen die Fraktionen jedenfalls in der Lage sind, die angemessene Mindestausstattung (dazu sogleich unten 4.) zu finanzieren. Insoweit ist das Ermessen des Rates auf Null reduziert, mithin eine Pflicht zur Gewährung dieser Mindestausstattung entstanden.

Zur fehlerfreien Ausübung des Ermessens ist es erforderlich, den Bedarf zu ermitteln und festzulegen, in welchem Umfang er abgedeckt werden soll, ob und in welchem Umfang also weitere Mittel über die Mindestausstattung hinaus für die Wahrnehmung zulässiger Zwecke bereitgestellt werden sollen.

Nachdem der Bedarf anhand von Erfahrungswerten oder – im Rahmen der erstmaligen Anwendung des Runderlasses – auch in anderer Weise ermittelt wurde, hat die Vertretung zu entscheiden, welche Aufwendungen durch Sachleistungen oder Personalgestellung der Körperschaft abgedeckt und welche in Geld zugewendet werden sollen.

Mit Blick auf die Gruppen ist das Ermessen des Rates überdies dahingehend eingeschränkt, dass eine Gruppe mindestens 90 Prozent einer **proportionalen Ausstattung** erhält.

Die proportionale Ausstattung entspricht zwei Drittel der Ausstattung, welche die kleinste Fraktion erhält oder erhalten würde.

Beispiel:

Die Größe des Stadtrates einer kreisfreien Stadt beträgt 80 Mitglieder. Die Mindestgröße einer Fraktion muss damit aus drei Mitgliedern bestehen. Die kleinste Ratsfraktion erhält Zuwendungen in Höhe von 9.000 Euro jährlich.

Eine Gruppe mit zwei Mitgliedern erhält damit eine

- proportionale Ausstattung: 2/3 von 9.000 € = 6.000 €
- Mindestzuwendung: 90 Prozent von 6.000 € = 5.400 €

Die konkrete Festlegung und Regelung der Zuwendungshöhe erfolgt in der Praxis entweder durch **Ratsbeschluss** oder durch eine **Hauptsatzungsregelung** für die laufende Wahlperiode.

Dem Rat ist es bei der Verteilung zwischen den Fraktionen und Gruppen unbenommen, **differenzierte Bemessungen** hinsichtlich der Höhe der Fraktionszuwendungen in oben aufgezeigten Grenzen festzulegen. Der Gleichbehandlungsgrundsatz verbietet nicht, die Höhe der Zuwendungen an Fraktionen in Abhängigkeit von deren Mitgliedschaft zu staffeln. Eine **Differenzierung nach der Anzahl der in einer Fraktion zusammengeschlossenen Ratsmitglieder** ist sachgerecht, weil sie sich an der typischerweise vorzufindenden Bedarfslage der Fraktionen und an deren kommunalverfassungsrechtlichen Funktion orientiert. Soweit für größere Fraktionen ein gegenüber kleineren Fraktionen überproportional hoher Koordinierungsbedarf vorhanden ist (z. B. Größe der Räumlichkeiten, Computer, Fax, Bestellung eines Fraktionsgeschäftsführers), sind Zuwendungssteigerungen nicht nur proportional, sondern auch in „**Stufen**“ oder „**Sprüngen**“ zulässig. Andererseits wird bezüglich bestimmter Kostenfaktoren (z. B. Literatur, Grundausstattung und Unterhaltung eines Büros) ein Grundbedarf bestehen, der eine Art **Sockelbetrag** erforderlich macht. Eine rein proportionale Mittelverteilung nach Köpfen ist deshalb nicht zulässig (BVerwG, Urteil v. 05.07.2012 – 8 C 22/11 –). Ebenso wenig ist es rechtmäßig, bei unterschiedlich großen Fraktionen einen linear proportionalen Schlüssel für die Verteilung der Mittel zu wählen, da die grundsätzliche Gleichheit der Mandatswahrnehmung nicht beeinträchtigt werden darf.

In der Praxis üblich und unter Berücksichtigung dieser Gesichtspunkte als zulässiger Maßstab anerkannt, ist eine Regelung, nach der für jede Fraktion ein **Grundbetrag als Sockelbetrag** – ergänzt um einen Pro-Kopf-Betrag je Fraktionsmitglied – gezahlt wird. In Betracht kommen auch andere Modelle, z. B. eine degressiv-proportionale Verteilung, welche die ersten Mitglieder einer Fraktion stärker gewichtet als spätere.

Sinnvoll dürfte angesichts der den Fraktionen zustehenden Mindestausstattung allerdings die Zahlung eines Sockelbetrages sein. Dieser wiederum sollte sich sinnvollerweise an den Aufwendungen orientieren, die – bezogen auf jede Fraktion – für die Abdeckung der angemessenen Mindestausstattung ermittelt wurde.

c) Zuwendungsverfahren

Hinsichtlich der Art und Weise der Finanzierung ist weitgehend anerkannt, dass **eine Gewährung der Zuwendungen vorab** in pauschaler Form zulässig ist, da die Fraktionen und Gruppen Mittel für laufende Ausgaben haben müssen. In der Praxis erfolgt regelmäßig eine monatliche oder vierteljährliche Vorauszahlung der Fraktionszuwendungen.

In Anlehnung an die automatische Anpassung der Entschädigungsregelungen für Ratsmitglieder wird in der Praxis zunehmend dazu übergegangen, auch für die Fraktionszuwendungen auf Grundlage des jeweiligen Lebenshaltungskostenindexes eine entsprechende Anpassung festzulegen, um den oftmals unangenehmen politischen Diskussionen zur Erhöhung der Fraktionsmittel entgegenzuwirken.

4. Zulässiger Verwendungszweck

Nach § 56 Abs. 3 Satz 1 GO sind Zuwendungen zu den sächlichen und personellen Aufwendungen für die Geschäftsführung zu gewähren.

Da eine weitergehende Konkretisierung dem Gesetz nicht zu entnehmen ist, ist zur Bestimmung des zulässigen Verwendungszwecks vorrangig auf den organschaftlichen **Aufgabenbereich kommunaler Fraktionen** zurückzugreifen. Zuwendungsfähig sind danach alle Aufwendungen, die aus Aufgaben der Fraktion resultieren, die ihr aufgrund ihrer Rechtsstellung zukommen und deren Wahrnehmung nicht gegen geltendes Recht verstößt.

a) Rechtliche Grenzen

Die Zuwendungspraxis wird durch zwei wesentliche Verfassungsgrundsätze begrenzt:

Nach dem **Verbot der Doppelentschädigung** dürfen Fraktionszuwendungen keinen Ersatz für Entschädigungen darstellen, deren Gewährung an die Mitglieder bereits durch Rechtsvorschriften (Gemeindeordnung, Entschädigungsverordnung) abschließend geregelt worden sind (Aufwandsentschädigung, Sitzungsgeld, Fahrkostenerstattung).

Verfassungsrechtlich unzulässig sind darüber hinaus solche Zuwendungen, die über die unmittelbaren Bedürfnisse der Fraktionen hinausgehen und der dahinterstehenden Partei zugutekommen. Insofern hat die Rechtsprechung festgestellt, dass insbesondere die staatlich finanzierte **Öffentlichkeitsarbeit** einer (Parlaments-) Fraktion zugunsten einer Partei den Spendenbegriff des Parteiengesetzes erfüllen und damit Sanktionen nach dem Parteiengesetz auslösen kann. Den (Parlaments-) Fraktionen ist es deshalb verfassungsrechtlich insbesondere **verwehrt**, aus öffentlichen Mitteln zur Verfügung gestellte Zuschüsse **zur Finanzierung des Wahlkampfs der Parteien** zu verwenden (BVerfG, Beschl. v. 19.05.1982 – 2 BvR 630/81 –).

Dieses **Verbot der unzulässigen Parteienfinanzierung** ist auch im kommunalen Bereich zu beachten. Es findet seinen Ausdruck u. a. darin, dass sich die Höhe der Zuwendungen an die Fraktionen an der **Wahrnehmung der Beteiligungs- und Kontrollrechte** der einzelnen Fraktionen im Rahmen der gesamten Ratsarbeit zu orientieren hat. Zuwendungsfähig sind nur die Aufwendungen, die mit Blick auf die kommunale Selbstverwaltung in den **Aufgabenbereich der Fraktionen** gehören. Bundes- oder landespolitische Themen fallen immer dann nicht in den Aufgabenbereich der Räte und damit der Fraktionen, wenn kein **unmittelbarer gemeindlicher Bezug** im Einzelfall gegeben ist. Ein strenger Maßstab ist insoweit insbesondere auch bei der Öffentlichkeitsarbeit zu fordern. Deshalb dürfte es z. B. unzulässig sein, wenn eine Fraktion in ihrer aus öffentlichen Mitteln finanzierten Fraktionssitzung „Werbung“ für den örtlichen Bundestags- oder Landtagsabgeordneten macht.

Aber auch umgekehrt ist darauf zu achten, dass nicht unzulässigerweise Mittel der Partei an die Fraktion fließen. Die Parteien dürfen ihre Mittel ausschließlich für die **ihnen nach dem Grundgesetz und dem Parteiengesetz obliegenden Aufgaben** nutzen (§ 1 Abs. 4 PartG i.V.m. der Finanzordnung). Deshalb dürfen alle Aktivitäten, die nicht der politischen Willensbildung dienen, wie z. B. fraktionsinterne Veranstaltungen, nicht von der Partei finanziell gefördert werden.

Umgekehrt ist eine Teilfinanzierung der Fraktion aus Mitteln der Partei im Grundsatz möglich (vgl. Morlok, ParteiG / Martin Morlok, ParteiG § 25 Rn. 2, beck-online).

Gemeinsame Veranstaltungen und Projekte von Partei und Fraktion sind ebenfalls möglich und werden nicht ausgeschlossen. Die durch eine solche gemeinsame Veranstaltung oder ein gemeinsames Projekt entstehenden Kosten sind in einem der jeweiligen Beteiligung angemessenen Verhältnis aufzuteilen und untereinander nach den Grundsätzen einer ordnungsmäßigen Buchführung abzurechnen. Bei gemeinsamen Veranstaltungen ist nach wie vor wichtig, dass sowohl Partei als auch Fraktion als getrennte Rechtssubjekte nach außen deutlich wahrnehmbar sind. Hierauf ist insbesondere dann ein gesteigertes Augenmerk zu legen, wenn Personenidentität vorliegt. Nach außen kann dies z. B. schon durch eine entsprechend eindeutige Einladung auf einem gemeinsamen Briefbogen von Partei und Fraktion oder durch unterschiedliche Logos und Aufsteller von Fraktion und Partei deutlich gemacht werden.

Ergänzt werden diese Vorgaben durch die haushaltsrechtlichen Grundsätze der **Sparsamkeit** und **Wirtschaftlichkeit**. Danach ist der angestrebte politische Zweck mit möglichst geringem finanziellen Aufwand zu erreichen.

Grundsätzlich sind die Fraktionen dann jedoch frei in der Verwendung der ihnen zugewiesenen Mittel, soweit sie diese für die Finanzierung zulässiger Verwendungszwecke einsetzen. Eine Spitzabrechnung findet nicht statt.

b) Verwendungszwecke

Unter Beachtung der oben genannten Grenzen ist die **Verwendung** von Fraktionszuwendungen aus Haushaltsmitteln der Gebietskörperschaften insbesondere für folgende Zwecke als **zulässig** zu erachten:

Die zulässigen Verwendungszwecke unterteilen sich in solche, die generell zu einer angemessenen Mindestausstattung zählen, jeder Fraktion zur Verfügung stehen müssen und vom Sockelbetrag umfasst sein könnten (vgl. unten [1]). Daneben gibt es zulässige Verwendungszwecke, die aufgrund der Größe der Gebietskörperschaft und der Fraktion zu einer angemessenen Mindestausstattung gehören können, aber nicht zwingend müssen (vgl. unten [2]), sowie weitere zulässige Verwendungszwecke, über deren Bereitstellung die jeweiligen Vertretungen im Rahmen ihrer Ermessensausübung entscheiden müssen (vgl. unten [3]).

[1] Generelle Mindestausstattung

Zu einer generellen Mindestausstattung, deren Finanzierung aus kommunalen Mitteln grundsätzlich jeder Fraktion möglich sein muss, zählen nachfolgend aufgeführte Verwendungszwecke:

- Räume -

Zulässig ist die Anmietung von Räumen (einschließlich Nebenkosten) für die Fraktionsarbeit/Fraktionsgeschäftsstelle sowie dauernd oder bedarfsweise für die Durchführung von Fraktions- und Arbeitskreissitzungen.

Die Körperschaft kann den Fraktionen entweder die Räume unentgeltlich zur Verfügung stellen oder entsprechende Geldmittel bereitstellen.

In jedem Fall müssen den Fraktionen jedoch Räumlichkeiten in einem Umfang zur Verfügung stehen, der es ihnen ermöglicht, darin die Fraktionsarbeit durchzuführen.

Mit Blick auf den ebenfalls anerkannten Mindestanspruch auf eine gewisse Geschäftsausstattung (sogleich folgend) müssen die Räumlichkeiten zunächst einen Büroraum umfassen, in dem diese Ausstattung wie auch Möglichkeiten zur Aufbewahrung und Archivierung von Unterlagen, der die Fraktionen mitunter aus gesetzlichen Gründen ebenso nachzukommen haben, untergebracht werden kann.

Zu einem Kernelement der Fraktionsarbeit gehören regelmäßige Sitzungen einer Fraktion oder von ihr eingerichteter Arbeitskreise. Deshalb muss der Umfang der Räumlichkeiten auch diesen Teil nebst unbeschränktem Zugang zu sanitären Anlagen in der Bemessung der Zuwendungen als Mindestausstattung berücksichtigen.

Der uneingeschränkte Zutritt zu den innerhalb von Verwaltungsgebäuden zur Verfügung gestellten Räumlichkeiten auch außerhalb der allgemeinen Öffnungszeiten der Verwaltung, ggf. auch am Wochenende, muss sichergestellt sein.

Soweit die Fraktion Personal beschäftigt, sind auch dafür Räumlichkeiten nach Maßstäben zur Verfügung zu stellen, die in kommunalen Verwaltungen allgemein anerkannt sind und den allgemein gültigen arbeitsrechtlichen Vorschriften entsprechen.

In dem Fall, dass die Fraktionen für die Anmietung von Räumlichkeiten entsprechende Geldmittel erhalten, müssen diese auch die notwendigen Nebenkosten umfassen, die üblicherweise in einem Mietverhältnis anfallen. Die Höhe der Geldmittel muss grundsätzlich so bemessen sein, dass die Anmietung zumindest durchschnittlicher Räumlichkeiten in der Nähe des Rathauses möglich ist, wobei die

Höhe des Mietspiegels für Büroräume in der entsprechenden Gemeinde angemessen bei der Bemessung der Höhe der Geldmittel zu berücksichtigen ist.

- Laufende Fraktionsarbeit -

Zu einer generellen Mindestausstattung, die allen Fraktionen zur Verfügung stehen muss, zählen Haushaltsmittel, die eine Abwicklung der Geschäftsbedürfnisse für die laufende Fraktionsarbeit zulassen.

Hierzu gehören zunächst – soweit nicht vorhanden – finanzielle Mittel zur Anschaffung von Büromöbeln sowie einer IT-Ausstattung.

Bei der Wertigkeit neu anzuschaffender Gegenstände sollten sich die Fraktionen an dem Maßstab neu anzuschaffender Gegenstände für die Verwaltung in der Kommune orientieren. Dasselbe gilt für abgenutzte Gegenstände, die wiederbeschafft werden müssen. Hier sollten die im Rahmen des NKF üblichen und in der Verwaltung angesetzten Abschreibungsdauern zugrunde gelegt werden.

Neben der Anschaffung von Büromöbeln und der IT-Ausstattungen muss es den Fraktionen aus den Zuwendungen möglich sein, wiederkehrende Kosten für Bürobedarf, Porto, Anschluss und Betrieb der Internetnutzung sowie Telekommunikation einschließlich notwendiger Lizenzen, Wartung der Technik und Ausstattung angemessen abzudecken.

- Print- und Onlinemedien -

Den Fraktionen müssen im Rahmen der generellen Mindestausstattung Mittel für die Beschaffung einer Grundausstattung an Print- und Onlinemedien zur Verfügung stehen. Vorrangig sind die Fraktionen jedoch darauf verwiesen, verwaltungseigene Bibliotheken zu nutzen. Zu einer Grundausstattung an Print- und Onlinemedien dürften einerseits die örtliche Tagespresse wie auch Veröffentlichungen der jeweiligen kommunalpolitischen Vereinigungen gehören sowie der Bezug oder der Onlinezugang zu einer überörtlichen täglich erscheinenden Tageszeitung.

Der Zugang zu einer Onlinerechtsdatenbank, wie sie die Kommunalverwaltungen nutzen, ist ebenfalls – auch soweit wiederkehrende Leistungen erforderlich sind – von der Mindestausstattung umfasst.

Nicht erfasst sind jedoch die Beschaffung von Print- und Onlinemedien und die Einrichtung eines solchen Onlinezugangs für jedes Fraktionsmitglied, da dies von der Aufwandsentschädigung abgedeckt ist.

- Mitgliedschaft in kommunalpolitischen Vereinigungen -

Um die in den kommunalen Gremien regelmäßig anstehenden Debatten führen und Entscheidungen sowohl in rechtlicher als auch fachlicher Hinsicht treffen zu können, muss es den Fraktionen im Sinne einer Mindestausstattung ermöglicht werden, durch die Mitgliedschaft in einer kommunalpolitischen Vereinigung und/oder die Inanspruchnahme externer Beratungsleistungen (in einem vergleichbaren und angemessenen Umfang) die entsprechenden Beratungsleistungen regelmäßig und dauerhaft abzurufen.

Aus diesem Grund sind die jährlichen satzungsgemäßen Beiträge für eine Mitgliedschaft in einer kommunalpolitischen Vereinigung als generelle Mindestausstattung, deren Finanzierung aus kommunalen Haushaltsmitteln allen Fraktionen möglich sein muss, anerkannt.

[2] Erweiterte Mindestausstattung

Über die zuvor genannten zulässigen Verwendungszwecke, die zwingend im Sinne einer angemessenen Mindestausstattung zu gewähren sind, können insbesondere aufgrund der Größe der Gebietskörperschaft und der Fraktionen zu einer angemessenen Mindestausstattung weitere Verwendungszwecke zählen.

- Personal -

Hierzu gehört die Beschäftigung von Personal:

- für die Sicherung der organisatorischen Abläufe und des Informationsaustausches (Geschäftsstellenbetrieb),

- Fachkräfte für Sachgebiete der Fraktionsarbeit.

Der zulässige Umfang der Beschäftigung von Fachpersonal hängt von der Größe der Fraktion, der Größe der Gebietskörperschaft und der mit ihr zusammenhängenden Komplexität der Aufgaben ab.

Soweit Fraktionen aufgrund ihrer Arbeitgebereigenschaft zu Arbeitgeberleistungen herangezogen werden, ist dies bei der Bemessung der Verteilungsmasse und deren Verteilung zu berücksichtigen.

- Öffentlichkeitsarbeit -

Öffentlichkeitsarbeit insbesondere durch:

- Herausgabe von Presseerklärungen
- Pressekonferenzen (inkl. Bewirtung)
- eigene Publikationen
- Internetauftritt
- Soziale Medien.

Die Öffentlichkeitsarbeit der Fraktion ist in § 56 Abs. 2 GO NRW als gesetzlich genannte Aufgabe anerkannt.

Dazu zählt, dass kommunale Fraktionen in der Lage sein müssen, mit den ihnen zur Verfügung gestellten Haushaltsmitteln Öffentlichkeitsarbeit durchzuführen. Hierzu gehört es zum einen, Presseerklärungen herauszugeben und mit Vertretern der Presse entsprechende Konferenzen durchzuführen.

Ferner sind von der erweiterten Mindestausstattung der Aufbau, der Betrieb sowie die Pflege eines Internetauftritts sowie einer Präsentation in den sozialen Medien umfasst. Dies schließt zugleich auch die Abführung an die Künstlersozialkasse ein, soweit diese Leistungen an Dritte beauftragt werden.

Nicht zuletzt dürfen die Fraktionen eigene Publikationen entwerfen und auch im Rahmen der Öffentlichkeitsarbeit den Bürgerinnen und Bürgern sowie Parteimitgliedern zur Verfügung stellen. Entscheidend ist jedoch immer, dass sich der Inhalt der Publikationen auf die Arbeit der Fraktionen bezieht und nicht auch die Parteiarbeit umfasst. Hierauf ist insbesondere während der Wahlkampfzeit zu achten.

[3] Weitere zulässige Verwendungszwecke

Die Vertretungen müssen bei der Bemessung der Zuwendungshöhe zuletzt auch noch entscheiden, ob und in welchem Umfang sie den Fraktionen Mittel für die Finanzierung sonstiger zulässiger Verwendungszwecke zur Verfügung stellt. Eine Verpflichtung zur Zuweisung, wie sie bei den Mitteln im Rahmen der Mindestausstattung besteht – obliegt den Vertretungen dabei jedoch nicht, auch wenn es sicherlich sinnvoll sein wird, den Fraktionen auch einen bestimmten Betrag für die Finanzierung der nachfolgenden Aufgaben zur Verfügung zu stellen.

- Fortbildung -

Zulässig ist die Mittelverwendung für die Fortbildung der Fraktionsmitglieder und Fraktionsmitarbeiter

- durch eigene Tagungen und Vortragsveranstaltungen,
- durch Teilnahme an Kongressen, Vorträgen und Seminaren fachlicher Art

bezogen auf die Aufgaben der Gebietskörperschaft und der Fraktion (z. B. Fachtagungen der kommunalpolitischen Vereinigungen) einschließlich der Fahrkosten nach Landesreisekostengesetz (LRKG).

- Fahrzeuge -

Zulässiger Verwendungszweck können die Anschaffungs- und Betriebskosten von Fahrzeugen für Fahrten der Fraktionsgeschäftsstelle sowie der Transport von Material sein.

Ein Bedarf für die Gestellung oder Anschaffung eines Kraftfahrzeugs wird allerdings nur in Großstädten, großflächigen Gemeinden und Kreisen anzuerkennen sein.

Gerade für die Anschaffung eines Fahrzeugs gilt in Anbetracht der damit einhergehenden Anschaffungs- und Unterhaltungskosten das Gebot der Wirtschaftlichkeit und der Sparsamkeit. Die Nutzung des Kfz darf nur für Zwecke der Fraktion erfolgen.

- Auswärtige Klausursitzungen -

Auswärtige Klausursitzungen aus besonderen Anlässen sind grundsätzlich zulässig. Die auch für die Fraktionen geltende Verpflichtung, Haushaltsmittel sparsam und wirtschaftlich zu verwenden, erfordert Eingrenzungen der Art der Anlässe (z. B. Haushaltsberatungen, grundlegende Planungen der Körperschaft), der Anzahl, der Dauer und der maximalen Entfernung vom Ort der Vertretung.

Diese Entscheidung muss in Form von allgemeinen Regelungen einheitlich von der kommunalen Vertretung getroffen werden. Die Grundsätze der Wirtschaftlichkeit und Sparsamkeit sind dabei ebenso zu beachten wie der Grundsatz der Gleichbehandlung der Fraktionen. Die Reisekosten der Fraktionsmitglieder trägt unmittelbar die Körperschaft, da es sich um genehmigungspflichtige Dienstreisen im Sinne des § 6 der Verordnung über die Entschädigung der Mitglieder kommunaler Vertretungen und Ausschüsse (Entschädigungsverordnung – EntschVO) handelt.

- Hinzuziehung von Sachverständigen und Referenten, Bewirtung von Gästen -

Zulässig ist die Erstattung von Kosten für die Hinzuziehung von Sachverständigen und Referenten inklusive ihrer Bedienung.

Erstattungsfähige Kosten für die Sachverständigen und Referenten sind Honorare in angemessenem Umfang und Fahrtkosten sowie (im Einzelfall) Übernachtungskosten.

Die Bewirtung der Gäste hat sich ebenfalls auf ein angemessenes Maß zu beschränken. Als angemessen darf die Versorgung des Sachverständigen und Referenten mit nicht alkoholischen Getränken sowie belegten Brötchen oder vergleichbarer Speisen sowie bei auswärtigen Klausurtagungen im Rahmen einer Tagungspauschale zur Verfügung gestellte sonstige Verpflegung angesehen werden.

- Veranstaltungen außerhalb von Fraktionssitzungen -

Die Durchführung von Veranstaltungen – insbesondere von Informationsveranstaltungen – ist zulässig, sofern ein Bezug zur Fraktionsarbeit besteht.

Die Fraktionen dürfen im Rahmen dieser Veranstaltungen neben den Kosten für Raummiete und der Kosten für Verpflegung auch Referentenkosten in angemessenem Umfang übernehmen.

- Reisen -

Reisen der Fraktion, einzelner Mitglieder im Auftrag der Fraktion oder von Fraktionsmitarbeitern, wenn sie der Vorbereitung von Initiativen der Fraktion in der Vertretung oder der Meinungsbildung zu Entscheidungen dienen, die in der Vertretung anstehen (Informationsreisen), sind zulässig.

Es handelt sich dabei nicht um Dienstreisen im Sinne des § 6 EntschVO, die von der Genehmigung der kommunalen Vertretung abhängig sind. Folglich kann die Reisekostenvergütung aus den Fraktionszuwendungen gezahlt werden. Aus Gründen der Gleichbehandlung sowie der Wirtschaftlichkeit und Sparsamkeit ist die Reisekostenvergütung nach den Vorschriften des LRKG zu bemessen.

5. Unzulässige Verwendungszwecke

Unzulässig ist die Verwendung von Fraktionszuwendungen aus Haushaltsmitteln der Gebietskörperschaft dagegen z. B. für folgende Zwecke:

- Aufwandsersatz der Fraktionsmitglieder für Fraktionssitzungen am Ort der Vertretung -

Zahlungen zu diesem Zweck sind unzulässig, da die Fraktionsmitglieder von der Körperschaft bereits Sitzungsgeld und Fahrkostenersatz erhalten. Auch die Zahlung für Sitzungen, die die Zahl der von der kommunalen Vertretung festgelegten entschädigungsfähigen Sitzungen (§ 45 Abs. 3 Satz 2 GO) überschreiten, ist unzulässig, da hierdurch die Entscheidung der kommunalen Vertretung umgangen würde, für wie viele Fraktionssitzungen die Inanspruchnahme öffentlicher Mittel durch die Mandatsträger ermöglicht werden soll.

- Verfügungsmittel des Fraktionsvorsitzenden -

Verfügungsmittel des Fraktionsvorsitzenden, aus denen beispielsweise kleinere Geschenke, Fahrkosten, Telefonkosten und sonstige Büroaufwendungen gezahlt werden sollen.

Dieser Aufwand ist entweder mit der erhöhten Aufwandsentschädigung abgegolten, oder es handelt sich um Geschäftsbedürfnisse für die laufende Fraktionsarbeit.

- **Fahrkosten -**

Die Erstattung von Fahrkosten zu Fraktionssitzungen aus Fraktionszuwendungen ist unzulässig, wenn dafür eine Kur oder der Urlaub unterbrochen wird.

Es handelt sich um Dienstreisen im Sinne des § 6 EntschVO, über deren Genehmigung die kommunale Vertretung entscheidet und die von dem Fraktionsmitglied unmittelbar mit der Körperschaft abzurechnen sind. Die Reisekostenvergütung bemisst sich nach den Bestimmungen des LRKG.

- Weitere Beispiele für unzulässige Verwendungszwecke -

- Teilnahme an Kongressen, Vorträgen, Seminaren von Parteigliederungen, die nicht regelmäßig Fortbildung betreiben,

- Teilnahme an Parteitagen oder -kongressen,
- Durchführung von Bildungsreisen der Fraktion,
- Spenden (z. B. an Altenheime, Vereine etc.).

II. Finanzkontrolle

Während die Verwendung der „privaten Mittel" lediglich den allgemeinen Bestimmungen und den konkreten Nachweisen der Fraktionsführung gegenüber der Fraktion unterliegen (anderer Auffassung Meyer, S. 290), gelten für die Zu- und Verwendung kommunaler Mittel besondere Vorschriften.

Gemäß § 56 Abs. 3 Satz 2 GO sind die öffentlichen Zuwendungen an die Fraktionen und Gruppen haushaltsrechtlich darzustellen. Auch unter Geltung des Neuen Kommunalen Finanzmanagements (NKF) erfolgt dies in einer gesonderten Anlage zum Haushaltsplan, sodass eine hinreichende Transparenz gewährleistet ist und dem durchaus verbreiteten Eindruck der Bürger entgegengewirkt wird, die Ratsmitglieder und Fraktionen bedienten sich aus Steuermitteln der Gemeinde „um ihrer selbst willen".

Darüber hinaus haben die Fraktionen über die Verwendung der Zuwendungen einen Nachweis zu führen, der unmittelbar dem (Ober-) Bürgermeister zuzuleiten ist. Um der Gefahr der verschleierten Parteienfinanzierung und eines Verstoßes gegen eine nicht ordnungsgemäße Mittelverwendung entgegenzuwirken, wurde neben der Offenlegung der gewährten Mittel im Haushaltsplan auch dieser Nachweis über ihre Verwendung verpflichtend festgeschrieben (§ 56 Abs. 3 Satz 3 GO).

Dabei zielt der Verwendungsnachweis nicht nur darauf ab, die ordnungsgemäße Verwendung der Mittel zu überprüfen, sondern er dient zugleich als Bemessungsgrundlage für die gemeindlichen Zuwendungen des folgenden Haushaltsjahres und als Nachweis, dass die Bedürfnisse der Fraktionen die Zuteilung der öffentlichen Mittel rechtfertigen.

Die Fraktionen haben den Nachweis über die ihnen zur Geschäftsführung gewährten Mittel in einfacher Form zu führen. Dies bedeutet, dass eine Glaubhaftmachung der Ausgaben – ähnlich den Anforderungen im Steuerrecht – die rechtlichen Vorgaben erfüllen. Es bedarf deshalb nicht der Vorlage einer detaillierten Jahresrechnung oder eines Jahresabschlusses mit einer Aufschlüsselung aller Einnahmen und Ausgaben, sondern es reicht aus, die wesentlichen Ausgabenarten (z. B. Personalausgaben, Bürokosten, Reisekosten, Fachliteratur, Öffentlichkeitsarbeit, Fortbildung) summarisch darzustellen und eine Versicherung des Fraktionsvorsitzenden, dass die Haushaltsmittel und Sachleistungen bestimmungsgemäß, d. h. nur für die Geschäftsbedürfnisse der Fraktion verwendet wurden, beizufügen.

Unabhängig von dem Mittelnachweis gegenüber dem (Ober-) Bürgermeister steht es den Fraktionen frei, intern eine zusätzliche Kontrolle der Einnahmen und Ausgaben durch die Bestellung von der Fraktion angehörigen Kassenprüfern einzuführen.

Die Überprüfung des Nachweises der Fraktion über die Mittelverwendung durch den (Ober-) Bürgermeister ist auf eine reine Schlüssigkeitsprüfung beschränkt. Ein materielles Prüfungsrecht steht dem (Ober-) Bürgermeister nicht zu. Auch die Einbindung der örtlichen Rechnungsprüfung oder des Rechnungsprüfungsausschusses sind unzulässig. Andernfalls besteht die Gefahr, dass er in den internen Willensbildungsprozess der Fraktionen eingreift oder sich die Fraktionen gegenseitig kontrollieren könnten. Eine lückenlose Überprüfung aller Belege sowie eine Zweckmäßigkeitskontrolle sind daher nicht zulässig.

Nur für den Fall, dass die summarische Überprüfung oder in anderer Weise begründete Zweifel an der rechtmäßigen Verwendung der Haushaltsmittel entstanden sind, kann der Hauptverwaltungsbeamte der betroffenen Fraktion die Gelegenheit geben, die Zweifel auszuräumen. Dies kann auch durch die Vorlage von Belegen erfolgen.

Können die Zweifel nicht ausgeräumt werden, hat der Hauptverwaltungsbeamte das Recht und die Pflicht, nicht bestimmungsgemäß verwendete Mittel zurückzufordern oder mit zukünftigen Zuwendungen zu verrechnen.

Der Verwendungsnachweis muss neben der Vorlage an den (Ober-) Bürgermeister auch der Prüfung durch die Gemeindeprüfungsanstalt (GPA) zugänglich sein, die bei begründeten Zweifeln an der ordnungsgemäßen Verwendung der Mittel auch entsprechende Belege einsehen darf.

In der Praxis tritt häufig die Frage auf, wie lange die Belege für den Verwendungsnachweis der Fraktion aufzubewahren sind. Eine ausdrückliche gesetzliche Regelung zum Zeitraum der Aufbewahrungspflicht findet sich nicht. Im Steuerrecht ist eine Dauer von 10 Jahren anerkannt und gesetzlich festgeschrieben. Dieser 10-Jahres-Zeitraum dürfte angesichts ausdrücklicher Regelungen sicherlich auch als maximales Zeitfenster für die Aufbewahrung von Belegen der Fraktion gelten. Im Grunde dürfte sich die Pflicht allerdings auch nur auf die vorherige und laufende Wahlperiode beziehen. Im Zweifel sollte die Aufbewahrung an die Prüfungsperioden der Gemeindeprüfung geknüpft werden. Obgleich die örtliche Rechnungsprüfung grundsätzlich keinen Anspruch auf Einsichtnahme in die Unterlagen hat, sollten die Belege so lange aufbewahrt werden, bis das Gemeindeprüfungsamt das jeweilige Haushaltsjahr geprüft hat. Überdies bietet es sich an, im Ältestenrat, dem Hauptausschuss oder dem Rat (im nichtöffentlichen Teil) einen Beschluss über die Aufbewahrungsfristen herbeizuführen.

Problematisch ist in der Praxis oftmals ferner, ob die Fraktionen aus den ihnen von der Gemeinde zur Verfügung gestellten Geldern Rücklagen bilden dürfen. Zumindest bei größeren Fraktionen ist eine Rücklagenbildung für größere Anschaffungen oder Personalkostenzahlungen nahezu unumgänglich.

Das zuständige Ministerium hält bisher eine Rücklagenbildung aus Gemeindemitteln durch die Fraktionen für grundsätzlich unzulässig. § 56 Abs. 3 GO ermögliche nur die Gewährung von Zuwendungen zu den Aufwendungen für die Geschäftsführung: Dies bedeute im Grunde eine nachträgliche Zuwendung zu den Aufwendungen (auch zu den außergewöhnlichen großen Aufwendungen), gestatte aber den Fraktionen keine eigene Finanzwirtschaft mit den im Voraus gezahlten Pauschalmitteln der Gemeinde.

Diesem Standpunkt wird in der Praxis allerdings nicht immer Folge geleistet. Gerade im Rahmen der neuen Steuerungsmodelle und der Einführung des NKF wird mit Blick auf die Übertragbarkeit von Haushaltsmitteln und entsprechend dem praktischen Bedürfnis die zeitlich begrenzte Rücklagenbildung durchaus anerkannt.

Selbstverständlich können im Übrigen Rücklagen aus Mitteln gebildet werden, die aus anderen Quellen herrühren (z. B. Zahlungen der Fraktionsmitglieder in die Fraktionskasse).

Für Kapitalerträge (z. B. Zinsen), die die Fraktionen aus ihren Rücklagen erzielen, haben sie Steuern zu zahlen. Eine grundsätzliche Freistellung kommt insofern nicht in Betracht, als Fraktionen keine gemeinnützigen und damit steuerbefreiten „Vereine" sind. Sie können ihrem Kreditinstitut aber einen Freistellungsauftrag erteilen, soweit die Erträge den Sparerfreibetrag zzgl. Werbungskostenpauschale nicht übersteigen.

III. Finanzierungsanspruch einzelner Ratsmitglieder

Das einzelne Ratsmitglied hat über die in §§ 45, 46 einschließlich der in der Entschädigungsverordnung vorgesehenen Aufwandsentschädigung hinaus keinen weiteren Anspruch auf Zuwendungen zur Abgeltung seines mandatsbedingten Aufwandes.

§ 56 Abs. 3 Satz 5 bis 7 GO enthält darüber hinaus für einzelne – fraktions- bzw. gruppenlose – Ratsmitglieder einen Anspruch **auf Sach- und Kommunikationsmittel**.

Gemäß § 56 Abs. 3 Satz 5 GO ist die Gemeinde verpflichtet, jedem Ratsmitglied, das keiner Fraktion oder Gruppe angehört, in angemessenem Umfang Sach- und Kommunikationsmittel zum Zwecke der Vorbereitung der Ratssitzungen zur Verfügung zu stellen. Die Ratsmitglieder haben insoweit einen einklagbaren Anspruch gegen die Gemeinde.

Der Rat kann überdies beschließen, dass das Ratsmitglied statt der Sachmittel **finanzielle Zuwendungen aus Haushaltsmitteln** erhält (§ 56 Abs. 3 Satz 6 GO). Beschließt der Rat, dass Einzelratsmitglieder anstatt einer sächlichen und kommunikativen Ausstattung finanzielle Zuwendungen aus Haushaltsmitteln erhalten, so dürfen diese die Hälfte des Betrages nicht übersteigen, den eine Gruppe mit zwei Mitgliedern erhielte. Einen Anspruch auf Gewährung finanzieller Mittel haben Einzelratsmitglieder insofern allerdings nicht. Die Entscheidung, ob das Einzelratsmitglied statt der Sach- und Kommunikationsmittel finanzielle Zuwendungen aus Haushaltsmitteln erhält, steht vielmehr im freien Ermessen des Rates (zur rechtlichen Problematik vgl. im Einzelnen Schumacher, EildLKTNRW 2007, S. 207 ff.). Entscheidet sich die Vertretung dafür, dem Einzelratsmitglied finanzielle Zuwendungen zu gewähren, kommt daneben eine Überlassung von Sachmitteln nicht mehr in Betracht.

IV. Aktuelle Weiterentwicklung der Fraktionszuwendungspraxis

Durch die vielfältigen Veränderungen in rechtlicher und tatsächlicher Hinsicht besteht ein regelmäßiger Bedarf zur ständigen Weiterentwicklung, um den Anforderungen des kommunal-politischen Ehrenamtes gerecht zu werden.

Auf Empfehlung der sog. „Ehrenamtskommission“ hat der Landtag NRW im Jahre 2021 (LT-Drs. 17/13750) die Landesregierung und damit das Kommunalministerium beauftragt, eine entsprechende Evaluation des Zuwendungserlasses vorzunehmen.

Die in Abstimmung mit den kommunalpolitischen Vereinigungen und den Kommunalen Spitzenverbänden durchgeführte Evaluation kommt aktuell zu folgendem Ergebnis:

Nur an wenigen Stellen ist eine Überarbeitung des bestehenden Erlasses erforderlich, sodass es – eigentlich – keiner generellen Überarbeitung des Erlasses bedarf. Praxisorientiert könnte z.B. die Ergänzung des Erlasses im Wege eines – im Entwurf abgestimmten – „Hinweiserlasses“ erfolgen, der die Zulässigkeit der Mittelverwendung ergänzen könnte. In diesem Kontext ergäbe sich danach eine zusätzliche praxisorientierte aktuelle Orientierungshilfe für die kommunale Fraktionsarbeit u.a. mit folgendem Inhalt:

- Allgemeines -

Nach entsprechenden Rückmeldungen – insbesondere aus dem kreisangehörigen Raum – ist (erneut) darauf hingewiesen worden, dass es grundsätzlich allen Fraktionen möglich sein muss, aus Haushaltsmitteln Zuwendungen für die im Erlass aufgeführten Zwecke der Ge-schäftsführung zu erhalten. Die Ausgestaltung der Höhe dieser Zuwendungen liegt im pflichtgemäßen gemeindlichen Ermessen. Über das „Ob" der Gewährung von Zuwendungen nach § 56 Abs. 3 Satz 1 GO steht der Gemeinde kein Ermessen zu.

Es liegt im Interesse der Gemeinde, eine qualitätsvolle demokratische Willensbildung und Entscheidungsfindung ihrer Steuerungsgremien sicherzustellen, die ganz wesentlich in den Fraktionen vorbereitet wird. Das Fundament dieser Fraktionsarbeit ist die Gewährleistung einer angemessenen Mindestausstattung in Abhängigkeit von Fraktionsgröße, Größe der Gebietskörperschaft sowie weiterer ggf. im Einzelfall zu berücksichtigender Faktoren.

- Einzelne Hinweise -

Folgende einzelne Gesichtspunkte sollten aufgrund der durchgeführten Evaluation Berücksichtigung finden:

- Zu den Geschäftsbedürfnissen für die laufende Fraktionsarbeit zählen notwendige Anschaffungen für die Durchführung digitaler Gremienarbeit, z.B. von Online-Fraktionssitzungen.
- Über die im Erlass dargelegten Erwägungen hinaus gibt es – neben und unabhängig von der Größe der Gebietskörperschaft und der Größe der Fraktion – auch weitere Faktoren, die bei der Bedarfsprüfung für die Bezuschussung personeller Aufwendungen eine Rolle spielen können. Hierzu kann auch die zeitliche Belastung der Mandatsträger der Fraktionen aufgrund in vielen Bereichen zunehmender Komplexität der Themenstellungen gehören. Daher ist es jedenfalls nicht ermessenfehlerhaft, wenn auch in kleineren Kommunen und bei geringeren Fraktionsgrößen bei entsprechend dargelegtem Bedarf Zuwendungen zu

personellen Aufwendungen z.B. auf Basis einer geringfügigen Beschäftigung, geleistet werden.

- Es kann sinnvoll sein, bereits im Vorfeld auswärtiger Klausursitzungen verwaltungsvereinfachende Abrechnungsvereinbarungen mit den Fraktionen zu treffen, um den Verwaltungsaufwand bei der Abrechnung auswärtiger Klausursitzungen nach dem Landesreisekostengesetz möglichst gering zu halten.

- Im Rahmen der Regelungen des § 22 KomHVO NRW besteht die Möglichkeit, für Fraktionszuwendungen veranschlagte Haushaltsmittel in das nachfolgende Haushaltsjahr zu übertragen.

- Über die zweckentsprechende Verwendung der gewährten Mittel ist ein Nachweis zu führen, der unmittelbar dem Hauptverwaltungsbeamten zuzuleiten ist. Im Rahmen dieses verwaltungsmäßigen Verfahrens bleibt es dem Hauptverwaltungsbeamten unbenommen, eine angemessene Vorlagefrist zu bestimmen. Empfohlen wird eine Vorlagefrist von drei Monaten nach Ablauf des Haushaltsjahres.

(Vgl. zum Vorstehenden auch Kleerbaum, in: KOPO 12/2022, S. 47 ff., sowie Meyer, a.a.O., S. 257 ff.)

Zusammenfassung

- § 56 Abs. 3 GO legt fest, dass die Gemeinden den Fraktionen zur Wahrnehmung ihrer Aufgaben in angemessenem Umfang aus Haushaltsmitteln **Zuwendungen zu den sächlichen und personellen Aufwendungen** für die Geschäftsführung zur Verfügung stellen.

- Daneben finanzieren sich Fraktionen in nicht unerheblichem Maße auch durch **Abtretungen** von Teilen der Aufwandsentschädigung bzw. Beiträgen der einzelnen Fraktionsmitglieder.

- Während die Verwendung dieser „privaten Mittel“ lediglich der Nachweispflicht der Fraktionsführung gegenüber der Fraktion unterliegt, gelten für die **Verwendung der gemeindlichen Mittel** besondere Vorschriften, vor allem hinsichtlich der Finanzkontrolle.

- In der Praxis obliegt es dem **Fraktionsgeschäftsführer**, für den ordnungsgemäßen buchungstechnischen Ablauf sowie die ordnungsgemäße Verwendung der Fraktionsmittel Sorge zu tragen.

- Eine Regelung über die Höhe der Zuwendungen ist im Gesetz nicht getroffen, sodass der Rat hierüber grundsätzlich nach freiem Ermessen entscheiden kann. Dies erfolgt entweder durch **Ratsbeschluss** oder durch eine **Hauptsatzungsregelung** für die laufende Wahlperiode. Bei der Ausübung des Ermessens hat die Vertretung jedoch zu berücksichtigen, dass sie den Fraktionen eine **angemessene Mindestausstattung zur Verfügung stellen muss**.

- Die gemeindlichen Fraktionszuwendungen sind nach ihrer Zielrichtung **Aufwendungsersatz**, der aus Praktikabilitätserwägungen pauschal vorab gewährt werden darf. Die Finanzierung im Voraus ist zulässig, da die Fraktionen Mittel für laufende Ausgaben benötigen.

- Durch § 56 Abs. 2 GO ist ausdrücklich festgelegt, dass die Fraktionen ihre Auffassung öffentlich darstellen können, soweit dies im Rahmen der **Willensbildung** und **Entscheidungsfindung** ihrer Ratsarbeit erfolgt.

- Auch ist durch § 56 Abs. 4 Satz 1 GO klargestellt, dass die Fraktionen hauptberuflich tätiges **Fachpersonal** beschäftigen dürfen.

- **Öffentliche Zuwendungen** unterliegen besonderen Maßnahmen der Finanzkontrolle: Sie sind in einer besonderen Anlage zum Haushaltsplan darzustellen. Über ihre Verwendung ist ein Nachweis zu führen, der dem (Ober-) Bürgermeister zuzuleiten ist. Dabei genügen eine summarische Darstellung und eine Versicherung des Fraktionsvorsitzenden, dass die Haushaltsmittel und Sachleistungen bestimmungsgemäß verwendet wurden. Nur für den Fall, dass die summarische Überprüfung Anlass zu Bedenken ergeben hat, sind von der Fraktion weitere Nachweise vorzulegen.

G. Geschäftsordnung einer Fraktion

In § 56 Abs. 2 Satz 2 GO ist ausdrücklich festgehalten, dass die innere Ordnung der Fraktionen **demokratischen und rechtsstaatlichen Grundsätzen** entsprechen muss. Als Ausdruck hiervon verpflichtet § 56 Abs. 2 Satz 3 GO die Fraktionen, sich ein „Statut" zu geben. Als Mindestinhalt sind **Regelungen zum Abstimmungsverfahren, zur Aufnahme und zum Ausschluss aus der Fraktion** aufzunehmen.

Obgleich der Gesetzgeber dies nicht fordert, ist es für den reibungslosen Ablauf der Fraktionsarbeit nicht nur vorteilhaft, sondern nahezu unabdingbar, wenn sich die Fraktionen im Rahmen ihrer Konstituierung zugleich eine Geschäftsordnung geben, die ihre (personelle) Struktur, ihre Aufgaben, den Verfahrensablauf sowie die Rechte und Pflichten der Fraktionsmitglieder regelt.

Zur gesetzlichen Regelung, rechtlichen Bedeutung und zu den praktischen Auswirkungen vgl. bereits oben D.I.1.

I. Inhalt einer Geschäftsordnung

Die Fraktionsorganisation sowie ihr Verfahrensablauf spiegeln sich regelmäßig in der verabschiedeten Geschäftsordnung wider.

Die **Muster-Geschäftsordnungen** für Fraktionen der kommunalpolitischen Vereinigungen (vgl. im Anhang – I.) geben auch hier entsprechende Hinweise.

Regelmäßig werden zu folgenden Bereichen Festlegungen getroffen:

- Ziele und Aufgaben der Fraktion (z. B. Festlegung der kommunalpolitischen Leitsätze, Förderung der Willensbildung der Mitglieder, Information der Bürgerschaft etc.);
- Fraktionsmitgliedschaften (Mandatsträger der gleichen Partei, sonstige Ratsmitglieder nach entsprechendem Beschluss der Fraktion, Hinzuziehung von Hospitanten etc.);

- Festlegung der Organe der Fraktion (Fraktionsversammlung, Fraktionsvorstand, Fraktionsvorsitzender);
- Fraktionsversammlung und ihre Aufgaben (Entscheidung über die Grundlinien der Politik sowie alle Einzelfragen, Wahl des Vorstandes, Mitglieder der Ausschüsse und sonstiger Gremien, Festlegung des Verfahrens in den Fraktionssitzungen (Möglichkeit von Online-Sitzungen berücksichtigen), Bestimmung über die Hinzuziehung weiterer Personen zu den Fraktionssitzungen etc.);
- Festlegung der Vorstandsstärke und dessen Aufgaben (Vorsitzender, Stellvertreter, Schriftführer, Schatzmeister, Pressesprecher, Beisitzer, Bestimmung von haupt- oder nebenamtlichen Geschäftsführern, Vorbereitung von wichtigen Entscheidungen);
- Stellung und Aufgaben des Fraktionsvorsitzenden (Innen- und Außenvertretung, Einberufung von Sitzungen und Sitzungsleitung etc.);
- Rechte und Pflichten der Fraktionsmitglieder (Teilnahme-, Beratungs-, Offenbarungs- und Verschwiegenheitspflicht etc.);
- Wahl-, Abstimmungs- und Beschlussverfahren in den Fraktionssitzungen (Sachbeschlüsse, offene und geheime Abstimmung);
- Anträge und Anfragen von Fraktionsmitgliedern;
- Arbeit in den Ausschüssen (Festlegung von Sprechern, Berichtspflicht an die Fraktion, Vertretung in den Ausschüssen);
- Einbindung der Sachkundigen Bürger (Rechte und Pflichten, insbesondere Mitberatungs- und Entscheidungsrechte);
- Grundlagen interfraktioneller Zusammenarbeit (Festlegung interfraktioneller Absprachen, Koalitionsvereinbarungen);
- Ordnungsmaßnahmen gegen Fraktionsmitglieder (Missbilligung, Verhängung von Ordnungsgeldern sowie Fraktionsausschluss);

- Grundlagen der Fraktionsfinanzierung (Führung der Fraktionskasse, Verwendung öffentlicher Mittel, Abführung von Eigenmitteln an die Fraktionskasse etc.);
- Führung eines Fraktionsarchivs bzw. einer Fraktionsbibliothek;
- Berücksichtigung von datenschutzrechtlichen Regelungen (Löschung personenbezogener Daten, Verpflichtung von neben- bzw. hauptamtlichen Fraktionsmitarbeitern zur Verschwiegenheit, sorgfältige Aufbewahrung von fraktionsbezogenen Unterlagen);
- Öffentlichkeitsarbeit (Festlegung der Aufgaben des Pressesprechers, Durchführung von Pressekonferenzen, Abgabe von Presseerklärungen in Abstimmung mit dem Fraktionsvorsitzenden etc.);
- Änderung der Geschäftsordnung;
- Festlegung der Mitgliedschaft in der kommunalpolitischen Vereinigung / im Bildungswerk (Erfüllung der Beitragsverpflichtungen, Wahrnehmung der Dienstleistungen – z. B. Informationen, Rechts- und Sachberatung, kommunalpolitische Weiterbildung).

In der Praxis hat sich die Orientierung der Fraktionsarbeit an den Muster-Geschäftsordnungen der kommunalpolitischen Vereinigungen bewährt. Sie geben ein brauchbares Gerüst zur Strukturierung der Fraktionsarbeit und verhindern oftmals überflüssige Rechtsunsicherheiten.

II. Änderungen der Fraktionsgeschäftsordnung

Änderungen der Fraktionsgeschäftsordnung bedürfen der **Mehrheit der Stimmen aller Fraktionsmitglieder** (vgl. § 19 Muster-Geschäftsordnung für Fraktionen unten im Anhang – I.).

Die Änderungen sind den Mitgliedern mit einer angemessenen Frist vor der Beschlussfassung zur Kenntnis zu bringen.

III. Verfahrensablauf von Fraktionssitzungen

Neben der personellen Organisationsstruktur sollte die Geschäftsordnung auch den **Verfahrensablauf in der Fraktion** und damit die Grundlage der Zusammenarbeit der einzelnen Fraktionsmitglieder regeln. Vorrangig wird die Arbeit der Fraktion durch die **Vorberatung der Tagesordnungspunkte**, die in Rat und Ausschüssen behandelt werden sollen, geprägt, jedoch sind vielfach auch **innerfraktionelle Angelegenheiten** (z. B. Wahlen, Vertretungsregelungen, Vorbereitung von Klausurtagungen) oder **Fragen der aktuellen Öffentlichkeitsarbeit** beratungs- und entscheidungsrelevant.

Die **Vorbereitungshandlungen** obliegen in größeren Fraktionen regelmäßig der Fraktionsgeschäftsführung, die in Abstimmung mit dem Fraktionsvorsitzenden oder auch dem gesamten Vorstand alle erforderlichen formellen Voraussetzungen sicherstellt. Vielfach obliegt es auch dem Fraktionsvorsitzenden, diese Aufgabe in Eigenregie zu übernehmen.

Die Vorbereitung der Fraktionssitzungen sollte – vergleichbar der Vorbereitung der Ratssitzung – in einem formellen Verfahren erfolgen, das im Einzelnen in der jeweiligen Geschäftsordnung festgelegt wird.

Der **inhaltlichen Beratung und Entscheidung** der Tagesordnungspunkte geht in der Fraktionssitzung zunächst die **Einberufung** voraus. Die Einberufung umfasst die Terminbestimmung, die Festlegung der Tagesordnung und den Versand der Einladung mit der Tagesordnung nebst erforderlichen weiteren Unterlagen.

Regelmäßig bestimmen die Termine der Ausschuss- und Ratssitzungen die **Einberufung der Fraktionssitzungen**. Das Gleiche gilt auch für die Festlegung der Tagesordnungspunkte, da sie in der Regel die einzelnen Punkte zur Vorberatung der Ausschüsse und Ratssitzungen umfassen. Darüber hinaus wird die Tagesordnung regelmäßig einen **Bericht des Fraktionsvorsitzenden** über vergangene und zukünftige kommunalpolitische Ereignisse und Entwicklungen enthalten. Weitere innerfraktionelle sowie aktuelle Angelegenheiten (Dringlichkeitsanträge) sind ebenfalls bei der Festlegung der Tagesordnung mit zu berücksichtigen.

In der Praxis werden regelmäßig **keine großen Anforderungen** an die formellen Voraussetzungen zur Einberufung der Fraktionssitzungen gestellt, soweit diesbezüglich Einvernehmen unter den Fraktionsmitgliedern herrscht. So ist es beispielsweise durchaus üblich, bereits zu Beginn des Jahres oder aber jeweils zu Beginn eines neuen Halbjahres eine generelle Terminliste für die Fraktionssitzungen abzustimmen und nur bei Bedarf zu ändern. (Das gilt insbesondere auch für ggf. erforderliche Online-Sitzungen – vgl. hierzu oben D.I.1.) Im Hinblick auf die Festlegung der einzelnen Tagesordnungspunkte wird in der Praxis oftmals ein vereinfachtes Verfahren durch Standardisierung und ständige Übung (Bericht des Vorsitzenden, Vorbereitung der anstehenden Ausschuss- und Ratssitzungen, Anträge und Anfragen von Fraktionsmitgliedern, Verschiedenes etc.) festgelegt und akzeptiert. Wenn keine besonderen Punkte zur Beratung anstehen, wird ggf. auch auf eine schriftliche Einladung verzichtet.

Die **Einberufung** der Sitzungen sollte grundsätzlich **durch den Fraktionsvorsitzenden** erfolgen, soweit die Geschäftslage es erfordert. Nach den Muster-Geschäftsordnungen hat sie zudem zu erfolgen, wenn ein bestimmtes Quorum (z. B. ein Viertel der Fraktionsmitglieder) dies verlangt.

Bei der **Aufstellung und Festsetzung der Tagesordnung** berücksichtigt der Fraktionsvorsitzende regelmäßig die Punkte, die ihm – aufgrund des aktuellen Beratungsbedarfs in den Ausschüssen und im Rat – erörterungs- und entscheidungsbedürftig erscheinen oder für die ein konkreter Antrag vorliegt.

In schwierigen kommunalpolitischen Fällen findet oftmals auch eine vorherige Abstimmung im Fraktionsvorstand statt.

Hinsichtlich der rechtlichen **Zulässigkeit von Anträgen** sind die Grundsätze (vgl. oben D.II.3.) anzuwenden. Insbesondere ist der Fraktionsvorsitzende nicht dazu verpflichtet, parteipolitische Anträge, die offensichtlich nicht in den Zuständigkeitsbereich der Fraktion fallen, mit auf die Tagesordnung zu nehmen.

Neben der Einladung und der Tagesordnung werden – ggf. über die von der hauptamtlichen Verwaltung zur Vorbereitung der Rats- und Ausschusssitzungen zugestellten **Sitzungsunterlagen** hinaus – **weitere Informationen** an alle Fraktionsmitglieder und ggf. auch weitere Personen (vgl. oben C.III.3.) versandt. Die Einladung muss die Zeit sowie den Ort der Sitzung enthalten, soweit dies nicht bereits durch ständige Übung bekannt ist.

Hinsichtlich der **Erweiterung der Tagesordnung** sind die allgemeinen kommunalrechtlichen Grundsätze anzuwenden, die auch für die Geschäftsordnung des Rates gelten. An die Erweiterung der Tagesordnung werden jedoch in der Praxis oftmals weniger strikte Voraussetzungen geknüpft, als dies nach rechtlichen Vorgaben zu fordern ist (vgl. oben D.II.3.).

Im Übrigen ist eine Änderung der Tagesordnung auf Antrag eines Fraktionsmitgliedes nur vor Aufruf des ersten Sachtagesordnungspunktes zulässig.

Die Absetzung von Tagesordnungspunkten, die Veränderung der Reihenfolge oder die Zusammenlegung von Tagesordnungspunkten ist durch entsprechenden Mehrheitsbeschluss der Fraktionsversammlung ebenso möglich wie die Verschiebung von Tagesordnungspunkten.

Die **ordnungsgemäße Einberufung** ist im Übrigen Voraussetzung für die **Beschlussfähigkeit** der Fraktion, d. h. die in der Geschäftsordnung festgelegten Regelungen (insbesondere die Ladungsfrist und Ladungsform) müssen eingehalten werden. Das Muster einer Einladung, einer Tagesordnung sowie einer Beschlussvorlage eines Fraktionsantrages für eine Ratssitzung sind am Ende dieses Abschnittes bzw. oben vor D.II.3. abgedruckt.

Die **Leitung der Fraktionssitzung** obliegt dem Fraktionsvorsitzenden. Er ist für den ordnungsgemäßen Ablauf der Sitzung zuständig und hat dabei insbesondere folgende Punkte zu berücksichtigen:

- Begrüßung / Eröffnung
- Feststellung über die form- und fristgerechte Einladung
- Feststellung der Beschlussfähigkeit
- Feststellung der Tagesordnung, ggf. Erweiterung der Tagesordnung
- Aufruf der einzelnen Tagesordnungspunkte (Hinweis auf Mitwirkungsverbote einzelner Fraktionsmitglieder im Ausschuss)
- Worterteilung (nach der Reihenfolge der Wortmeldungen); insbesondere auch Beachtung der Einhaltung der Redezeit
- Handhabung der Ordnung (z. B. Erteilung eines Ordnungsrufes, Wortentzug, Entzug der Sitzungsentschädigung, Ausschluss aus der Sitzung)
- Ausübung des Hausrechts
- Berücksichtigung von Geschäftsordnungsanträgen, z. B.
  - Antrag auf Unterbrechung, Vertagung oder Aufhebung der Sitzung
  - Antrag auf Übergang zur Tagesordnung
  - Antrag auf Ausschluss / Wiederherstellung der Öffentlichkeit
  - Antrag auf Schluss der Aussprache
  - Antrag auf Schluss der Rednerliste
  - Antrag auf Absetzung einer Angelegenheit von der Tagesordnung oder deren Erweiterung
  - Antrag auf geheime Abstimmung
- Leitung der Abstimmung
- Schließen der Sitzung
- Unterzeichnung der Niederschrift

In der Praxis ist es üblich, dass unter dem Tagesordnungspunkt „**Bericht des Fraktionsvorsitzenden**“ sowohl vergangene als auch anstehende aktuelle kommunalpolitische Angelegenheiten erörtert werden. Darüber hinaus sollte den Fraktionsmitgliedern die Möglichkeit gegeben werden, im Wege von eigenen **Anträgen** oder **Anfragen** die Fraktionsarbeit wesentlich mitzubestimmen.

Zur ordnungsgemäßen Sitzungsleitung gehört auch die **Festlegung der Anwesenheit** in den Rats- und Ausschusssitzungen sowie in sonstigen kommunalpolitischen Terminen, um die Präsenz der Fraktion in den Angelegenheiten sicherzustellen.

Die Anfertigung von **Niederschriften** über die Fraktionssitzungen sollten – soweit überhaupt erforderlich und in der Geschäftsordnung festgelegt – in kurzer, knapper Form erfolgen und nur Kernaussagen der Erörterungen und Entscheidungen sowie die Anwesenheit der Fraktionsmitglieder und sonstiger Personen beinhalten.

Wie auch aus der Muster-Geschäftsordnung der kommunalpolitischen Vereinigungen ersichtlich, richten sich im Zweifel verfahrensrechtliche Regelungen nach althergebrachten üblichen Grundsätzen und ggf. auch nach sonstigen kommunalverfassungsrechtlichen Regelungen.

Muster-Einladung zur Fraktionssitzung

A-Fraktion im Rat der Stadt X
Kontaktdaten der
Fraktionsgeschäftsstelle

An die
Mitglieder der A-Fraktion
im Rat der Stadt X
(ggf. weitere Personen)

Einladung zur Fraktionssitzung

Sehr geehrte Damen und Herren,

hiermit möchte ich Sie recht herzlich zur nächsten Fraktionssitzung einladen. Die Sitzung findet statt am:

Wochentag, Datum
Uhrzeit, Tagungsort, Raum

Folgende Tagesordnung ist vorgesehen:

1. Eröffnung und Begrüßung
2. Feststellung der Beschlussfähigkeit / formell ordnungsgemäße Einladung
3. ggf. Genehmigung der letzten Niederschrift
4. Bericht des Fraktionsvorsitzenden
5. Aussprache
6. Vorbereitung der Bauausschusssitzung
7. Vorbereitung der Hauptausschusssitzung
8. Vorbereitung der Ratssitzung
9. Informationen zum Zusammenschluss der Sparkasse
10. Bestellung eines Geschäftsführers für die Stadtwerke-GmbH (Vorauswahlergebnis)
11. Terminplanung für die Fraktions-(vorstands-)Sitzungen
12. Mitteilungen, Anfragen, Verschiedenes

Mit freundlichen Grüßen
gez.
Fraktionsvorsitzender

Zusammenfassung

- Zur Gewährleistung eines reibungslosen Ablaufs der Fraktionsarbeit ist es ratsam, dass sich die Fraktion bereits im Rahmen ihrer **Konstituierung** eine Geschäftsordnung gibt. In der Praxis hat sich die Orientierung an den **Muster-Geschäftsordnungen** der kommunalpolitischen Vereinigungen bewährt.
- Die Geschäftsordnung soll insbesondere die **personelle Organisationsstruktur** und den **Verfahrensablauf** innerhalb der Fraktion regeln.
- Die Vorbereitung der Fraktionssitzungen obliegt in größeren Fraktionen meist der **Fraktionsgeschäftsführung** in Abstimmung mit dem **Fraktionsvorsitzenden**. Vielfach übernimmt der Fraktionsvorsitzende die Vorbereitung auch in Eigenregie.
- Die **Einberufung der Sitzungen** (auch der **Online-Sitzungen**) umfasst die Terminbestimmung, die Aufstellung der Tagesordnung sowie den Versand der Einladung (ggf. unter Beifügung weiterer Unterlagen).
- **Termin und Inhalt der Fraktionssitzungen** orientieren sich regelmäßig an den Rats- und Ausschusssitzungen, zu deren Vorbereitung sie dienen.
- Es ist durchaus üblich, bereits zu Beginn eines (Halb-) Jahres eine generelle Terminliste für Fraktionssitzungen abzustimmen und diese nur noch bei Bedarf zu ändern. Auch im Hinblick auf die Tagesordnung wird oft ein **standardisiertes Verfahren** praktiziert: z. B. Bericht des Vorsitzenden, Vorbereitung der anstehenden Rats- und Ausschusssitzungen, Anträge und Anfragen, Verschiedenes.
- Eine Fraktionssitzung sollte einberufen werden, soweit die **Geschäftslage** dies erfordert; sie muss einberufen werden, wenn ein nach der Geschäftsordnung **bestimmtes Quorum** der Fraktionsmitglieder es verlangt.

- Der Fraktionsvorsitzende ist nicht verpflichtet, parteipolitische Anträge, die offensichtlich nicht in den Zuständigkeitsbereich der Fraktion fallen, in die Tagesordnung aufzunehmen.
- Hinsichtlich der **Festlegung und Erweiterung der Tagesordnung** sind die Grundsätze anzuwenden, die auch für die Geschäftsordnung des Rates gelten.
- Die **ordnungsgemäße Einberufung** ist Voraussetzung für die Beschlussfähigkeit der Fraktion.
- Die **Leitung der Fraktionssitzung** obliegt dem Fraktionsvorsitzenden, der für den ordnungsgemäßen Ablauf zuständig ist.

H. Untergang der Fraktion

Eine Fraktion kann einerseits durch **schlichte Vereinbarung oder Auflösung**, d. h. durch eine entsprechende Entscheidung der Fraktion, und andererseits durch **Unterschreitung der Mindeststärke** z. B. durch den Austritt einzelner Fraktionsmitglieder, untergehen.

Die vorübergehende Nichtbesetzung eines Mandats (z. B. nach Tod oder Verzicht) führt allerdings noch nicht zu einer Unterschreitung im vorgenannten Sinne. Dies ist erst der Fall, wenn sich herausstellt, dass die Fraktion die erforderliche Mindeststärke endgültig nicht mehr erreicht (etwa bei Erschöpfung der Nachrückerliste).

Keinen notwendigen Untergang der Fraktion bewirkt deren Spaltung. Hier kommt es darauf an, ob der verbleibende Fraktionsteil weiterhin die Voraussetzungen der Mindeststärke erfüllt bzw. sich neu entstehende Gruppierungen wieder auf eine Fraktionsbildung einigen können und ebenfalls die Mindeststärke erreichen.

Fraktionen sind – als freiwillige Vereinigungen von Rats- bzw. Bezirksvertretungsmitgliedern – grundsätzlich nur auf die **Dauer der Wahlzeit des Rates bzw. der Bezirksvertretungen** (fünf Jahre) angelegt. Insofern gilt der sog. **Grundsatz der Diskontinuität**. Dieser ist gekennzeichnet durch Mandatsverlust und Neuzusammensetzung des Organs. Daraus folgt, dass mit Ablauf der Wahlperiode des Vertretungsorgans die Existenz einer Fraktion endet. Zwar ist die Anwendung dieses Grundsatzes auf das Repräsentativorgan „Gemeindevertretung“ nicht möglich, auf die Fraktionen des jeweiligen Repräsentativorgans findet der Grundsatz der Diskontinuität jedoch nach allgemeiner Auffassung Anwendung (OVG NRW, Beschl. v. 27.03. 1990 – 15 A 2666/86 –).

Die **erneute Konstituierung** einer gleichnamigen Fraktion nach der Kommunalwahl hat auf die Beendigung der alten Fraktion keinen Einfluss. Die neue Fraktion beruht auf einem **eigenständigen Errichtungsakt** ihrer jetzigen Mitglieder und ist nicht mit der alten Fraktion identisch, auch wenn – zufälligerweise – eine Identität der Mitglieder vorliegen sollte (Meyer, S. 51). Die ehemalige Fraktion besteht allerdings insoweit in eingeschränktem Umfang fort, als sie mit dem Ziel der vollständigen Beendigung abgewickelt werden muss (OVG NRW, Urt. v. 12.11.1991 – 15 A 1046/90 –).

Mit dem **Untergang der Fraktion** sind viele Fragen verbunden, insbesondere hinsichtlich der Fortwirkung geschlossener Verträge:

Ein mit hauptamtlichen Mitarbeitern (Fraktionsgeschäftsführer, Fraktionsassistent etc.) geschlossener **Arbeitsvertrag** wird unter der auflösenden Bedingung geschlossen, dass die Fraktion als Arbeitgeber fortbesteht. Wegen des **Grundsatzes der Diskontinuität** besteht auch **kein Übernahmeanspruch**, demzufolge nach Fraktionsuntergang eine Weiterbeschäftigung durch die Partei oder Gemeinde erfolgen müsste. Selbst eine Fraktion derselben Partei ist in der folgenden Wahlperiode nicht von vorneherein zur Übernahme des alten Personals verpflichtet. In der Praxis ist aber eine faktische Vertragsverlängerung regelmäßige Übung. Dies gilt insbesondere für die großen Fraktionen, bei denen von einer Rückkehr in die Vertretungskörperschaft auszugehen ist. (Zur Organisation insgesamt vgl. bereits oben D.I.).

Daneben ist der **Fraktionsuntergang** von besonderer Bedeutung für das **Fraktionsvermögen**, hierbei speziell die Abrechnung gewährter Zuschüsse aus Haushaltsmitteln der Gemeinde (vgl. hierzu oben F.).

Geht die Fraktion unter, endet schließlich auch ihre **Beteiligtenfähigkeit** an verwaltungsgerichtlichen Verfahren, d. h., die Klage einer Fraktion ist dann als unzulässig abzuweisen (vgl. hierzu oben D.V.). Die alte Fraktion ist mit der neuen Fraktion nämlich nicht mehr identisch (OVG NRW, NVwZ-RR 1990, S. 505, DVBl. 1992, S. 444 ff.). Die neue Fraktion gleichen Namens ist auch **nicht Rechtsnachfolger** der alten Fraktion und tritt daher auch im laufenden Prozess nicht „automatisch" (kraft Gesetzes) an deren Stelle. Sie kann aber im Wege einer zulässigen subjektiven Klageänderung (§ 91 Abs. 1 VwGO) als neue Klägerin oder Beklagte in den Prozess einbezogen werden, wenn das Gericht dies für sachdienlich erachtet. **Sachdienlichkeit** wird dann anzunehmen sein, wenn die neue Fraktion in der zu entscheidenden Streitfrage in gleicher Weise betroffen ist wie zuvor die alte Fraktion. Dann kann nämlich durch eine Entscheidung des Gerichts der gleichartige Streit zwischen den Prozessparteien endgültig ausgeräumt werden (OVG NRW, NWVBl. 1990, S. 265 f., 296 f.).

Ist Gegenstand des Rechtsstreits aber gerade die Frage, ob die Fraktion (fort-) besteht, ist sie für diesen Rechtsstreit weiterhin als beteiligtenfähig zu betrachten. Soweit die Klage dem Ziel vollständiger Abwicklung dient, verliert eine klagende Ratsfraktion auch nach ihrer Auflösung nicht ihre Beteiligungsfähigkeit. So besteht sie zur Durchsetzung geltend gemachter Forderungen in eingeschränktem Umfang fort (OVG NRW, DVBl. 1992, S. 444 f., bezüglich eines Erstattungsanspruchs aus Organstreit).

Für **Verbindlichkeiten** haftet nur noch die **„alte“ Fraktion**. Eine persönliche Haftung von Fraktionsmitgliedern allein aufgrund ihrer Mitgliedschaft kommt grundsätzlich nicht mehr in Betracht.

Löst sich eine Fraktion dadurch auf, dass ein oder mehrere ihrer Mitglieder austreten und damit die vom Gesetz **erforderliche Mindestzahl nicht mehr vorhanden** ist, stellt sich regelmäßig die Frage, welche Folgen dies auf die in die Ausschüsse entsandten Mitglieder der Fraktion hat. Grundsätzlich bleibt die **Ausschussbesetzung unverändert**. Für eine Neubesetzung der Ausschüsse müsste entweder ein einstimmiger Ratsbeschluss vorliegen, dass bestimmte Ausschussmitglieder abberufen werden sollen, oder es muss ein **mehrheitlicher Ratsbeschluss** auf komplette **Auflösung** der entsprechenden Ausschüsse vorliegen. Auch ohne solche Beschlüsse sind aber diejenigen **Ausschussmitglieder abzuberufen**, die gemäß § 58 Abs. 1 Satz 7 GO von der aufgelösten Fraktion in beratender Funktion in die Ausschüsse entsandt wurden. Denn diese können ihre Funktion, Informationsträger für die Fraktion zu sein, nicht mehr erfüllen, da eine solche nicht mehr besteht.

Anhang

Anhang

I. Muster-Geschäftsordnung für Fraktionen

II. Runderlass „Zuwendungen kommunaler Körperschaften an Fraktionen der Vertretungen“

III. Verordnung über die Entschädigung der Mitglieder kommunaler Vertretungen und Ausschüsse (Entschädigungsverordnung – EntschVO)

IV. Steuerliche Behandlung der Entschädigungen an Mitglieder kommunaler Vertretungen

V. Muster-Geschäftsordnung für den Rat und die Ausschüsse

VI. Muster-Hauptsatzung

I. Muster-Geschäftsordnung für Fraktionen

Muster-Geschäftsordnung für Fraktionen*

(gilt sinngemäß für Fraktionen in Stadt- und Gemeinderäten / Bezirksvertretungen / Kreistagen / im Städteregionstag / in den Landschaftsversammlungen sowie im Regionalverband Ruhr)

Geschäftsordnung der X-Fraktion im Rat / in der Bezirksvertretung der Stadt ..... / im Kreistag des Kreises .....

Die von der X-Partei zur Kommunalwahl – zur Kreistagswahl – am ..... aufgestellten und in den Stadtrat – den Gemeinderat – die Bezirksvertretung – den Kreistag – gewählten Bewerber sind am ..... zusammengetreten** und beschließen die folgende Fraktionsgeschäftsordnung:

§ 1 Ziele und Aufgaben

(1) Ziel der Arbeit der Fraktion ist es, die bürgerschaftliche Selbstverwaltung in ihrem Bereich nach den Grundsätzen der X-Partei, insbesondere den kommunalpolitischen Leitsätzen der X-Partei, zu verwirklichen.

---

* Die nachstehend abgedruckte Muster-Geschäftsordnung für Fraktionen entspricht der aktuellen Rechtslage (Stand: November 2022) sowie den Erfahrungen aus der Praxis der Kommunalpolitischen Vereinigung. Sie zeigt an mehreren Stellen bewusst *Alternativlösungen* auf, erfordert also insoweit eine Entscheidung der jeweiligen Fraktion.
Alle Ämter und Funktionen stehen unabhängig von der sprachlichen Bezeichnung selbstverständlich in gleicher Weise Frauen, Männern und diversgeschlechtlichen Menschen offen. Die Verwendung des generischen Maskulinums erfolgt lediglich zwecks besserer Lesbarkeit.

** Der Parteivorsitzende der jeweiligen Parteigliederung lädt zur ersten Sitzung der gewählten Mitglieder der Vertretung ein.

(2) Es ist Aufgabe der Fraktion,

a) eine einheitliche Willensbildung der Mitglieder zu fördern und ihr geschlossenes Auftreten sicherzustellen,

b) die Bürgerschaft und die Einwohner und insbesondere die Mitglieder der X-Partei laufend über ihre kommunalpolitischen Ziele und Auffassungen zu informieren,

c) die Wünsche der Bürger aufzunehmen und eine lebendige Verbindung zwischen Bürgerschaft, Einwohnern und der Vertretungskörperschaft herzustellen.

§ 2 Mitgliedschaft

(1) Die in die Vertretungskörperschaft gewählten Mandatsträger der X-Partei bilden für die Dauer der Wahlperiode die X-Fraktion.

(2) Andere Mitglieder der Vertretungskörperschaft können in die Fraktion aufgenommen werden, wenn ein mit Mehrheit von zwei Dritteln aller Fraktionsmitglieder gefasster Beschluss der Fraktion vorliegt.

(3) Durch Mehrheitsbeschluss der Fraktionsmitglieder können andere Mitglieder der Vertretungskörperschaft als Hospitanten an der Fraktionsarbeit beteiligt werden.

(4) Bei der Feststellung der Mindeststärke für Fraktionen gemäß der Gemeindeordnung zählen Hospitanten nicht mit.

§ 3 Organe

Organe der Fraktion sind:

1. die Fraktionsversammlung,
2. der Vorstand,
3. der Vorsitzende.

§ 4 Die Fraktionsversammlung

(1) Die Versammlung der Fraktionsmitglieder bestimmt die Grundlinien der Politik der Fraktion und entscheidet über alle anstehenden Einzelfragen.

(2) Sie wählt den Vorstand, bestimmt die auf die Fraktion entfallenen Stellvertreter des (Ober-) Bürgermeisters bzw. Landrates sowie die Mitglieder der Ausschüsse und die Obmänner und schlägt die Bewerber für den Vorsitz und die Stellvertretung in den Ausschüssen der Vertretungskörperschaft vor. Entsprechendes gilt für die von der Vertretungskörperschaft zu bestellenden Mitglieder anderer Gremien, Kuratorien, Aufsichtsräte usw.

(3) Die Fraktion tritt in der Regel am ..... / nach Bedarf, mindestens jedoch vor jeder Sitzung der Vertretung, zusammen. Sie kann jederzeit zur Beratung wichtiger Angelegenheiten einberufen werden. Sie muss einberufen werden, wenn ein Viertel der Mitglieder es unter Angabe der Beratungspunkte verlangt. Die Ladungsfrist beträgt mindestens 48 Stunden; in Eilfällen kann sie verkürzt werden.

(4) Die Einladung zu den Fraktionssitzungen erfolgt in elektronischer Form. (Auf Antrag kann anstelle einer elektronischen Einladung diese auch schriftlich auf postalischem Weg erfolgen.)

(5) Die Fraktionssitzungen können auch in digitaler / hybrider Form durchgeführt werden, wenn dies durch Mehrheitsbeschluss der Fraktionsmitglieder festgelegt wird.

(6) Zu den Fraktionssitzungen sollen außer den Mitgliedern eingeladen werden:

a) der (Ober-) Bürgermeister / Landrat, sofern er der X-Partei angehört,

b) der hauptamtliche / nebenamtliche Geschäftsführer der Fraktion, soweit er nicht Fraktionsmitglied ist,

c) die auf der Liste der X-Partei gewählten Sachkundigen Bürger / ggf. stellvertretenden Sachkundigen Bürger, *(möglicher Zusatz: wenn Angelegenheiten ihres jeweiligen Sachbereichs beraten werden,)*

d) die leitenden Kommunalbeamten (Wahlbeamten), die der X-Partei angehören.

(e) (alternativer Zusatz: die der X-Partei angehörenden Bezirksvorsteher, stellvertretenden Bezirksvorsteher und X-Fraktionsvorsitzenden in den Bezirksvertretungen, wenn Angelegenheiten ihres Bezirks beraten werden.)

Darüber hinaus steht es der Fraktion frei, nach Bedarf weitere Personen, insbesondere Funktionsträger der örtlichen X-Partei, die nicht Mitglieder der Fraktion sind, zu den Fraktionssitzungen einzuladen.

Ob und wann dieser Personenkreis eingeladen wird, entscheidet der Fraktionsvorsitzende / Fraktionsvorstand.*

(7) Stehen Angelegenheiten zur Beratung an, die Gegenstand einer nichtöffentlichen Sitzung der Vertretungskörperschaft waren oder sein werden, so haben die in Absatz 6 dieser Vorschrift genannten Personen, soweit sie nicht zur Teilnahme an nichtöffentlichen Sitzungen der Vertretungskörperschaft berechtigt sind, den Sitzungsraum zu verlassen. Der Vorsitzende hat für die Beachtung dieser Bestimmung Sorge zu tragen.

(8) Die Fraktion ist beschlussfähig, wenn mehr als die Hälfte der Mitglieder der Fraktion anwesend sind. Sie gilt als beschlussfähig, solange ihre Beschlussunfähigkeit nicht festgestellt ist.

(9) Stimmrecht haben nur die Mitglieder der Fraktion.

(10) (alternativer Zusatz: Über jede Sitzung ist ein Kurzprotokoll, das alle Beschlüsse enthalten muss, durch den Schriftführer / Ge-

* Insgesamt gesehen empfiehlt es sich, den Kreis der Teilnehmer an Fraktionssitzungen nicht zu groß zu ziehen, um die Übersichtlichkeit zu wahren.

schäftsführer zu fertigen und von ihm zu unterzeichnen. Die Protokolle sind den Fraktionsmitgliedern zuzuleiten. Einwendungen gegen das Protokoll sind zu Beginn der nächsten Fraktionssitzung zu behandeln.)

(11) Eine Beschlussfassung im Umlaufverfahren durch schriftliche Stimmabgabe oder durch Stimmabgabe per Telefax oder E-Mail ist zulässig.

Ein Beschluss ist gültig, sofern allen Fraktionsmitgliedern die Teilnahme an der Abstimmung ermöglicht wurde, mehr als die Hälfte aller Mitglieder an der Beschlussfassung teilgenommen hat und der Beschluss mit der nach dieser Geschäftsordnung erforderlichen Mehrheit gefasst wurde.

Das Abstimmungsergebnis wird vom Vorsitzenden oder dessen Stellvertreter sämtlichen Mitgliedern schriftlich oder per Telefax oder per E-Mail bekannt gegeben.

Eine Fraktionsversammlung kann auch als Online-Versammlung (virtuelle Versammlung) durchgeführt werden.

Die Regelungen dieses Absatzes gelten sinngemäß für die Sitzungen des Fraktionsvorstandes.

§ 5 Der Vorstand

(1) Der Vorstand besteht aus folgenden Fraktionsmitgliedern:

a) dem Vorsitzenden,

b) dem Stellvertreter / den Stellvertretern,

c) dem Schriftführer / Geschäftsführer,

d) dem Schatzmeister,

e) dem Pressesprecher,

f) und weiteren ... Beisitzern.

Er wird für die Wahlperiode des Rates / Kreistages / der Bezirksvertretung gewählt. *(Alternative: Er wird für ... Jahre gewählt und bleibt bis zur Wahl des neuen Vorstandes im Amt.)* Die Abwahl des Vorstandes oder einzelner Vorstandsmitglieder ist möglich. Der Antrag kann nur von der Mehrzahl der Mitglieder der Fraktion gestellt werden. Zwischen dem Eingang des Antrages und der Sitzung der Fraktion muss eine Frist von wenigstens zwei Tagen liegen. Der Beschluss über die Abberufung bedarf einer Mehrheit der Mitgliederzahl der Fraktion.

(2) Der Vorstand bereitet die Fraktionssitzungen vor und führt die Geschäfte der Fraktion. Er kann mit Zustimmung der Fraktion einen haupt- oder nebenamtlichen Geschäftsführer berufen und Arbeitsverträge abschließen. Der haupt- / nebenamtliche Geschäftsführer nimmt, vorbehaltlich der Regelung in § 4 Abs. 7 dieser Geschäftsordnung, an den Fraktions- und Vorstandssitzungen teil, hat aber – soweit er nicht Fraktionsmitglied ist – kein Stimmrecht. Gleiches gilt für den (Ober-) Bürgermeister / Landrat.

(3) Der Vorstand tritt nach Bedarf zusammen. Die Einladung erfolgt durch den Vorsitzenden. Die Regelungen des § 4 dieser Muster-Geschäftsordnung finden entsprechende Anwendung.

(4) Der Vorstand kann Mitgliedern der Fraktion bestimmte Aufgaben übertragen und Arbeitskreise einrichten. Wenn Fragen anstehen, die über den Rahmen der Fraktionsarbeit die örtliche Partei berühren, ist der Vorsitzende der Partei einzuladen.

§ 6 Der Vorsitzende

(1) Der Vorsitzende vertritt die Fraktion nach innen und außen.

(2) Der Vorsitzende lädt zu den Sitzungen der Fraktion ein, setzt die Tagesordnung fest und leitet die Sitzungen. Auf Verlangen von mindestens einem Viertel der Fraktionsmitglieder muss die Tagesordnung um gewünschte Punkte erweitert werden.

(3) Der Vorsitzende erstattet der Fraktion jährlich einen Tätigkeitsbericht und sorgt für die Berichterstattung im Kassen- und Rechnungswesen. Er ist nachweispflichtig über die bestimmungsgemäße Verwendung der öffentlichen Gelder (§ 15 Abs. 5 dieser Geschäftsordnung).

(4) Der Vorsitzende hält Kontakt mit der kommunalpolitischen Vereinigung der X-Partei und deren Kreisvereinigung. Die ihm zugehenden Informationen hat er unverzüglich der Fraktion bzw. je nach Sachinhalt den zuständigen Fraktionsmitgliedern zuzuleiten. Er kann mit dieser Aufgabe auch ein Mitglied der Fraktion beauftragen.

§ 7 Rechte und Pflichten

(1) Die Mitglieder der Fraktion sollen bei Beratungen, Wahlen und Beschlüssen der Vertretungskörperschaft und ihrer Ausschüsse und in der Öffentlichkeit die Gesamtlinie der Fraktion vertreten. Sie sollen die gemeinschaftlichen Ziele in Gesinnung, Wort und Haltung fördern. Wird dieser Grundsatz in wichtigen Angelegenheiten gefährdet oder verletzt, so ist jedes Mitglied verpflichtet, den Vorsitzenden unverzüglich zu unterrichten.

(2) Die gemeinschaftlichen Ziele sind im Grundsatzprogramm der X-Partei, im Grundsatzprogramm der kommunalpolitischen Vereinigung der X-Partei, in den kommunalpolitischen Aktionsprogrammen der kommunalpolitischen Vereinigung der X-Partei des Landes Nordrhein-Westfalen und der X-Partei Nordrhein-Westfalen sowie in dem jeweiligen örtlichen Kommunalwahlprogramm der X-Partei festgelegt.

(3) Die Fraktion achtet das persönliche Gewissen und lehnt Fraktionszwang ab. Mitglieder, die sich Beschlüssen der Fraktion nicht anschließen, müssen jedoch ihre abweichende Meinung der Fraktion vor den Sitzungen der Vertretung und der Ausschüsse mitteilen.

(4) Die Fraktion erwartet von ihren Mitgliedern gewissenhafte und verantwortungsfreudige Mitarbeit und Verschwiegenheit. In Fäl-

len möglicher Befangenheit sollte ein Fraktionsmitglied dies seiner Fraktion im Voraus mitteilen.

(5) Die Mitglieder sind zur Teilnahme an den Fraktionssitzungen verpflichtet. Ein Mitglied, das zu einer Sitzung nicht erscheinen kann, verständigt den Vorsitzenden rechtzeitig. Wer Sitzungen vorzeitig verlassen muss, zeigt dies dem Vorsitzenden zu Beginn der Sitzung an.

§ 8 Wahlen*

(1) Die Wahlen der Bewerber erfolgen geheim. Dem Sitzungsleiter obliegt es, durch geeignete Maßnahmen das Wahlgeheimnis zu gewährleisten. Gewählt ist, wer die Mehrheit der abgegebenen gültigen Stimmen auf sich vereinigt. Wird diese Mehrheit nicht erreicht, findet eine Stichwahl jeweils zwischen den beiden Bewerbern mit den höchsten Stimmenzahlen statt. Stimmenthaltungen zählen nicht als abgegebene Stimmen. Bei Stimmengleichheit entscheidet in jedem Fall das Los.

(2) Für die Wahlen sind einheitliche Stimmzettel zu verwenden.

(3) Die Wahlen der Bewerber können einzeln oder gemeinsam erfolgen.)

(3) Die Vorschläge für die Festlegung der Reihenfolge der Bewerber für ein mehrfach zu besetzendes Vorstandsamt werden der Reihe nach zur Wahl gestellt. Mehrere Einzelwahlgänge werden zusammengefasst, sofern gegen den jeweiligen Vorschlag kein Gegenvorschlag gemacht wird. Erfolgt ein Gegenvorschlag, so wird vor dessen Behandlung zunächst über die vorhergehenden Wahlvorschläge abgestimmt. Für Sammelwahlen müssen die Stimmzettel die Namen aller Bewerber, mit Aus-

* Das Wahlverfahren nach § 8 dieser Geschäftsordnung stellt einen Vorschlag dar. Es steht der Fraktion frei, ein anderes Wahlverfahren vorzusehen. Die Vorgaben der Kommunalverfassung Nordrhein-Westfalen gemäß § 56 Abs. 2 Satz 2 GO bzw. § 40 Abs. 2 Satz 2 KrO, wonach die innere Ordnung der Fraktion demokratischen und rechtsstaatlichen Grundsätzen entsprechen muss, sind jedoch auch bei Anwendung eines alternativen Wahlverfahrens in jedem Fall einzuhalten.

nahme der in Einzelabstimmung zu Wählenden, in der Reihenfolge der Abstimmung enthalten. Auf den Stimmzetteln ist für jede einzelne Abstimmung die Möglichkeit, mit „Ja“, „Nein“ oder „Enthaltung“ zu stimmen, sicherzustellen; zur Vereinfachung sollte jedoch auch die Möglichkeit gegeben werden, mit einer Stimme zu allen Vorschlägen mit „Ja“, „Nein“ oder „Enthaltung“ zu stimmen. Bei Gegenvorschlägen erfolgt Einzelwahl, bei der gewählt ist, wer die Mehrheit der abgegebenen gültigen Stimmen erhält. Wird diese Mehrheit nicht erreicht, so erfolgt eine Stichwahl zwischen den beiden Bewerbern mit den höchsten Stimmenzahlen; für die Stichwahl genügt die einfache Mehrheit. Bei Stimmengleichheit entscheidet in jedem Fall das Los.

(4) Zur Wahl des Vorstandes sind nur Fraktionsmitglieder wahlberechtigt.

§ 9 Abstimmungen / Beschlüsse

(1) Abstimmungen erfolgen mit Mehrheit der abgegebenen Stimmen, sofern in dieser Geschäftsordnung nichts anderes geregelt ist. Stimmenthaltungen zählen als nicht abgegebene Stimmen, Stimmengleichheit gilt als Ablehnung.

(2) Beschlüsse werden grundsätzlich offen gefasst. Auf Antrag eines Drittels der anwesenden stimmberechtigten Mitglieder muss geheim abgestimmt werden.

§ 10 Anträge und Anfragen

Anträge und Anfragen von Fraktionsmitgliedern an den Rat / Kreistag / die Bezirksvertretung und seine / ihre Ausschüsse sind vor der Einbringung dem Fraktionsvorsitzenden zur Kenntnis zu geben. Sie sollen nach Möglichkeit in der Fraktion beraten werden.

§ 11 Arbeit in den Ausschüssen

(1) Die der X-Partei angehörenden Ausschussvorsitzenden nehmen für den Ausschuss die Funktion eines Obmannes der Fraktion wahr; daneben wird ein Sprecher bestellt. Für die von anderen Mitgliedern der Vertretungskörperschaft geleiteten Ausschüsse wird ein Obmann der X-Partei bestimmt.

(2) Der Obmann eines Ausschusses ist verantwortlich für

a) die Vorbereitung der Ausschusssitzungen innerhalb der X-Fraktion,

b) die vollzählige Vertretung der X-Fraktion im Ausschuss (Benachrichtigung der Stellvertreter),

c) die Berichterstattung an die Fraktion,

d) die Pflege des Kontaktes zur entsprechenden Verwaltungsabteilung,

e) die Öffentlichkeitsarbeit im Benehmen mit dem Pressesprecher.

Der Sprecher / Obmann ist verantwortlich für die Vertretung der Fraktionsmeinung im Ausschuss.

§ 12 Sachkundige Bürger

(1) Für die gewählten Sachkundigen Bürger in den Ausschüssen gelten die Bestimmungen der §§ 7 und 10 dieser Geschäftsordnung entsprechend.

(2) Wenn Angelegenheiten ihres Sachbereichs zur Beratung anstehen, sind sie zu beteiligen. Bei der Beratung geheimhaltungsbedürftiger Angelegenheiten aus anderen Sachbereichen haben sie die Fraktionssitzung zu verlassen, es sei denn, dass sie nach der Geschäftsordnung der Vertretungskörperschaft das Recht haben, an nichtöffentlichen Sitzungen der Vertretungskörperschaft als Zuhörer teilzunehmen.

§ 13 Interfraktionelle Zusammenarbeit

(1) Die Fraktion beschließt über die Grundsätze der Zusammenarbeit mit anderen Fraktionen. Ob für bestimmte Angelegenheiten mit anderen Fraktionen – oder Einzelvertretern – Verbindung aufzunehmen ist und Absprachen zu treffen sind, entscheidet der Vorstand. Die Fraktion ist über getroffene interfraktionelle Absprachen spätestens in der nachfolgenden Fraktionssitzung zu informieren.

(2) Einzelne Fraktionsmitglieder können ohne Auftrag weder Abmachungen mit anderen Fraktionen – oder Einzelvertretern – treffen noch ihnen gegenüber bindende Erklärungen abgeben.

§ 14 Ordnungsmaßnahmen

(1) Mitglieder, die den Bestimmungen dieser Geschäftsordnung zuwiderhandeln, können zur Verantwortung gezogen werden.

(2) Ordnungsmaßnahmen sind:

a) Missbilligung (Rüge) eines Verhaltens und

b) Ausschluss aus der Fraktion.

(3) Über die Ordnungsmaßnahmen beschließt die Fraktionsversammlung mit der Mehrheit der Stimmen ihrer Mitglieder auf schriftlichen, begründeten Antrag eines Viertels / eines Drittels (Nichtzutreffendes streichen) ihrer Mitglieder *(Alternative: eines oder mehrerer ihrer Mitglieder)* nach vorheriger Anhörung des Betroffenen. Andere Personen – insbesondere die in § 4 Abs. 4 dieser Geschäftsordnung genannten – nehmen an der Abstimmung über die Ordnungsmaßnahmen nicht teil. Zum Ausschluss aus der Fraktion bedarf es eines mit Mehrheit von zwei Dritteln aller Fraktionsmitglieder gefassten Beschlusses der Fraktion. Die Beschlüsse über Ordnungsmaßnahmen sind zu begründen und dem Betroffenen bekannt zu geben.

§ 15 Finanzen

(1) Die Deckung der Kosten, die durch die Arbeit der Fraktion entstehen, wird durch Fraktionsbeschluss geregelt.

(2) Zur Mitfinanzierung der Fraktionsarbeit führen die Fraktionsmitglieder monatlich einen Beitrag an die Fraktionskasse ab. Die Höhe des Beitrages beschließt die Fraktion.

(3) Der Schatzmeister führt die Kassengeschäfte. Er ist dem Vorstand und der Fraktion gegenüber rechenschaftspflichtig.

(4) Zwei von der Fraktion zu bestellende Mitglieder prüfen die Kasse. Das Prüfergebnis ist der Fraktion mitzuteilen.

(5) Über die Verwendung der der Fraktion von der Gemeinde / dem Kreis zur Verfügung gestellten Mittel ist der Fraktionsvorsitzende nachweispflichtig. Er hat dem (Ober-) Bürgermeister / Landrat zu versichern, dass die Haushaltsmittel und Sachleistungen bestimmungsgemäß, das heißt nur für die Geschäftsbedürfnisse der Fraktion, verwendet worden sind, und die entsprechenden Nachweise zu führen.

§ 16 Fraktionsarchiv und Fraktionsbibliothek*

(1) Der Vorsitzende sorgt dafür, dass alle wichtigen Unterlagen erhalten bleiben. Deshalb hat er alle ihm zugänglichen, die Fraktion betreffenden Schriftstücke dem Geschäftsführer / Schriftführer weiterzuleiten.

(2) Der Geschäftsführer / Schriftführer sammelt im (elektronischen) Fraktionsarchiv die Sitzungsprotokolle aus allen Rats- / Kreistags-, Ausschuss- und Fraktionssitzungen sowie die Presseberichte über bedeutsame Ereignisse der Kommunalpolitik, den

* Die Bestimmungen der §§ 16 und 18 dieser Geschäftsordnung sind eher auf Großstadtfraktionen zugeschnitten; sie können für kleinere Fraktionen entsprechend gekürzt werden.

Schriftwechsel der Fraktion und sonstige für das spätere kommunale Geschehen wissenswerte Unterlagen und Schriftstücke.

(3) Es ist eine Fraktionsbibliothek (in elektronischer Form) einzurichten oder fortzuführen; sie ist auf dem neuesten Stand zu halten und durch den Geschäftsführer / Schriftführer zu verwalten.

(4) Nach Abgabe seines Amtes hat der Vorsitzende, Geschäftsführer / Schriftführer alle Unterlagen der Fraktion – spätestens nach vier Wochen – dem neuen Amtsinhaber zu übergeben. Diese Übergabe ist in einer schriftlichen Verhandlung festzuhalten.

§ 17 Datenschutzrechtliche Regelungen

(1) Der Fraktionsvorsitzende hat dafür Sorge zu tragen, dass hinsichtlich der Verarbeitung personenbezogener Daten (i.S.d. § 3 Abs. 1 und 2 DSG NRW) die Vorschriften des Datenschutzgesetzes sowie der Datenschutz-Grundverordnung beachtet werden. Hierzu gehört insbesondere, dass bei Auflösung der Fraktion die aus der Fraktionsarbeit erlangten personenbezogenen Daten gelöscht werden.

(2) Der Fraktionsvorsitzende hat darauf hinzuwirken, dass neben- / hauptamtliche Fraktionsmitarbeiter, die nicht Mitglied der Vertretungskörperschaft sind, zur Verschwiegenheit verpflichtet werden.

(3) Weiterhin hat der Fraktionsvorsitzende für die sorgfältige Aufbewahrung und den Umgang mit fraktionsbezogenen Unterlagen (z. B. Verwendungsnachweise, Kontenführung etc.) Sorge zu tragen.

§ 18 Öffentlichkeitsarbeit*

(1) Aufgabe des Pressesprechers ist es, ständigen Kontakt mit der Presse und dem Lokalfunk zu pflegen. Er soll Erklärungen der Fraktion in Abstimmung mit dem Vorsitzenden vorbereiten sowie Erklärungen und Beschlüsse der Fraktion den Medien zuleiten. (Zur Information der X-Mitglieder und der Öffentlichkeit erstellt der Pressesprecher regelmäßig einen Bericht, der in allgemein verständlicher Form über die Arbeit und Pläne der Fraktion informiert.)

(2) Die Fraktion hat eine permanente Öffentlichkeitsarbeit zu betreiben. Mindestens einmal jährlich – bei Bedarf auch öfter – sind Pressekonferenzen durchzuführen. Mindestens in halbjährlichem Abstand haben im Anschluss an bzw. vor Fraktionssitzungen öffentliche Anhörungen und Aussprachen mit den Bürgern und Einwohnern im Wechsel in verschiedenen Orts- bzw. Stadtteilen stattzufinden. Mindestens einmal monatlich sind Fraktionssprechstunden abzuhalten. Die einzelnen Fraktionsmitglieder führen daneben in ihren Wahl- und Wohnbezirken, über die Reserveliste gewählte Mandatsträger in nicht von der X-Partei gewonnenen Wahlbezirken (Patenschaften), Sprechstunden durch.

(3) Veröffentlichungen der kommunalpolitischen Vereinigung / des Bildungswerkes der X-Partei sind allen Fraktionsmitgliedern zugänglich zu machen.

§ 19 Änderung der Geschäftsordnung

Änderungen der Geschäftsordnung bedürfen der Mehrheit der Stimmen aller Fraktionsmitglieder.

---

* Die Bestimmungen der §§ 16 und 18 dieser Geschäftsordnung sind eher auf Großstadtfraktionen zugeschnitten; sie können für kleinere Fraktionen entsprechend gekürzt werden.

§ 20 Mitgliedschaft in der kommunalpolitischen Vereinigung der X-Partei des Landes Nordrhein-Westfalen

(1) Die Mitglieder der Fraktion sind Mitglieder der kommunalpolitischen Vereinigung der X-Partei / des Bildungswerkes des Landes Nordrhein-Westfalen.

(2) Für die Erfüllung der Beitragsverpflichtung aus der Mitgliedschaft sind der Vorsitzende, der Schatzmeister und der Geschäftsführer / Schriftführer verantwortlich.

(3 Diese Mitgliedschaft berechtigt alle Fraktionsmitglieder, die Dienstleistungen der kommunalpolitischen Vereinigung / des Bildungswerkes der X-Partei des Landes Nordrhein-Westfalen (z. B. Information, Rechts- und Sachberatung, kommunalpolitische Weiterbildung u.a.m.) in Anspruch zu nehmen.

Unterschriften

(Vorsitzender) (Geschäftsführer / Schriftführer)

II. Runderlass des MIK NRW „Zuwendungen kommunaler Körperschaften an Fraktionen der Vertretungen“

Zuwendungen kommunaler Körperschaften an Fraktionen der Vertretungen

Runderlass des Ministeriums für Inneres und Kommunales NRW
- Stand: November 2015 -

1. Allgemeines

1.1 Anwendungsbereich

Der Anwendungsbereich dieses Erlasses erstreckt sich auf Gemeinden, Kreise, Landschaftsverbände und den Regionalverband Ruhr.

Fraktionen sind freiwillige Vereinigungen von Mitgliedern kommunaler Vertretungen, die sich auf der Grundlage grundsätzlicher politischer Übereinstimmung zu möglichst gleichgerichtetem Wirken zusammengeschlossen haben. Dabei sind sie in die organisierte Staatlichkeit eingefügt (BVerfGE 20, 56, [104]).

Die Fraktionen sind notwendige Einrichtungen des Verfassungslebens und maßgebliche Faktoren der politischen Willensbildung. Ihre Bildung beruht auf der in Ausübung des freien Mandats getroffenen Entscheidung der Mandatsträger (BVerfGE 84, 304, [332]). Nach dem OVG NRW ist für die wirksame Bildung einer Fraktion erforderlich, dass sich aus den Gesamtumständen des jeweiligen Einzelfalles der zuverlässige Schluss ergeben muss, dass der Zusammenschluss nachhaltig auf das gleichgerichtete Zusammenwirken ausgerichtet ist (OVG NRW, Beschluss vom 12.12.2014, Az. 15 B 1139/14).

1.2 Rechtsgrundlagen

Durch das Gesetz zur Änderung der Kommunalverfassung vom 17. Mai 1994 (GV.NW. S. 270) wurde ein gesetzlicher Anspruch der Fraktion auf finanzielle Zuwendung gegen die Kommune begründet.

Die Rechtsgrundlagen für Zuwendungen an die Fraktionen im Rat, in der Bezirksvertretung, im Kreistag, in der Landschaftsversammlung und in der Verbandsversammlung enthalten die inhaltsgleichen Regelungen in § 56 Abs. 3 GO NRW, § 40 Abs. 3 KrO NRW, § 16 a Abs. 3 LVerbO und § 11 Abs. 6 RVRG. Sie bestimmen, dass

- den Fraktionen Zuwendungen aus Haushaltsmitteln zu den sächlichen und personellen Aufwendungen für die Geschäftsführung gewährt werden und
- über die Verwendung der Zuwendungen ein Nachweis in einfacher Form geführt werden muss, der unmittelbar der Hauptverwaltungsbeamtin/dem Hauptverwaltungsbeamten zuzuleiten ist.

Damit steht das „Ob" von Fraktionszuwendungen nicht zur Disposition der jeweiligen Kommune.

1.3 Regelungsweite

Die Kommunalverfassungsgesetze in Nordrhein-Westfalen enthalten keine Bestimmungen über die Höhe der zu gewährenden Zuwendungen. Die Bestimmung der Höhe der Zuwendungen steht im pflichtgemäßen Ermessen der kommunalen Vertretung. Dies folgt aus der insoweit durch den Gesetzgeber unangetasteten Finanzhoheit der Kommunen.

Darüber hinausgehend kann die Finanzierung der Fraktionsarbeit aus weiteren Quellen erfolgen, wie zum Beispiel aus Umlagen der Fraktionsmitglieder, Spenden Einzelner und Finanzmitteln der Partei bzw. Wählervereinigung.

Dieser Runderlass behandelt nur die Zuwendungen aus dem kommunalen Haushalt, nicht jedoch die Verwendung von Mitteln aus anderen Quellen.

1.4 Zweckbindung und Grenzen der Zuwendungsverwendung

Zuwendungen dürfen nur für die Wahrnehmung von organschaftlichen Aufgaben der Fraktionen gewährt werden und unterliegen insoweit einer Zweckbindung.

Zuwendungen dürfen kein Ersatz für Aufwendungen sein, die einzelnen Mitgliedern der Vertretung und ihrer Ausschüsse entstehen und bereits durch die persönliche Aufwandsentschädigung abgegolten sind. Wenn die gesetzlichen Voraussetzungen z. B. für die Zahlung von Sitzungsgeldern, zusätzliche Aufwandsentschädigungen an Funktionsträger oder Fahrkostenersatz nicht vorliegen, dürfen trotzdem gewährte Leistungen der Fraktion nicht aus Fraktionszuwendungen bestritten werden.

Die Zuwendungen dürfen den Parteien oder Wählergruppen nicht als verfassungswidrige verdeckte Parteienfinanzierung dienen. Dies gilt insbesondere auch für die Öffentlichkeitsarbeit, bei der zwischen der zulässigen Öffentlichkeitsarbeit für die Tätigkeit der Fraktion und der nicht zulässigen Öffentlichkeitsarbeit für eine Partei oder Wählergruppe zu trennen ist.

In der nachstehenden Zusammenstellung werden Aktivitäten kommunaler Vertretungen im Hinblick auf die Zulässigkeit der Verwendung von Zuwendungen aus Haushaltsmitteln bewertet.

Aufgrund des aus den kommunalverfassungsrechtlichen Vorschriften folgenden Anspruchs der Fraktionen auf eine Gewährung von Zuwendungen folgt, dass ihnen eine angemessene Mindestausstattung der sächlichen und personellen Aufwendungen für die Geschäftsführung zu gewähren ist. Maßstab dafür sind die Größe der Gebietskörperschaft, die mit ihr zusammenhängende Komplexität der Aufgaben, die Größe der Fraktionen sowie spezifische Besonderheiten. Im Folgenden wird daher auch bewertet, welche Verwendungen von Fraktionszuwendungen zu einer angemessenen Mindestausstattung zählen.

2. Zulässige Verwendungszwecke

Bei den unter 2.1 bis 2.3 aufgeführten Verwendungszwecken handelt es sich um zulässige Verwendungszwecke. Diese unterteilen sich in Verwendungszwecke, die generell zu einer angemessenen Mindestausstattung zählen (2.1), solche die aufgrund der Größe der Gebietskörperschaft und der Fraktionen zu einer angemessenen Mindestausstattung zählen können (2.2) sowie weitere zulässige Verwendungszwecke (2.3).

2.1 Generelle Mindestausstattung

Zu einer generellen Mindestausstattung, deren Finanzierung aus kommunalen Haushaltsmitteln grundsätzlich allen Fraktionen möglich sein muss, zählen die folgenden Verwendungszwecke:

2.1.1 Räume

Anmietung von Räumen (einschl. Nebenkosten)

- für die Fraktionsarbeit/Fraktionsgeschäftsstelle,
- für die Durchführung von Fraktions- und Arbeitskreissitzungen.

Die Gebietskörperschaft kann den Fraktionen auch Räume unentgeltlich zur Verfügung stellen. In einem solchen Fall entfällt für diese Zwecke eine entsprechende Bereitstellung von Geldmitteln.

2.1.2 Laufende Fraktionsarbeit

Geschäftsbedürfnisse für die laufende Fraktionsarbeit:

- Anschaffung von Büromöbeln und IT-Ausstattung,
- wiederkehrende Kosten wie Bürobedarf, Porto, Kosten für Internetnutzung und Telekommunikation sowie Wartung der Technik und Ausstattung.

2.1.3 Print- und Onlinemedien

Beschaffung einer Grundausstattung an Print- und Onlinemedien, soweit die Inanspruchnahme der verwaltungseigenen Bibliothek nicht möglich oder nicht ausreichend ist.

2.1.4 Mitgliedschaft in kommunalpolitischen Vereinigungen / Inanspruchnahme von Beratungsleistungen

Mitgliedschaft in kommunalpolitischen Vereinigungen und / oder Inanspruchnahme externer Beratungsleistungen in einem vergleichbaren angemessenen Umfang.

2.2 Erweiterte Mindestausstattung

Über die in 2.1 genannten Zwecke hinaus können insbesondere aufgrund der Größe der Gebietskörperschaft und der Fraktionen zu einer angemessenen Mindestausstattung weitere Verwendungszwecke zählen, wie z. B.:

2.2.1 Personal

Beschäftigung von Personal:

- für die Sicherung der organisatorischen Abläufe und des Informationsaustausches (Geschäftsstellenbetrieb),
- Fachkräfte für Sachgebiete der Fraktionsarbeit.

Der zulässige Umfang der Beschäftigung von Fachpersonal hängt von der Größe der Fraktion, der Größe der Gebietskörperschaft und der mit ihr zusammenhängenden Komplexität der Aufgaben ab.

Soweit Fraktionen aufgrund ihrer Arbeitgebereigenschaft zu Arbeitgeberleistungen herangezogen werden, ist dies bei der Bemessung der Verteilungsmasse und deren Verteilung zu berücksichtigen.

2.2.2 Öffentlichkeitsarbeit

Öffentlichkeitsarbeit insbesondere durch

- Herausgabe von Presseerklärungen
- Pressekonferenzen (inkl. Bewirtung)
- eigene Publikationen
- Internetauftritt
- soziale Medien

2.3 Weitere zulässige Verwendungszwecke

Die Verwendung von Fraktionszuwendungen aus Haushaltsmitteln der Gebietskörperschaft ist über die in Nummer 2.1 und 2.2 genannten Verwendungszwecke hinaus insbesondere für folgende Zwecke zulässig:

2.3.1 Fortbildung

Fortbildung der Fraktionsmitglieder und Fraktionsmitarbeiterinnen/ Fraktionsmitarbeiter

- durch eigene Tagungen und Vortragsveranstaltungen,
- durch Teilnahme an Kongressen, Vorträgen und Seminaren fachlicher Art,

bezogen auf die Aufgaben der Gebietskörperschaft und der Fraktion (z. B. Fachtagungen der Kommunalpolitischen Vereinigungen) einschließlich der Fahrkosten nach Landesreisekostengesetz (LRKG).

2.3.2 Fahrzeuge

Zulässiger Verwendungszweck können die Anschaffungs- und Betriebskosten von Fahrzeugen für Fahrten der Fraktionsgeschäftsstelle sowie der Transport von Material sein.

Ein Bedarf für die Gestellung oder Anschaffung eines Kraftfahrzeugs wird nur in Großstädten, großflächigen Gemeinden und Kreisen anzuerkennen sein.

2.3.3 Auswärtige Klausursitzungen

Auswärtige Klausursitzungen aus besonderen Anlässen sind grundsätzlich zulässig. Die auch für die Fraktionen geltende Verpflichtung, Haushaltsmittel sparsam und wirtschaftlich zu verwenden, erfordert Eingrenzungen der Art der Anlässe (z. B. Haushaltsberatungen, grundlegende Planungen der Körperschaft), der Anzahl, der Dauer und der maximalen Entfernung vom Ort der Vertretung.

Diese Entscheidung muss in Form von allgemeinen Regelungen einheitlich von der kommunalen Vertretung getroffen werden. Die Grundsätze der Wirtschaftlichkeit und Sparsamkeit sind dabei ebenso zu beachten wie der Grundsatz der Gleichbehandlung der Fraktionen. Die Reisekosten der Fraktionsmitglieder trägt unmittelbar die Körperschaft, da es sich um genehmigungspflichtige Dienstreisen im Sinne des § 6 der Verordnung über die Entschädigung der Mitglieder kommunaler Vertretungen und Ausschüsse (Entschädigungsverordnung - EntschVO) handelt.

2.3.4 Zuziehung von Sachverständigen und Referentinnen/Referenten, Bewirtung von Gästen

Der Zuziehung von Sachverständigen und Referentinnen/Referenten in Fraktionssitzungen stehen die Regelungen in § 58 Abs. 3 S. 6 GO NRW und § 41 Abs. 5 S. 6 KrO NRW nicht entgegen. Sie ermächtigen lediglich die Ausschüsse, Sachverständige zu den Beratungen zuzuziehen. Da die Kommunalverfassungsgesetze von einer Regelung des Verfahrens in den Fraktionen bewusst Abstand genommen haben, kann aus § 58 Abs. 3 S. 6 GO NRW und § 41 Abs. 5 S. 6 KrO NRW nicht auf ein Verbot anderweitiger Sachverständigenzuziehung geschlossen werden. Die Bewirtung der Gäste hat sich auf ein angemessenes Maß zu beschränken.

2.3.5 Veranstaltungen außerhalb von Fraktionssitzungen

Die Durchführung von Veranstaltungen – insbesondere von Informationsveranstaltungen – ist zulässig, sofern ein Bezug zur Fraktionsarbeit besteht.

2.3.6 Reisen

Reisen der Fraktion, einzelner Mitglieder im Auftrag der Fraktion oder von Fraktionsmitarbeitern, wenn sie der Vorbereitung von Initiativen der Fraktion in der Vertretung oder der Meinungsbildung zu Entscheidungen dienen, die in der Vertretung anstehen (Informationsreisen), sind zulässig.

Es handelt sich dabei nicht um Dienstreisen im Sinne des § 6 EntschVO, die von der Genehmigung der kommunalen Vertretung abhängig sind. Folglich kann die Reisekostenvergütung aus den Fraktionszuwendungen gezahlt werden. Aus Gründen der Gleichbehandlung sowie der Wirtschaftlichkeit und Sparsamkeit ist die Reisekostenvergütung nach den Vorschriften des LRKG zu bemessen.

3. Unzulässige Verwendungszwecke

Unzulässig ist die Verwendung von Fraktionszuwendungen aus Haushaltsmitteln der Gebietskörperschaft z. B. für folgende Zwecke:

3.1 Aufwandsersatz der Fraktionsmitglieder für Fraktionssitzungen am Ort der Vertretung

Zahlungen zu diesem Zweck sind unzulässig, da die Fraktionsmitglieder von der Körperschaft bereits Sitzungsgeld und Fahrkostenersatz erhalten. Auch die Zahlung für Sitzungen, die die Zahl der von der kommunalen Vertretung festgelegten entschädigungsfähigen Sitzungen (§ 45 Abs. 6 S. 2 GO NRW und § 30 Abs. 6 S. 2 KrO NRW) überschreiten, ist unzulässig, da hierdurch die Entscheidung der kommunalen Vertretung umgangen würde, für wie viele Fraktionssitzungen die Inanspruchnahme öffentlicher Mittel durch die Mandatsträger ermöglicht werden soll.

3.2 Verfügungsmittel der Fraktionsvorsitzenden/des Fraktionsvorsitzenden

Verfügungsmittel der Fraktionsvorsitzenden/des Fraktionsvorsitzenden, aus denen beispielsweise kleinere Geschenke, Fahrkosten,

Telefonkosten und sonstige Büroaufwendungen gezahlt werden sollen.

Dieser Aufwand ist entweder mit der erhöhten Aufwandsentschädigung abgegolten, oder es handelt sich um Geschäftsbedürfnisse i.S.v. 2.1.2.

3.3 Fahrkosten

Die Erstattung von Fahrkosten zu Fraktionssitzungen aus Fraktionszuwendungen ist unzulässig, wenn dafür eine Kur oder der Urlaub unterbrochen wird.

Es handelt sich um Dienstreisen im Sinne des § 6 EntschVO, über deren Genehmigung die kommunale Vertretung entscheidet und die von dem Fraktionsmitglied unmittelbar mit der Körperschaft abzurechnen sind. Die Reisekostenvergütung bemisst sich nach den Bestimmungen des LRKG.

3.4 Weitere unzulässige Verwendungszwecke sind z.B.:

- Teilnahme an Kongressen, Vorträgen, Seminaren von Parteigliederungen, die nicht regelmäßig Fortbildung betreiben,
- Teilnahme an Parteitagen oder -kongressen,
- Durchführung von Bildungsreisen der Fraktion,
- Spenden (z. B. an Altenheime, Vereine etc.)

4. Höhe der Fraktionszuwendungen

Die Gewährung von Zuwendungen an die Fraktionen ist eine Ermessensentscheidung der Vertretung. Für die Fraktionen der Bezirksvertretungen trifft die Entscheidung der Rat, da die Entscheidung für alle Bezirksvertretungen einheitlich zu treffen ist.

Bei der Ausübung der Ermessensentscheidung hat die Vertretungskörperschaft zu beachten, dass die gewährten Zuwendungen die Fraktionen jedenfalls in die Lage versetzen müssen, die oben unter 2.1 und gegebenenfalls unter 2.2 beschriebene angemessene Mindestausstattung zu finanzieren.

Dabei erfolgt keine Spitzberechnung. Die Fraktionen sind ferner bei der Einsetzung ihrer Mittel frei, solange diese bedarfsorientiert ist, es sich um zulässige Verwendungszwecke handelt und die Grundsätze einer sparsamen und wirtschaftlichen Haushaltsführung beachtet werden.

Zur fehlerfreien Ausübung des Ermessens ist es erforderlich, den Bedarf zu ermitteln und festzulegen, in welchem Umfang er abgedeckt werden soll.

Die Vertretungskörperschaft hat daher festzulegen, ob und in welchem Umfang weitere Mittel über die angemessene Mindestausstattung hinaus für die Geschäftsführung bereitgestellt werden sollen.

Bei der Ermittlung der Höhe der Aufwendungen kann auf eine Analyse des Bedarfs in der Vergangenheit nicht verzichtet werden. Die Erfahrungen der Hauptverwaltungsbeamtin/des Hauptverwaltungsbeamten mit der Prüfung der Verwendungsnachweise, soweit sie ohne Verletzung der Verschwiegenheitspflicht offenbart werden können, sollen in den Entscheidungsprozess einfließen (vgl. im Folgenden Nr. 5). Soweit bei der erstmaligen Anwendung dieses Erlasses entsprechende Erfahrungswerte der Vergangenheit nicht vorliegen, ist der Bedarf auf andere geeignete Weise zu ermitteln.

Liegt der Umfang der Aufwendungen fest, ist zu entscheiden, welche davon durch Sachleistungen oder Personalgestellung der Körperschaft abgedeckt und welche in Geld zugewendet werden sollen.

5. Verteilung der Fraktionszuwendungen

Die Verteilung von Haushaltsmitteln für die Geschäftsführungstätigkeit von Fraktionen ist am allgemeinen Gleichheitssatz des Art. 3 Abs. 1 GG in seiner Ausprägung als Grundsatz der Chancengleichheit zu messen.

Für die Verteilung der Mittel auf die einzelnen Fraktionen ist ein Maßstab zu wählen, der dem Bedarf der Fraktionen gerecht wird und dem Gebot der Chancengleichheit Rechnung trägt.

Der Bedarf kann sich je nach Fraktion unterschiedlich darstellen. Fraktionen können neu in der Vertretung sein und eine Erstausstattung benötigen, über die andere bereits verfügen. Von dem Fall der Erstausstattung abgesehen, richtet sich die Verteilung der Mittel für die laufenden Kosten der Geschäftsführung nach dem ermittelten Bedarf. Dieser darf jedoch unter dem Gesichtspunkt der Chancengleichheit nur insoweit befriedigt werden, als keine Ungleichbehandlung der Fraktionen erfolgt. Das bedeutet, dass keine Zuwendung über den konkreten Bedarf hinaus und keine Abdeckung des konkreten Bedarfs über einen allgemeinen Maßstab hinaus gewährt werden darf.

Als Maßstab für die Verteilung der Haushaltsmittel ist die Fraktionsstärke sachgerecht. Eine rein proportionale Mittelverteilung nach Köpfen ist jedoch nicht zulässig, da jeder Fraktion ein gewisser Sockelbedarf entsteht, der kleinere Fraktionen bei einer proportionalen Mittelverteilung ungleich stärker beschweren würde (BVerwG, Urteil vom 05.07.2012, Az. 8 C 22/11).

Fraktionszuschüsse sind zweckgebundene Zuwendungen. Die gewährten Mittel müssen unter den Fraktionen nach einem Maßstab verteilt werden, der sich an deren tatsächlichen oder zu erwartenden Bedarf für die Geschäftsführung orientiert. Im Vergleich von Mitgliedern großer mit Mitgliedern kleiner Fraktionen dürfen die Zuwendungen an die Fraktionen die grundsätzliche Gleichheit der Mandatswahrnehmung nicht beeinträchtigen. Daher dürfen die bereitgestellten Haushaltsmittel bei unterschiedlich großen Fraktionen nicht linear proportional auf die Fraktionen verteilt werden. Stattdessen kann ein fraktionsstärkeunabhängiger Sockelbetrag mit einer Verteilung nach dem Kopfteilsprinzip kombiniert werden. In Betracht kommen aber auch andere Modelle, z.B. eine degressiv-proportionale Regelung, welche die ersten Mitglieder einer Fraktion stärker gewichtet als spätere (vgl. BVerwG, a.a.O.).

Die danach notwendige Differenzierung der Fraktionszuwendungen kann also beispielsweise so aussehen, dass alle Fraktionen einen gleichen Sockelbetrag erhalten und daneben ein bestimmter Kopfbetrag pro Mitglied der Fraktion gezahlt wird.

An welchen Kostenfaktoren sich die Bemessung des Sockelbetrages orientieren kann, obliegt dem Ermessen der Vertretungskörperschaft. Anbieten dürften sich dabei insbesondere die oben unter 2.1 und gegebenenfalls unter 2.2 genannten Aufwendungen für die Geschäftsführung, die zu einer angemessenen Mindestausstattung zählen.

6. Prüfung der zweckentsprechenden Mittelverwendung

6.1 Gesetzliche Grundlagen

Zu den Grundsätzen einer geordneten Haushaltswirtschaft gehört die Prüfung der zweckentsprechenden Mittelverwendung.

Gemäß § 56 Abs. 3 S. 2 und 3 GO NRW, § 40 Abs. 3 S. 2 und 3 KrO NRW, § 16a Abs. 3 S. 2 und 3 LVerbO NRW sind die Zuwendungen an die Fraktionen in einer besonderen Anlage zum Haushaltsplan darzustellen (siehe dazu Nr. 1.4.1 des Runderlasses des Innenministeriums vom 24.02.2005 – 34-48.01.32.03-1259/05 –, SMBl.NRW. 6300). Über die Verwendung der kommunalen Zuwendungen haben die Fraktionen einen Nachweis in einfacher Form zu führen, der unmittelbar dem Hauptverwaltungsbeamten zuzuleiten ist.

6.2 Prüfung durch die Hauptverwaltungsbeamtin/den Hauptverwaltungsbeamten

Die Hauptverwaltungsbeamtin/der Hauptverwaltungsbeamte prüft die vorgelegten Verwendungsnachweise ohne Einschaltung des Rechnungsprüfungsamtes oder des Rechnungsprüfungsausschusses. Dadurch ist gewährleistet, dass die Fraktionen sich nicht gegenseitig kontrollieren.

Bei dem geforderten Nachweis in einfacher Form ist es ausreichend, wenn die wesentlichen Ausgabenarten (z. B. Personalausgaben, Bürokosten, Reisekosten, Fachliteratur, Öffentlichkeitsarbeit, Fortbildung, ...) jeweils als Gesamtposition aufgeführt werden. Weiter ist eine Versicherung der Fraktionsvorsitzenden erforderlich, dass die Haushaltsmittel und Sachleistungen bestimmungsgemäß, d. h. nur für die Geschäftsbedürfnisse der Fraktionen, verwendet worden sind.

Gegenstand der Prüfung ist die bestimmungsgemäße Verwendung, aber auch die bedarfsgerechte Höhe der Zuwendungen als Entscheidungsgrundlage für die künftige Veranschlagung der Mittel im Haushaltsplan. Weiter ist festzustellen, ob die Mittel nach den Grundsätzen einer sparsamen und wirtschaftlichen Haushaltsführung verwendet worden sind.

Bestehen begründete Zweifel an der gesetzmäßigen Verwendung der Haushaltsmittel durch eine Fraktion, so gibt die Hauptverwaltungsbeamtin/der Hauptverwaltungsbeamte der Fraktion die Gelegenheit, die Zweifel auszuräumen. Dies kann auch durch die Vorlage einzelner Belege erfolgen.

Können die Zweifel an der gesetzmäßigen Verwendung der Haushaltsmittel nicht ausgeräumt werden, so hat die Hauptverwaltungsbeamtin/der Hauptverwaltungsbeamte als Konsequenz des Prüfungsauftrags das Recht und die Pflicht, nicht oder nicht bestimmungsgemäß verwendete Mittel zurückzufordern oder mit künftigen Zuwendungen zu verrechnen.

6.3 Prüfung durch die Gemeindeprüfungsanstalt NRW

Der der Hauptverwaltungsbeamtin/dem Hauptverwaltungsbeamten vorliegende Verwendungsnachweis muss auch der überörtlichen Prüfung durch die Gemeindeprüfungsanstalt NRW zugänglich sein.

Wenn im Rahmen der überörtlichen Prüfung durch die Gemeindeprüfungsanstalt NRW begründete Zweifel an der gesetzmäßigen Verwendung der Haushaltsmittel durch die Fraktionen bestehen und diese auch durch zusätzliche Erläuterungen auf Nachfrage nicht ausgeräumt werden können, hat die Gemeindeprüfungsanstalt NRW das Recht, die entsprechenden Belege einzusehen. Ohne jegliche Möglichkeit, Belege einzusehen, kann der Prüfauftrag nicht erfüllt werden. Insofern enthalten § 56 Abs. 3 S. 3 GO NRW, § 40 Abs. 3 S. 3 KrO NRW und § 16a Abs. 3 S. 3 LVerbO NRW keine Einschränkung des in § 105 GO NRW umrissenen Rahmens der überörtlichen Prüfung.

III. Entschädigungsverordnung (EntSchVO)

Verordnung über die Entschädigung der Mitglieder kommunaler Vertretungen und Ausschüsse (Entschädigungsverordnung – EntschVO)

Vom 5. Mai 2014

(in Kraft getreten am 01.06.2014 – GV.NRW. S. 276 –, geändert durch 4. Verordnung vom 16.10.2020 (GV.NRW. S. 1006), zuletzt geändert durch 5. Verordnung vom 13.12.2021 – GV.NRW. S. 1414 –, in Kraft getreten am 01.01.2022)

Auf Grund

- des § 36 Absatz 4 Satz 3, des § 39 Absatz 7 Satz 6, des § 45 Absatz 7 Satz 1 Nummer 2 und des § 46 Absatz 1 Satz 1 der Gemeindeordnung für das Land Nordrhein-Westfalen in der Fassung der Bekanntmachung vom 14. Juli 1994 (GV.NRW. S. 666), von denen § 36 Absatz 4 Satz 3, § 39 Absatz 7 Satz 6 und § 45 Absatz 7 Satz 1 Nummer 2 zuletzt durch Artikel 15 Nummer 1 des Gesetzes vom 23. Januar 2018 (GV.NRW. S. 90) und § 46 Absatz 1 Satz 1 zuletzt durch Artikel 1 Nummer 7 Buchstabe a des Gesetzes vom 18. Dezember 2018 (GV.NRW. S. 738) geändert worden sind,

- des § 30 Absatz 7 Satz 1 Nummer 2 und des § 31 Absatz 1 Satz 1 der Kreisordnung für das Land Nordrhein-Westfalen in der Fassung der Bekanntmachung vom 14. Juli 1994 (GV.NRW. S. 646), von denen § 30 Absatz 7 Satz 1 Nummer 2 zuletzt durch Artikel 10 des Gesetzes vom 23. Januar 2018 (GV.NRW. S. 90) und § 31 Absatz 1 Satz 1 zuletzt durch Artikel 3 Nummer 4 Buchstabe a des Gesetzes vom 18. Dezember 2018 (GV.NRW. S. 738) geändert worden ist,

- des § 16 Absatz 1 und 2 der Landschaftsverbandsordnung für das Land Nordrhein-Westfalen in der Fassung der Bekanntmachung vom 14. Juli 1994 (GV.NRW. S. 657), dessen Absatz 1 zuletzt durch Artikel 3 Buchstabe a und b des Gesetzes vom 18. September 2012 (GV.NRW. S. 436) geändert und neu gefasst und dessen Absatz 2 zuletzt durch Artikel 13 Nummer 2 des Gesetzes vom 23. Januar 2018 (GV.NRW. S. 90) geändert worden ist,

- des § 12 Absatz 3 und 4 des Gesetzes über den Regionalverband Ruhr in der Fassung der Bekanntmachung vom 3. Februar 2004 (GV. NRW. S. 96), dessen Absatz 3 zuletzt durch Artikel 4 Nummer 2 Buchstabe b des Gesetzes vom 15. November 2016 (GV.NRW. S. 966) und dessen Absatz 4 zuletzt durch Artikel 11 des Gesetzes vom 23. Januar 2018 (GV.NRW. S. 90) geändert worden ist,

verordnet das Ministerium für Heimat, Kommunales, Bau und Gleichstellung:

§ 1
Mitglieder kommunaler Vertretungen

(1) Aufwandsentschädigungen für Mitglieder kommunaler Vertretungen können gezahlt werden:

1. ausschließlich als monatliche Pauschale

oder

2. gleichzeitig als monatliche Pauschale und Sitzungsgeld.

Mitglieder der Landschaftsversammlungen können auch ausschließlich Sitzungsgeld erhalten.

(2) Die Höhe der Aufwandsentschädigung beträgt

1. bei Ratsmitgliedern

a) ausschließlich als monatliche Pauschale in Gemeinden

		bis	10.000	EW	230,00 Euro
von	10.001	bis	20.000	EW	275,00 Euro
von	20.001	bis	30.000	EW	320,00 Euro
von	30.001	bis	40.000	EW	370,00 Euro

von	40.001	bis	60.000	EW	420,00 Euro
von	60.001	bis	100.000	EW	455,00 Euro
von	100.001	bis	150.000	EW	490,00 Euro
von	150.001	bis	450.000	EW	525,00 Euro
		über	450.000	EW	630,00 Euro

b) gleichzeitig als monatliche Pauschale und Sitzungsgeld

in Gemeinden					mtl. Pauschale	Sitzungs-geld
		bis	10.000	EW	125,00 Euro	25,00 Euro
von	10.001	bis	20.000	EW	165,00 Euro	25,00 Euro
von	20.001	bis	30.000	EW	210,00 Euro	25,00 Euro
von	30.001	bis	40.000	EW	250,00 Euro	25,00 Euro
von	40.001	bis	60.000	EW	310,00 Euro	25,00 Euro
von	60.001	bis	100.000	EW	340,00 Euro	25,00 Euro
von	100.001	bis	150.000	EW	380,00 Euro	25,00 Euro
von	150.001	bis	450.000	EW	420,00 Euro	25,00 Euro
		über	450.000	EW	520,00 Euro	25,00 Euro

2. bei Kreistagsmitgliedern

a) ausschließlich als monatliche Pauschale in Kreisen

bis	200.000	EW	380,00 Euro
über	200.000	EW	485,00 Euro

b) gleichzeitig als monatliche Pauschale und Sitzungsgeld

in Kreisen			mtl. Pauschale	Sitzungs-geld
bis	200.000	EW	310,00 Euro	25,00 Euro
über	200.000	EW	415,00 Euro	25,00 Euro

3. bei Mitgliedern der Bezirksvertretungen in kreisfreien Städten

a) ausschließlich als monatliche Pauschale

in Stadtbezirken					mtl. Pauschale
		bis	50.000	EW	220,00 Euro
von	50.001	bis	100.000	EW	255,00 Euro
		über	100.000	EW	285,00 Euro

b) gleichzeitig als monatliche Pauschale und Sitzungsgeld

in Stadtbezirken					mtl. Pauschale	Sitzungsgeld
		bis	50.000	EW	155,00 Euro	25,00 Euro
von	50.001	bis	100.000	EW	185,00 Euro	25,00 Euro
		über	100.000	EW	215,00 Euro	25,00 Euro

4. bei Mitgliedern der Landschaftsversammlungen

a) ausschließlich als monatliche Pauschale	215,00 Euro
b) gleichzeitig als monatliche Pauschale und Sitzungsgeld	
- monatliche Pauschale	105,00 Euro
- Sitzungsgeld	55,00 Euro
c) ausschließlich als Sitzungsgeld	110,00 Euro

5. bei Mitgliedern der Verbandsversammlung des Regionalverbandes Ruhr

a) ausschließlich als monatliche Pauschale	215,00 Euro
b) gleichzeitig als monatliche	

Pauschale und Sitzungsgeld	
- monatliche Pauschale	105,00 Euro
- Sitzungsgeld	55,00 Euro

§ 2
Sachkundige Bürgerinnen und Bürger sowie sachkundige Einwohnerinnen und Einwohner

Die Höhe der Sitzungsgelder beträgt

1. bei Sachkundigen Bürgerinnen und Bürgern im Sinne des § 58 Absatz 1 und 3 der Gemeindeordnung für das Land Nordrhein-Westfalen in der Fassung der Bekanntmachung vom 14. Juli 1994 (GV.NRW. S. 666) in der jeweils geltenden Fassung und Sachkundigen Einwohnerinnen und Einwohnern im Sinne des § 58 Absatz 4 der Gemeindeordnung für das Land Nordrhein-Westfalen in Gemeinden

		bis	10.000	EW	25,00 Euro
von	10.001	bis	20.000	EW	30,00 Euro
von	20.001	bis	30.000	EW	35,00 Euro
von	30.001	bis	40.000	EW	40,00 Euro
von	40.001	bis	60.000	EW	45,00 Euro
von	60.001	bis	100.000	EW	50,00 Euro
von	100.001	bis	150.000	EW	55,00 Euro
von	150.001	bis	450.000	EW	60,00 Euro
		über	450.000	EW	65,00 Euro

2. bei Sachkundigen Bürgern im Sinne des § 41 Absatz 3 und 5 der Kreisordnung für das Land Nordrhein-Westfalen in der Fassung der Bekanntmachung vom 14. Juli 1994 (GV.NRW. S. 646) in der jeweils geltenden Fassung und Sachkundigen Einwohnern im Sinne des § 41 Absatz 6 der Kreisordnung für das Land Nordrhein- Westfalen in Kreisen

bis	200.000	EW	40,00 Euro
über	200.000	EW	50,00 Euro

3. bei Sachkundigen Bürgern im Sinne des § 12 Absatz 3 und des § 13 Absatz 3 der Landschaftsverbandsordnung für das Land Nordrhein-Westfalen in der Fassung der Bekanntmachung vom 14. Juli 1994 (GV.NRW. S. 657) in der jeweils geltenden Fassung sowie des § 9 Nummer 3 des Gesetzes über den Regionalverband Ruhr in der Fassung der Bekanntmachung vom 3. Februar 2004 (GV.NRW. S. 96) in der jeweils geltenden Fassung

70,00 Euro.

§ 3
Zusätzliche Aufwandsentschädigung

(1) Die zusätzliche Aufwandsentschädigung beträgt:

1. bei der ersten Stellvertretung der Bürgermeisterin oder des Bürgermeisters und der ersten Stellvertretung der Landrätin oder des Landrats den 3-fachen,
2. bei weiteren Stellvertretungen der Bürgermeisterin oder des Bürgermeisters und Stellvertretungen der Landrätin oder des Landrats den 1,5-fachen,
3. bei Fraktionsvorsitzenden in Gemeinden und Kreisen den 2-fachen,
4. bei Fraktionsvorsitzenden in Gemeinden und Kreisen einer Fraktion mit mehr als acht Mitgliedern den 3-fachen,
5. bei Stellvertretenden Fraktionsvorsitzenden in Gemeinden und Kreisen den 1,5-fachen,
6. bei Vorsitzenden von Ausschüssen der kommunalen Vertretungen in Gemeinden und Kreisen mit Ausnahme des Wahlprüfungsausschusses und der durch die Hauptsatzung ausgenommenen Ausschüsse den 1-fachen

Satz des Betrages der Aufwandsentschädigung für Mitglieder kommunaler Vertretungen in Gemeinden beziehungsweise Kreisen gleicher Größe nach § 1 Absatz 2 Nummer 1 Buchstabe a und Nummer 2 Buchstabe a;

7. bei Bezirksvorsteherinnen und Bezirksvorstehern den 2-fachen Satz,
8. bei ersten und zweiten Stellvertretungen der Bezirksvorsteherin oder des Bezirksvorstehers den 1-fachen Satz,
9. bei weiteren Stellvertretungen der Bezirksvorsteherin oder des Bezirksvorstehers den 0,5-fachen Satz,
10. bei Fraktionsvorsitzenden in Bezirksvertretungen den 1-fachen Satz

des Betrages der Aufwandsentschädigung für Mitglieder der Bezirksvertretungen in kreisfreien Städten gemäß § 1 Absatz 2 Nummer 3 Buchstabe a, sofern die Hauptsatzung eine Regelung trifft.

(2) Die Ortsvorsteherinnen und Ortsvorsteher erhalten eine Aufwandsentschädigung von 255,00 Euro monatlich. Die Gemeinde kann stattdessen in der Hauptsatzung bestimmen, dass die Höhe der monatlichen Aufwandsentschädigung in Gemeindebezirken

		bis	500	EW	155,00 Euro
von	501	bis	1.000	EW	175,00 Euro
von	1.001	bis	1.500	EW	200,00 Euro
von	1.501	bis	2.000	EW	220,00 Euro
von	2.001	bis	3.000	EW	235,00 Euro
		über	3.000	EW	255,00 Euro

beträgt.

Der Anspruch der zur Ehrenbeamtin ernannten Ortsvorsteherin oder des zum Ehrenbeamten ernannten Ortsvorstehers auf Ersatz ihrer oder seiner Auslagen, die durch die Erledigung der ihr oder ihm übertragenen Geschäfte der laufenden Verwaltung entstanden sind (§ 33 Absatz 1 Satz 1 der Gemeindeordnung für das Land Nordrhein-Westfalen), bleibt unberührt.

(3) Die zusätzliche Aufwandsentschädigung bei den Landschaftsverbänden und beim Regionalverband Ruhr beträgt:

1. bei Vorsitzenden der Landschaftsversammlung beziehungsweise der Verbandsversammlung den 9-fachen,
2. bei Stellvertretungen der Vorsitzenden der Landschaftsversammlung beziehungsweise der Verbandsversammlung den 6-fachen,
3. bei Fraktionsvorsitzenden den 6-fachen,
4. bei Stellvertretenden Fraktionsvorsitzenden den 2-fachen und
5. bei Ausschussvorsitzenden der Landschaftsversammlung beziehungsweise der Verbandsversammlung mit Ausnahme der durch Satzung ausgenommenen Ausschüsse den 1-fachen

Satz des Betrages der Aufwandsentschädigung für Mitglieder der Landschaftsversammlungen beziehungsweise der Verbandsversammlung nach § 1 Absatz 2 Nummer 4 Buchstabe a und Nummer 5 Buchstabe a.

(4) Soweit die Aufwandsentschädigung für Vorsitzende der Ausschüsse der kommunalen Vertretungen in Gemeinden und Kreisen, der Landschaftsversammlungen oder der Verbandsversammlung als Sitzungsgeld gewährt wird, entspricht dieses der Höhe nach der jeweiligen zusätzlichen Aufwandsentschädigung nach Absatz 1 Nummer 6 und Absatz 3 Nummer 5.

§ 3a
Ersatz des Verdienstausfalls

(1) Der Regelstundensatz für den Ersatz des Verdienstausfalls nach § 45 Absatz 7 Satz 1 Nummer 1 der Gemeindeordnung für das Land Nordrhein-Westfalen und § 30 Absatz 7 Satz 1 Nummer 1 der Kreisordnung für das Land Nordrhein-Westfalen beträgt 9,35 Euro.

(2) Der Höchstbetrag für den Ersatz des Verdienstausfalls nach § 45 Absatz 7 Satz 1 Nummer 1 der Gemeindeordnung für das Land Nordrhein-Westfalen und § 30 Absatz 7 Satz 1 Nummer 1 der Kreisordnung für das Land Nordrhein-Westfalen beträgt 84,00 Euro.

§ 4
Allgemeines

(1) Für die Einwohnerzahlen in § 1 Absatz 2 Nummer 1, 2 und 3 sowie in § 2 Nummer 1, 2 sind die Einwohnerzahlen maßgebend, die nach § 78 Absatz 1 der Kommunalwahlordnung vom 31. August 1993 (GV.NRW S. 592, ber. S. 967), die zuletzt durch Verordnung vom 3. Dezember 2013 (GV.NRW. S. 730) geändert worden ist, der Wahl der Vertretung zugrunde gelegen haben.

(2) Bei den Gemeinden und Kreisen können Aufwandsentschädigungen nach den §§ 1 bis 3 nebeneinander bezogen werden, wenn sie auf mehreren Ämtern beruhen. Stellvertreterinnen und Stellvertreter der Bürgermeisterin oder des Bürgermeisters oder der Landrätin oder des Landrats, die gleichzeitig Fraktionsvorsitzende oder stellvertretende Fraktionsvorsitzende sind, erhalten aus diesen Funktionen nur eine Aufwandsentschädigung nach § 3. Insgesamt ist die Höhe der Aufwandsentschädigungen auf den 5-fachen Satz des Betrages der Aufwandsentschädigung für Mitglieder kommunaler Vertretungen in Gemeinden und Kreisen gleicher Größe nach § 1 Absatz 2 Nummer 1 Buchstabe a beziehungsweise Nummer 2 Buchstabe a begrenzt.

(3) Bei den Landschaftsverbänden und beim Regionalverband Ruhr können Aufwandsentschädigungen nach den §§ 1 bis 3 nebeneinander bezogen werden, wenn sie auf mehreren Ämtern beruhen. Vorsitzende der Landschaftsversammlung beziehungsweise der Verbandsversammlung oder deren Stellvertretungen, die gleichzeitig Fraktionsvorsitzende oder stellvertretende Fraktionsvorsitzende sind, erhalten aus diesen Funktionen nur eine Aufwandsentschädigung nach § 3. Insgesamt ist die Höhe der Aufwandsentschädigungen auf den 9-fachen Satz des Betrages der Aufwandsentschädigung für Mitglieder der Landschaftsversammlungen beziehungsweise der Verbandsversammlung nach § 1 Absatz 2 Nummer 4 Buchstabe a beziehungsweise Nummer 5 Buchstabe a begrenzt.

(4) Aufwandsentschädigungen, die in Form einer monatlichen Pauschale gezahlt werden, werden anteilig gekürzt, wenn die Tätigkeit im Verlauf eines Kalendermonats beginnt oder endet.

(5) Die für Sitzungsgelder festgesetzten Sätze gelten für eine Sitzung. Wird eine Sitzungsdauer von insgesamt sechs Stunden überschritten, kann höchstens ein weiteres Sitzungsgeld gewährt werden. Bei mehreren Sitzungen an einem Tag dürfen nicht mehr als zwei Sitzungsgelder gewährt werden.

§ 5
Fahrkosten

(1) Mitgliedern kommunaler Vertretungen und Ausschüsse sowie Ortsvorsteherinnen und Ortsvorstehern werden die Fahrkosten, die ihnen durch Fahrten zum Sitzungsort und zurück entstehen, erstattet, höchstens jedoch in Höhe der Kosten der Fahrten von der Wohnung zum Sitzungsort und zurück. Bei mehreren Wohnungen ist von der Hauptwohnung auszugehen. Entsprechendes gilt für Fahrkosten aus Anlass der Repräsentation der kommunalen Körperschaft, die der oder dem Vorsitzenden oder – auf Veranlassung der oder des Vorsitzenden oder der Vertretung – ihren oder seinen Stellvertreterinnen oder Stellvertretern oder anderen Mitgliedern der Vertretung entstehen, soweit es sich nicht um Dienstreisen (§ 6) handelt.

(2) Die Mitglieder kommunaler Vertretungen haben Anspruch auf Ersatz ihrer Fahrkosten. Dieser Anspruch kann dadurch abgegolten werden, dass ihnen eine Netzkarte für das Gemeindegebiet oder Freifahrten zur Verfügung gestellt oder die Kosten übernommen werden. Bei Benutzung eines Kraftfahrzeugs ist eine Entschädigung in der in § 6 Absatz 1 Satz 2 Landesreisekostengesetz vom 16. Dezember 1998 (GV.NRW. S. 738), das zuletzt durch Artikel 1 des Gesetzes vom 3. Dezember 2013 (GV.NRW. S. 722) geändert worden ist, vorgesehenen Höhe zulässig; bei Benutzung eines Fahrrads ist eine Entschädigung in der in § 6 Absatz 3 Landesreisekostengesetz vorgesehenen Höhe zulässig. Bei regelmäßigen oder gleichartigen Fahrkosten kann zur Vereinfachung der Abrechnung anstelle der Fahrkostenerstattung eine Pauschvergütung gewährt werden, die nach dem Durchschnitt der in einem bestimmten Zeitraum sonst anfallenden Einzelvergütungen zu bemessen ist.

(3) Mitgliedern der Landschaftsversammlungen und Sachkundigen Bürgerinnen und Bürgern im Sinne des § 12 Absatz 3 und des § 13 Absatz 3 der Landschaftsverbandsordnung für das Land Nordrhein-

Westfalen sowie Mitgliedern der Verbandsversammlung des Regionalverbandes Ruhr und Sachkundigen Bürgerinnen und Bürgern im Sinne des § 9 Nummer 3 des Gesetzes über den Regionalverband Ruhr kann außerdem ein Übernachtungsgeld gezahlt werden, wenn die An- und Abreise am Sitzungstag nicht möglich oder nicht zumutbar war. Dasselbe gilt, wenn Sitzungen oder sonstige Veranstaltungen sich über zwei oder mehrere Tage erstrecken. Das in der Satzung festzusetzende Übernachtungsgeld darf den nach dem Landesreisekostengesetz zulässigen Betrag nicht übersteigen.

§ 6
Reisekostenvergütung

(1) Für genehmigte Dienstreisen erhalten Mitglieder kommunaler Vertretungen und Ausschüsse sowie Ortsvorsteherinnen und Ortsvorsteher Reisekostenvergütung nach Maßgabe des Landesreisekostengesetzes.

(2) Neben Reisekostenvergütung dürfen keine Sitzungsgelder gewährt werden.

§ 7
Zusätzliche Unfallversicherung

Neben der gemäß § 2 Absatz 1 Nummer 10 des Siebten Buchs Sozialgesetzbuch – Gesetzliche Unfallversicherung – (Artikel 1 des Gesetzes vom 7. August 1996, BGBl. I S. 1254), das zuletzt durch Artikel 451 der Verordnung vom 31. August 2015 (BGBl. I S. 1474) geändert worden ist, kann für Mitglieder kommunaler Vertretungen und Ausschüsse sowie für Ortsvorsteherinnen und Ortsvorsteher zusätzlich eine angemessene private Unfallversicherung abgeschlossen werden.

§ 8
Inkrafttreten, Außerkrafttreten

Diese Verordnung tritt am 1. Januar 2022 in Kraft.

Gleichzeitig tritt die Entschädigungsverordnung vom 5. Mai 2014 (GV.NRW. S. 276), die zuletzt durch Verordnung vom 16. Oktober 2020 (GV.NRW. S. 1006) geändert worden ist, außer Kraft.

Die Ministerin
für Heimat, Kommunales, Bau und Gleichstellung
des Landes Nordrhein-Westfalen

IV. Erlass Steuerliche Behandlung der Entschädigungen (Ratsherrenerlass)

Entschädigungen an Mitglieder kommunaler Vertretungen

Erlass des Finanzministeriums des Landes Nordrhein-Westfalen
vom 1. September 2021 – S 2337- 3 V B 3 –
(Bezugserlass vom 8. November 2013 – S 2337 - 3 V B 3 –)

Für Entschädigungen an Mitglieder kommunaler Vertretungen gilt ab dem Veranlagungszeitraum 2021 Folgendes:

A. Allgemeines

Die den ehrenamtlichen Mitgliedern kommunaler Vertretungen gewährten Entschädigungen sind grundsätzlich als Einnahmen aus „sonstiger selbständiger Arbeit" i.S.d. § 18 Abs. 1 Nr. 3 Einkommensteuergesetz (EStG) einkommensteuerpflichtig. Das gilt insbesondere für Entschädigungen, die für Verdienstausfall oder Zeitverlust gewährt werden. Ein Steuerabzug ist bei Auszahlung der Aufwandsentschädigungen nicht vorzunehmen; bezogene Aufwandsentschädigungen sind von den Mandatsträgern im Rahmen ihrer Einkommensteuererklärung anzugeben.

Steuerfrei sind

- nach § 3 Nr. 13 EStG Reisekostenvergütungen, die nach den Vorschriften des Bundesreisekostengesetzes oder entsprechender Landesgesetze gewährt werden,
- nach § 3 Nr. 12 Satz 2 EStG Aufwandsentschädigungen, soweit Aufwendungen abgegolten werden, die einkommensteuerrechtlich als Betriebsausgaben berücksichtigungsfähig wären.

B. Anerkennung steuerfreier Aufwandsentschädigungen (§ 3 Nr. 12 Satz 2 EStG)

I. Für ehrenamtliche Mitglieder eines Gemeinderates (Ratsmitglieder) gilt:

1. Pauschale Entschädigungen und Sitzungsgelder sind steuerfrei, soweit sie insgesamt während der Dauer der Mitgliedschaft folgende Beträge nicht übersteigen:

In einer Gemeinde oder Stadt mit	monatlich	jährlich
höchstens 20.000 Einwohnern	125 €	1.500 €
20.001 bis 50.000 Einwohnern	199 €	2.388 €
50.001 bis 150.000 Einwohnern	245 €	2.940 €
150.001 bis 450.000 Einwohnern	307 €	3.684 €
mehr als 450.000 Einwohnern	367 €	4.404 €

Die pauschalen Entschädigungen und Sitzungsgelder sind jedoch mindestens in Höhe des in R 3.12 Abs. 3 der LStR genannten Betrages von 250 € monatlich steuerfrei.

Beispiel 1:

Die von der Stadt A (bis 20.000 Einwohner) im Januar 2021 an ihre Ratsmitglieder gezahlte pauschale Entschädigung in Höhe von 228,50 € monatlich ist auf Grund des Mindestbetrags in voller Höhe steuerfrei.

Beispiel 2:

Die von der Stadt B (ca. 80.000 Einwohner) im Januar 2021 an ihre Ratsmitglieder gezahlte pauschale Entschädigung in Höhe von 417,20 € monatlich ist in Höhe von 250 € steuerfrei und in der verbleibenden Höhe von 167,20 € steuerpflichtig.

Aus den beiden Beispielen wird deutlich, dass der steuerfreie Mindestbetrag von 250 € monatlich bei Gemeinden oder Städten bis 150.000 Einwohner anzuwenden ist.

Für den höchstens steuerfrei bleibenden Betrag ist es unerheblich, ob die nach der Verordnung über die Entschädigung kommunaler Vertretungen und Ausschüsse (Entschädigungsverordnung) gezahlten Aufwandsentschädigungen ausschließlich als monatliche Pauschale, zugleich als monatliche Pauschale und als Sitzungsgelder oder ausschließlich als Sitzungsgelder gezahlt werden. Ebenso ist es unerheblich, ob ein Sitzungsgeld für die Teilnehmer an einer Sitzung eines Gemeinderats, eines seiner Ausschüsse oder einer Fraktion gezahlt wird.

Die Nachholung nicht ausgeschöpfter steuerfreier Monatsbeträge in anderen Monaten desselben Kalenderjahres ist zulässig. Dabei kann jedoch der steuerfreie Jahresbetrag uneingeschränkt nur dann eingesetzt werden, wenn die Ratsmitgliedschaft während eines ganzen Kalenderjahres bestanden hat.

Für die Eingruppierung nach der Gemeindegröße ist für steuerliche Zwecke – abweichend von der Regelung zur Entschädigungsverordnung – die Einwohnerzahl der Gemeinde zu Beginn des Kalenderjahres zu Grunde zu legen (Grundsatz der Abschnittsbesteuerung).

2. Neben den steuerfreien Beträgen nach Nr. 1 ist die Erstattung der tatsächlichen Fahrtkosten für Fahrten von der Wohnung zum Sitzungsort und zurück als steuerfreie Aufwandsentschädigung zulässig; bei Benutzung eines eigenen Kfz oder Fahrrads ist die Wegstreckenentschädigung nach dem Landesreisekostengesetz maßgebend.

3. Die steuerfreien Beträge nach Nr. 1 erhöhen sich für zwei Stellvertreter des Bürgermeisters, in Gemeinden mit mehr als 50.000 Einwohnern für einen weiteren Stellvertreter, sowie für Fraktionsvorsitzende auf das Doppelte der Beträge nach Nr. 1.

In den Fällen einer Vervielfältigung ist der steuerfreie Mindestbetrag von 250 € monatlich nicht anzuwenden.

Beispiel:

Der erste Stellvertreter des Bürgermeisters der Stadt A (bis 20.000 Einwohner) erhält im Januar 2021 eine Aufwandsentschädigung in Höhe von insgesamt 914 € monatlich.

Die gezahlte pauschale Entschädigung ist in Höhe von 250 € monatlich (125 € x 2) steuerfrei und in Höhe von 664 € monatlich steuerpflichtig.

Die steuerliche Behandlung der den hauptamtlichen Bürgermeistern gezahlten Aufwandsentschädigungen richtet sich nach R 3.12 Abs. 3 Satz 2 Nr. 1 LStR. Danach sind die nach der Eingruppierungsverordnung gezahlten Aufwandsentschädigungen in voller Höhe steuerfrei.

II. Für ehrenamtliche Mitglieder eines Kreistages gilt Folgendes:

1. Pauschale Entschädigungen und Sitzungsgelder sind steuerfrei, soweit sie insgesamt während der Dauer der Mitgliedschaft folgende Beträge nicht übersteigen:

in einem Landkreis mit	monatlich	jährlich
höchstens 250.000 Einwohnern	245 €	2.940 €
mehr als 250.000 Einwohnern	307 €	3.684 €

Die pauschalen Entschädigungen und Sitzungsgelder sind jedoch bei einem Landkreis mit höchstens 250.000 Einwohnern mindestens in Höhe des in R 3.12 Abs. 3 der LStR genannten Betrages von 250 € monatlich steuerfrei.

2. Die steuerfreien Beträge nach Nr. 1 erhöhen sich für höchstens zwei Stellvertreter des Landrats sowie für Fraktionsvorsitzende in den Kreistagen auf das Doppelte der Beträge nach Nr. 1.

In den Fällen einer Vervielfältigung ist der steuerfreie Mindestbetrag von 250 € monatlich nicht anzuwenden.

Die steuerliche Behandlung der den hauptamtlichen Landräten gezahlten Aufwandsentschädigungen richtet sich nach R 3.12 Abs. 3 Satz 2 Nr. 1 LStR. Danach sind die nach der Eingruppierungsverordnung gezahlten Aufwandsentschädigungen in voller Höhe steuerfrei.

III. Für ehrenamtliche Mitglieder der Landschaftsversammlungen der Landschaftsverbände Rheinland und Westfalen-Lippe sowie der Verbandsversammlung des Regionalverbandes Ruhrgebiet gilt Folgendes:

1. Pauschale Entschädigungen und Sitzungsgelder sind steuerfrei, soweit sie insgesamt während der Dauer der Mitgliedschaft monatlich 307 € und jährlich 3.684 € nicht übersteigen.

2. die steuerfreien Beträgen nach Nr. 1 erhöhen sich

a) für den Vorsitzenden auf das Dreifache,

b) für höchstens zwei Stellvertreter des Vorsitzenden sowie für Fraktionsvorsitzende in den Landschaftsversammlungen bzw. in der Verbandsversammlung auf das Doppelte

der Beträge nach Nr. 1.

IV. Für ehrenamtliche Mitglieder der Bezirksvertretungen und für Ortsvorsteher gilt:

1. Die Regelungen nach Abschnitt I Nr. 1 und 2 gelten sinngemäß für Mitglieder der Bezirksvertretungen in kreisfreien Städten und für Ortsvorsteher in kreisangehörigen Gemeinden. Dabei ist jedoch nicht die Einwohnerzahl der Gemeinde oder der Stadt, sondern die des Stadt- oder Gemeindebezirks maßgebend.

2. Die steuerfreien Beträge nach Nr. 1 erhöhen sich für den Bezirksvorsteher auf das Doppelte der Beträge nach Nr. 1, mindestens auf insgesamt 264 € monatlich.

Beispiel:

Der Ortsvorsteher eines Stadtbezirks (Einwohnerzahl ca. 5.000) erhält eine Aufwandsentschädigung von 203,70 € monatlich.

Die Aufwandsentschädigung ist auf Grund des anzuwendenden Mindestbetrags in Höhe von 250 € monatlich in voller Höhe steuerfrei.

Sofern eine Person Ratsmitglied und Ortsvorsteher ist und für beide Tätigkeiten eine Aufwandsentschädigung erhält, kann der steuerfreie Mindestbetrag von 250 € monatlich für beide Tätigkeiten gesondert in Anspruch genommen werden.

V. Für sachkundige Bürger

1. im Sinne von § 58 Gemeindeordnung sind Sitzungsgelder steuerfrei, soweit sie folgende Beträge nicht übersteigen:

in einer Gemeinde oder Stadt mit	**Sitzungsgeld**
höchstens 20.000 Einwohnern	6,60 €
20.001 bis 50.000 Einwohnern	7,80 €
50.001 bis 150.000 Einwohnern	9,60 €
150.001 bis 450.000 Einwohnern	10,80 €
mehr als 450.000 Einwohnern	12,60 €

2. im Sinne von § 41 Kreisordnung sind Sitzungsgelder steuerfrei, soweit sie folgende Beträge nicht übersteigen:

in einem Kreis mit	**Sitzungsgeld**
höchstens 250.000 Einwohnern	10,80 €
mehr als 250.000 Einwohnern	12,60 €

3. bei sachkundigen Bürgern der Landschaftsversammlungen sowie des Regionalverbandes (vgl. jeweils Abschnitt III.) sind Sitzungsgelder steuerfrei, soweit sie 18,60 € nicht übersteigen.

Die Sitzungsgelder an sachkundige Bürger sind jedoch in den Fällen der Nrn. 1 bis 3 dieses Abschnitts mindestens in Höhe des in R 3.12 Abs. 3 LStR genannten Betrags von 250 € monatlich steuerfrei.

Beispiel 1:

A erhält als sachkundige Bürgerin der Gemeinde B (ca. 40.000 Einwohner) für die Teilnahme an drei Sitzungen im Januar 2021 ein Sitzungsgeld in Höhe von insgesamt 81,90 € (27,30 € x 3).

Das Sitzungsgeld übersteigt nicht den steuerfreien Mindestbetrag (= 250 € monatlich) und ist deshalb in voller Höhe (= 81,90 €) steuerfrei.

Beispiel 2:

C erhält als sachkundiger Bürger der Stadt D (ca. 180.000 Einwohner) für die Teilnahme an acht Sitzungen im Januar 2021 ein Sitzungsgeld in Höhe von insgesamt 297,60 € (37,20 € x 8).

Der nach der o. a. Tabelle steuerfreie Betrag von 86,40 € (10,80 € x 8) übersteigt nicht den steuerfreien Mindestbetrag. Das Sitzungsgeld ist daher in Höhe von 250 € steuerfrei und in Höhe von 47,60 € steuerpflichtig.

Beispiel 3:

E erhält als sachkundige Bürgerin der Stadt F (ca. 500.000 Einwohner) für die Teilnahme an zwanzig Sitzungen im Januar 2021 ein Sitzungsgeld in Höhe von insgesamt 870 € (43,50 € x 20). Der nach der o. a. Tabelle steuerfreie Betrag von 252 € (12,60 € x 20) übersteigt den steuerfreien Mindestbetrag von 250 € monatlich. Das Sitzungsgeld ist daher in Höhe von 252 € steuerfrei und in Höhe von 618 € steuerpflichtig.

Die vorstehenden Ausführungen gelten entsprechend für sachkundige Einwohner.

VI. Steuerpflichtige, die gleichzeitig Mitglied mehrerer kommunaler Vertretungen sind, können steuerfreie Entschädigungen i.S.d. vorstehenden Absätze I bis IV nebeneinander beziehen. R 3.12 Abs. 3 Satz 6 LStR ist insoweit nicht anzuwenden.

VII. Nach § 7 Entschädigungsverordnung kann für Mitglieder kommunaler Vertretungen und Ausschüsse sowie für Ortsvorsteher zusätzlich eine angemessene private Unfallversicherung abgeschlossen werden. In den meisten Fällen handelt es sich um einen „24-Stunden-Schutz" mit der Folge, dass der Versicherungsschutz Unfälle im privaten Bereich, Unfälle im Rahmen der Ausübung der Mandatstätigkeit am Sitzungsort einschließlich der Fahrten von der Wohnung zum Sitzungsort und Unfälle bei mandatsbedingten Auswärtsterminen umfasst.

Für Unfallversicherungen i.S.d. § 7 Entschädigungsverordnung sind die Grundsätze des Schreibens des Bundesministeriums der Finanzen vom 28.10.2009 (BStBl. I S. 1275) zur steuerlichen Behandlung von freiwilligen Unfallversicherungen entsprechend anzuwenden.

C. Wirkung der steuerfreien Aufwandsentschädigungen

Mit den steuerfreien Beträgen nach Abschnitt B sind alle Aufwendungen, die mit einer dort genannten ehrenamtlichen Tätigkeit zusammenhängen, mit Ausnahme der Aufwendungen für Auswärtstätigkeiten und der Fahrten zwischen Wohnung und Sitzungsort, abgegolten. Es bleibt den Steuerpflichtigen unbenommen, ihre tatsächlichen Aufwendungen, soweit sie nicht Kosten der Lebensführung sind, die ihre wirtschaftliche oder gesellschaftliche Stellung mit sich bringt, gegenüber dem Finanzamt nachzuweisen oder glaubhaft zu machen. In diesem Fall können die tatsächlichen Aufwendungen, soweit sie die steuerfreien Entschädigungen übersteigen, als Betriebsausgaben berücksichtigt werden.

Leistet die Körperschaft ausnahmsweise keinen Ersatz für Reisekosten und Aufwendungen für Fahrten zwischen Wohnung und Sitzungsort, so kann das Finanzamt diese Aufwendungen nicht zusätzlich zu dem als Aufwandsentschädigung pauschal steuerfrei belassenen Betrag als Betriebsausgaben berücksichtigen. Eine Berücksichtigung ist in diesen Fällen nur dann möglich, wenn sämtliche mit der ehrenamtlichen Tätigkeit zusammenhängenden Aufwendungen im Einzelnen nachgewiesen werden und der Gesamtbetrag aller nachgewiesenen Betriebsausgaben die steuerfrei belassene Aufwandsentschädigung übersteigt. Für die Höhe der als Betriebsausgaben abziehbaren Aufwendungen für die Wege zwischen Wohnung und Sitzungsort gilt § 9 Abs. 1 Satz 3 Nr. 4 und Abs. 2 EStG entsprechend.

Bei der Führung des Einzelnachweises ist Folgendes zu beachten:

1. Als Betriebsausgaben können nach der Art der Tätigkeit des hier angesprochenen Personenkreises etwa folgende Aufwendungen in Betracht kommen:

1.1 Aufwendungen für Informationsmaterial in Bezug auf die ausgeübte Tätigkeit in der kommunalen Vertretung;

1.2 Aufwendungen für Porti, Telekommunikation, Schreibmaterial und andere Sachkosten, die im Zusammenhang mit der Tätigkeit als Mitglied der kommunalen Vertretung stehen; der Abzug der Aufwendungen für ein häusliches Arbeitszimmer dem Grunde und der Höhe nach richtet sich nach § 4 Abs. 5 Satz 1 Nr. 6 b EStG;

1.3 Beträge, die von Ratsmitgliedern an die Fraktionsgeschäftsführung abgeführt werden müssen, sofern damit Kosten für die Erledigung gemeinsamer oder für das Ratsmitglied übernommener Aufgaben umgelegt werden;

1.4 Reisekosten in besonders gelagerten Fällen;

a) Soweit die für die Benutzung privateigener Kfz für Auswärtstätigkeiten sowie für die An- und Abfahrt zum Sitzungsort nach Maßgabe des Landesreisekostengesetzes erstatteten Beträge niedriger als die tatsächlichen Kosten sind, kann die Differenz als Betriebsausgaben abgezogen werden.

b) Mehraufwand für die Verpflegung und Kosten einer eventuellen Übernachtung im Rahmen einer Auswärtstätigkeit sind grundsätzlich durch die Reisekostenvergütungen nach dem Landesreisekostengesetz abgegolten. Eine Berücksichtigung derartiger Aufwendungen kommt lediglich in Betracht, wenn für eine Auswärtstätigkeit im Einzelfall eine Reisekostenvergütung nicht in Anspruch genommen worden ist oder die nach § 4 Abs. 5 Satz 1 Nr. 5 EStG (ab 2014 i.V.m. § 9 Abs. 4a EStG) in Betracht kommenden Pauschbeträge höher als die Reisekostenvergütungen sind.

1.5 Aufwendungen in angemessenem Umfang

a) für die Bewirtung außerhalb des eigenen Haushalts (vgl. § 4 Abs. 5 Satz 1 Nr. 2 EStG);

b) für Geschenke an Personen nach Maßgabe des § 4 Abs. 5 Satz 1 Nr. 1 EStG.

Voraussetzung ist, dass diese Aufwendungen einzeln mit Angabe des Empfängers und getrennt von sonstigen Betriebsausgaben aufgezeichnet worden sind (§ 4 Abs. 7 EStG).

Vor Anwendung der Vorschriften des § 4 Abs. 5 und 7 EStG ist ferner stets zu prüfen, ob die als Betriebsausgaben geltend gemachten Aufwendungen für die Bewirtung und Repräsentation tatsächlich und eindeutig im Zusammenhang mit der Mandatstätigkeit stehen.

2. Die vorbezeichneten Aufwendungen müssen grundsätzlich nachgewiesen oder zumindest glaubhaft gemacht werden. Dabei genügt es, wenn der Steuerpflichtige den Einzelnachweis für einen zusammenhängenden repräsentativen Zeitraum von sechs Monaten erbringt. Die dabei gewonnenen Erkenntnisse können sodann für die gesamte Legislaturperiode zugrunde gelegt werden, ohne dass es insoweit eines erneuten Nachweises bedarf. Der Einzelnachweis – zumindest für einen repräsentativen Sechsmonatszeitraum – ist im Hinblick auf das Gleichbehandlungsgebot in allen Fällen anzufordern.

Innerhalb des vereinfachten Nachweises können jedoch nicht die Betriebsausgaben berücksichtigt werden, deren Abzug nach § 4 Abs. 7 EStG die Erfüllung besonderer Aufzeichnungspflichten voraussetzt. Diese Aufwendungen sind in jedem Falle einzeln nachzuweisen.

3. Hat sich ein Steuerpflichtiger für einen Veranlagungszeitraum für den vereinfachten Nachweis entschieden, schließt dies nicht aus, dass er für einen anderen Veranlagungszeitraum seine tatsächlichen Betriebsausgaben im Einzelnen nachweist. Es ist jedoch nicht möglich, innerhalb eines Veranlagungszeitraums einen Teil der Betriebsausgaben nach dem vereinfachten Verfahren anzusetzen und darüber hinaus weitere im Einzelnen nachzuweisende Aufwendungen zu berücksichtigen. Der Steuerpflichtige kann vielmehr – abgesehen von den nach § 4 Abs. 7 EStG in jedem Fall besonders nachzuweisenden Betriebsausgaben – für jeden einzelnen Veranlagungszeitraum insgesamt nur zwischen dem Einzelnachweis und dem vereinfachten Nachweis seiner Betriebsausgaben wählen.

D. Keine Anwendung der sog. Drittelregelung

Bei den vorstehenden Ausführungen handelt es sich um eine Regelung i.S.d. R 3.12 Abs. 3 Satz 10 LStR. Die sich aus R 3.12 Abs. 3 Satz 2 Nr. 2 LStR ergebende sog. „Drittelregelung“ ist daher nicht anzuwenden.

E. Anwendungszeitraum

Die vorstehenden steuerlichen Regelungen gelten erstmals für den Veranlagungszeitraum 2021. Der Erlas vom 08.11.2013 ist letztmals für den Veranlagungszeitraum 2020 anzuwenden.

V. Muster-Geschäftsordnung für den Rat und die Ausschüsse (StGB NRW)

MUSTER-GESCHÄFTSORDNUNG FÜR DEN RAT UND DIE AUSSCHÜSSE

- Städte- und Gemeindebund NRW -
(Stand: November 2022)

Inhaltsübersicht

Präambel

Der Rat der Stadt/Gemeinde .... hat am .... folgende Geschäftsordnung beschlossen:

I. Geschäftsführung des Rates

1. Vorbereitung der Ratssitzungen

§ 1
Einberufung der Ratssitzungen

(1) Der Bürgermeister/Die Bürgermeisterin beruft den Rat ein, so oft es die Geschäftslage erfordert, jedoch soll er den Rat wenigstens alle zwei Monate einberufen. Der Rat ist unverzüglich einzuberufen, wenn mindestens ein Fünftel der Ratsmitglieder oder eine Fraktion unter Angabe der zur Beratung zu stellenden Gegenstände dies verlangen.

(2) Die Einberufung erfolgt durch Übersendung einer Einladung an alle Ratsmitglieder sowie an die Beigeordneten. Die Einladung erfolgt in elektronischer Form. Auf Antrag kann an Stelle einer elektronischen Einladung diese auch schriftlich auf postalischem Wege erfolgen.

(3) In der Einladung sind Zeit, Ort und Tagesordnung anzugeben. Ihr können Erläuterungen zu den einzelnen Verhandlungsgegenständen (Vorlagen) beigegeben werden. Die Übersendung dieser Vorlagen richtet sich nach der jeweiligen Form der Übersendung i.S.v. § 1 Abs.2 der Geschäftsordnung. Vorlagen, die für nichtöffentliche Sitzungen bestimmt sind, können nur dann auf elektronischem Wege

übermittelt werden, wenn sichergestellt ist, dass ein unberechtigter Zugriff Dritter auf diese Dateien nicht möglich ist.[1]

(3a) Wird die Ratssitzung in digitaler oder hybrider Form durchgeführt, sind den Ratsmitgliedern die Daten, die den Zugang zum Videokonferenzsystem und zum Abstimmungssystem ermöglichen (Zugangsdaten), rechtzeitig vor der Sitzung in elektronischer Form (**optional:** Benennung des konkreten Übermittlungsweges[2]) zur Verfügung zu stellen.

optional:

Die Zurverfügungstellung der Daten, die den Zugang zum Videokonferenzsystem und zum Abstimmungssystem ermöglichen (Zugangsdaten), soll mit der Einladung auf elektronischem Weg verbunden werden.

optional:

Die Zurverfügungstellung der Daten, die den Zugang zum Videokonferenzsystem und zum Abstimmungssystem ermöglichen (Zugangsdaten), soll spätestens am dritten Kalendertag vor der Sitzung erfolgen.

(3b) Die Öffentlichkeit ist über den Zugang zu einer digitalen (**optional:** oder hybriden)[3] Sitzung durch einen entsprechenden Hinweis auf der Internetseite der Stadt/Gemeinde X unter www.xxx.xx zu unterrichten. Dort ist über das Verfahren zu informieren, mittels dessen

---

1 Ggf. ist zu überlegen, ob es möglich ist, dass die Gemeinde in ihrer Internetpräsentation die jeweiligen Dateien vorhält und nur die Ratsmitglieder mit einem entsprechenden Passwort darauf Zugriff erhalten.

2 Hier sollte vor Ort geprüft werden, welches Übermittlungssystem bzw. System der Zurverfügungstellung in Betracht kommt. Zudem sollte geprüft werden, ob dieses System bereits so weit feststeht, dass dies in der Geschäftsordnung niedergeschrieben werden kann (ggf. werden hier auch Anpassungsspielräume/Verbesserungsspielräume verengt).

3 Für hybride Sitzungen ist dies nicht verpflichtend; hier wird die Sitzungsöffentlichkeit durch die Möglichkeit zur Anwesenheit im Sitzungsraum gewährleistet. Allerdings kann es vor Ort durchaus gewollt sein, auch bei hybriden Sitzungen Zuhörerinnen und Zuhörern die Teilnahme digital zu ermöglichen; dann kann eine solche Erweiterung in der Geschäftsordnung sinnvoll sein.

Zuhörerinnen und Zuhörer einer digitalen (**optional:** oder hybriden) Sitzung die Daten, die den Zugang zum Videokonferenzsystem für Zuhörerinnen und Zuhörer (Zugangsdaten) ermöglichen, erhalten. Eine Anmeldung nach § 3 Abs. 1 Satz 2 Digitalsitzungsverordnung muss spätestens X Stunden vor der Sitzung erfolgen. Im Übrigen richtet sich das Verfahren nach § 3 Abs. 1 Sätze 2 bis 4 Digitalsitzungsverordnung.[4]

optional:

In diese Veröffentlichung soll im Sinne des § 1 Absatz 3b dieser Geschäftsordnung auch ein Hinweis an die Öffentlichkeit zum Zugang zu einer digitalen (**optional:** oder hybriden) Sitzung aufgenommen werden.

§ 2
Ladungsfrist

(1) Die Einladung muss den Ratsmitgliedern mindestens 7 volle Tage vor dem Sitzungstag, den Tag der Absendung nicht eingerechnet, zugehen.

(2) In besonders dringenden Fällen kann die Ladungsfrist bis auf 3 volle Tage abgekürzt werden. Die Dringlichkeit ist in der Einladung zu begründen.

(3) Abs. 1 und 2 gelten sowohl für die elektronische Übersendung als auch die schriftliche Übersendung.

§ 3
Aufstellung der Tagesordnung

(1) Der Bürgermeister/Die Bürgermeisterin setzt die Tagesordnung fest. Er/Sie hat dabei Vorschläge aufzunehmen, die ihm/ihr in schrift-

4 Das Verfahren ist in § 3 Abs. 1 DigiSiVO dargelegt. Es ist recht kompliziert und verlangt in jedem Fall eine vorherige Anmeldung innerhalb einer in der Geschäftsordnung zu bestimmenden Frist. Für hybride Sitzungen (soweit die Kommune hier einen digitalen Zugang für Zuhörer ermöglicht) stünde es der Kommune nach Auffassung der Geschäftsstelle frei, ein einfacheres Verfahren vorzugeben, z.B. durch Bereitstellung der Zugangsdaten auf der Internetseite Kommune.

licher Form spätestens am 10. Tag vor dem Sitzungstag von mindestens einem Fünftel der Ratsmitglieder oder einer Fraktion vorgelegt werden.

(2) Der Bürgermeister/Die Bürgermeisterin legt ferner die Reihenfolge der einzelnen Tagesordnungspunkte fest und bestimmt unter Beachtung der gesetzlichen Vorschriften, welche Tagesordnungspunkte in nichtöffentlicher Sitzung behandelt werden sollen.

(3) Betrifft ein Vorschlag eine Angelegenheit, die nicht in den Aufgabenbereich der Stadt/Gemeinde fällt, weist der Bürgermeister/die Bürgermeisterin in der Tagesordnung darauf hin, dass die Angelegenheit durch Geschäftsordnungsbeschluss vom Rat von der Tagesordnung wieder abzusetzen ist.

§ 4
Öffentliche Bekanntmachung

Zeit, Ort und Tagesordnung der Ratssitzung sind von dem Bürgermeister/der Bürgermeisterin rechtzeitig öffentlich bekanntzumachen. Die Bekanntmachung erfolgt in der Form, die die Hauptsatzung hierfür vorschreibt.

§ 5
Anzeigepflicht bei Verhinderung

(1) Ratsmitglieder, die verhindert sind, an einer Sitzung teilzunehmen, haben dies unverzüglich dem Bürgermeister/der Bürgermeisterin mitzuteilen.

(2) Ratsmitglieder, die die Sitzung vorzeitig verlassen wollen, haben dies dem Bürgermeister/der Bürgermeisterin spätestens zu Beginn der Sitzung mitzuteilen.

2. Durchführung der Ratssitzungen

2.1 Allgemeines

§ 6
Öffentlichkeit der Ratssitzungen

(1) Die Sitzungen des Rates sind öffentlich.

Jede Person hat das Recht, als Zuhörer/Zuhörerin an öffentlichen Ratssitzungen teilzunehmen, soweit dies die räumlichen Verhältnisse gestatten. Die Zuhörer sind – außer im Falle des § 18 (Einwohnerfragestunde) – nicht berechtigt, das Wort zu ergreifen oder sich sonst an den Verhandlungen des Rates zu beteiligen.

(2) Für folgende Angelegenheiten wird die Öffentlichkeit ausgeschlossen:

a) Personalangelegenheiten,

b) Erwerb bzw. Veräußerung von Grundstücken durch die Gemeinde; dies gilt auch für Pacht, Miete oder ähnliche Rechtsgeschäfte, durch die der Gemeinde Rechte an einer Liegenschaft verschafft werden bzw. die Gemeinde solche Rechte Dritten verschafft,[5]

c) Auftragsvergaben,

d) Angelegenheiten der zivilen Verteidigung,

e) Einzelfälle in Abgabenangelegenheiten,

f) Angelegenheiten der Rechnungsprüfung mit Ausnahme der Beratung des Jahresabschlusses und der Entlastung des Bürgermeisters/der Bürgermeisterin (§ 96 Abs. 1).

---

[5] Die vorgeschlagene Regelung stellt klar, dass vom grundsätzlichen Ausschluss der Öffentlichkeit nur solche Angelegenheiten erfasst werden, bei denen die Gemeinde als (Ver-)Käufer, (Ver-)Mieter, (Ver-)Pächter oder ähnliches auftritt. In diesen Fällen gebieten regelmäßig Gründe des öffentlichen Wohls den Ausschluss der Öffentlichkeit. Andere Angelegenheiten, bei denen u.U. Interessen und Belange von Vertragspartnern der Gemeinde berührt sein können, sind datenschutzrechtlich gemäß § 48 Abs. 3 zweiter Halbsatz GO geschützt. Dem wird in Absatz 4 Rechnung getragen.

Dies gilt nicht, wenn im Einzelfall weder Gründe des öffentlichen Wohls noch berechtigte Ansprüche oder Interessen Einzelner den Ausschluss der Öffentlichkeit gebieten.

(3) Darüber hinaus kann auf Antrag des Bürgermeisters/der Bürgermeisterin oder eines Ratsmitgliedes für einzelne Angelegenheiten die Öffentlichkeit ausgeschlossen werden. Anträge und Vorschläge auf Ausschluss der Öffentlichkeit dürfen nur in nichtöffentlicher Sitzung begründet und beraten werden. Falls dem Antrag stattgegeben wird, ist die Öffentlichkeit in geeigneter Weise zu unterrichten, dass in nichtöffentlicher Sitzung weiter verhandelt wird (§ 48 Abs. 2 Sätze 3 bis 5 GO).

(4) Personenbezogene Daten dürfen offenbart werden, soweit nicht schützenswerte Interessen Einzelner oder Belange des öffentlichen Wohls überwiegen; erforderlichenfalls ist die Öffentlichkeit auszuschließen.

(5) Die im Gemeinde-/ Stadtgebiet erscheinenden Zeitungen und im Gemeinde-/ Stadtgebiet tätigen Rundfunk- und Fernsehveranstalter sollen zu den Sitzungen eingeladen werden.

(6) Bei digitalen (**optional:** oder hybriden[6]) Sitzungen hat jede Person das Recht, digital als Zuhörer/in teilzunehmen. Personen, die nicht über einen eigenen Internetzugang verfügen, melden sich bis zum dritten Tag vor der Sitzung bei der Verwaltung der Gemeinde/Stadt (**optional**: Angabe von Kontaktdaten), damit der Person das Verfolgen der Sitzung in geeigneten Räumlichkeiten ermöglicht werden kann (**Hinweis:** Satz 2 bei hybriden Sitzungen nicht erforderlich). Die Zurverfügungstellung der Daten, die den Zugang zum Videokonferenzsystem ermöglichen (Zugangsdaten), richten sich nach § 1 Abs.

---

6 Die Sitzungsöffentlichkeit ist bei hybriden Sitzungen grundsätzlich schon dadurch gewährleistet, dass Zuhörerinnen und Zuhörer im Sitzungsraum anwesend sein können; es gibt aus den gesetzlichen Regelungen keinen Anspruch auf digitale Teilnahme bei einer hybriden Sitzung. Dennoch kann es politisch gewünscht sein, Zuhörerinnen und Zuhörern einen digitalen Zugang auch bei hybriden Sitzungen zu ermöglichen (weil z.B. sonst regelmäßig mehr Zuhörende als Mandatsträgerinnen und Mandatsträger im Sitzungsraum sind). Auch wenn diese Möglichkeit nicht ausdrücklich im Gesetz genannt ist, geht die Geschäftsstelle davon aus, dass dieser Weg im Rahmen der Geschäftsordnungsautonomie eröffnet werden kann.

3b dieser Geschäftsordnung[7]. Digital teilnehmender Zuhörer/innen sind vorbehaltlich der Regelung in § 18 dieser Geschäftsordnung nicht berechtigt, sich an der Sitzung zu beteiligen; dies gilt auch für die optische Kundgabe von Zustimmung oder Missbilligung.

(7) Ist die Öffentlichkeit von der Beratung bei digitalen oder hybriden Sitzungen ausgeschlossen, haben die digital teilnehmenden Ratsmitglieder in ihrem Verantwortungsbereich den erforderlichen Datenschutz sicherzustellen und am Ort ihrer Sitzungsteilnahme zu verhindern, dass Dritte die Inhalte der nichtöffentlichen Beratung ganz oder teilweise wahrnehmen können. Dies gilt sowohl für die Bild- als auch für die Tonübertragung. Diese Pflicht ist Bestandteil der Verschwiegenheitspflicht nach § 30 Abs. 1 GO NRW. Vor Beginn eines nichtöffentlichen Sitzungsteils hat die Sitzungsleitung die Gremienmitglieder auf ihre Pflichten hinzuweisen. Bei erkennbaren Verstößen (z.B. Teilnahme eines Ratsmitglieds im öffentlichen Raum im Nahbereich anderer Personen) kann der Vorsitzende/die Vorsitzende gegenüber dem betreffenden Ratsmitglied die Rechte nach §§ 21, 22 dieser Geschäftsordnung wahrnehmen.

§ 7
Vorsitz

(1) Der Bürgermeister/Die Bürgermeisterin führt den Vorsitz im Rat. Im Falle seiner/ihrer Verhinderung übernimmt sein/ihr Stellvertreter/seine/ihre Stellvertreterin den Vorsitz. Die Reihenfolge der Stellvertretung bestimmt sich aufgrund des Wahlergebnisses nach § 67 Abs. 2 GO.

(2) Der Bürgermeister/Die Bürgermeisterin hat die Sitzung sachlich zu leiten. Er/Sie handhabt die Ordnung in der Sitzung und übt das Hausrecht (§ 51 GO) aus.

§ 8
Beschlussfähigkeit

[7] Nach Auffassung der Geschäftsstelle ist bei hybriden Sitzungen auch ein einfacherer Weg zur Zurverfügungstellung der Zugangsdaten rechtlich möglich.

(1) Vor Eintritt in die Tagesordnung stellt der Bürgermeister/die Bürgermeisterin die ordnungsgemäße Einberufung sowie die Beschlussfähigkeit der Versammlung fest und lässt dies in der Niederschrift vermerken. Der Rat ist beschlussfähig, wenn mehr als die Hälfte der gesetzlichen Mitgliederzahl anwesend ist. Er gilt als beschlussfähig, solange seine Beschlussunfähigkeit nicht festgestellt ist (§ 49 Abs. 1 GO).

(2) Ist eine Angelegenheit wegen Beschlussunfähigkeit zurückgestellt worden und wird der Rat zur Behandlung über denselben Gegenstand einberufen, so ist er ohne Rücksicht auf die Zahl der Erschienenen beschlussfähig, wenn bei der zweiten Einberufung auf diese Bestimmung ausdrücklich hingewiesen worden ist (§ 49 Abs. 2 GO).

§ 9
Befangenheit von Mitgliedern des Rates

(1) Muss ein Mitglied des Rates annehmen, nach §§ 50 Abs. 6, 43 Abs. 2, 31 GO von der Mitwirkung an der Beratung und Entscheidung ausgeschlossen zu sein, so hat es den Ausschließungsgrund vor Eintritt in die Verhandlung unaufgefordert dem Bürgermeister/der Bürgermeisterin anzuzeigen und den Sitzungsraum zu verlassen; bei einer öffentlichen Sitzung kann das Ratsmitglied sich in dem für die Zuhörer bestimmten Teil des Sitzungsraumes aufhalten.

(1a) Im Falle einer digitalen Sitzung oder einer hybriden Sitzung, bei der das ausgeschlossene Ratsmitglied in digitaler Form teilnimmt, hat der Vorsitzende/die Vorsitzende dafür Sorge zu tragen, dass eine Mitwirkung des betreffenden Ratsmitgliedes an der Beratung und Beschlussfassung ausgeschlossen ist.

Variante 1:

Hierzu ist das Mikrofon des ausgeschlossenen Ratsmitgliedes während der Behandlung des betreffenden Tagesordnungspunktes stumm zu schalten sowie die Möglichkeit zur Teilnahme an einem Abstimmungssystem auszuschließen; das Ratsmitglied hat sich jeder optischen Kundgabe von Zustimmung oder Ablehnung zu enthalten.

Variante 2:

Hierzu ist das Mikrofon und die Übertragung des Videobildes des betreffenden Ratsmitgliedes während der Behandlung des betreffenden Tagesordnungspunktes abzuschalten sowie die Möglichkeit zur Teilnahme an einem Abstimmungssystem auszuschließen.

Bei nicht-öffentlichen Sitzungen ist zudem die Kamera- und Tonübertragung der Sitzung an das ausgeschlossene Mitglied zu unterbrechen.

(2) In Zweifelsfällen entscheidet der Rat darüber, ob ein Ausschließungsgrund besteht.

(3) Verstößt ein Ratsmitglied gegen die Offenbarungspflicht nach Abs. 1, so stellt der Rat dies durch Beschluss fest. Der Ratsbeschluss ist in die Niederschrift aufzunehmen.

(4) Die Regelungen gelten auch für den Bürgermeister/die Bürgermeisterin mit der Maßgabe, dass er/sie die Befangenheit dem/der Stellvertretenden Bürgermeister/ Bürgermeisterin vor Eintritt in die Verhandlungen anzeigt.

§ 10
Teilnahme an Sitzungen

(1) Der Bürgermeister/Die Bürgermeisterin und die Beigeordneten nehmen an den Sitzungen des Rates teil. Der Bürgermeister/Die Bürgermeisterin ist berechtigt und auf Verlangen mindestens eines Ratsmitgliedes verpflichtet, zu einem Punkt der Tagesordnung vor dem Rat Stellung zu nehmen. Auch Beigeordnete sind hierzu verpflichtet, falls es der Rat oder der Bürgermeister/die Bürgermeisterin verlangt (§ 69 Abs. 1 GO).

(2) Mitglieder der Bezirksvertretungen und der Ausschüsse können an den nichtöffentlichen Sitzungen des Rates als Zuhörer teilnehmen, soweit deren Aufgabenbereich durch den Beratungsgegenstand berührt wird. Die Teilnahme als Zuhörer/Zuhörerin begründet keinen Anspruch auf Ersatz des Verdienstausfalls und auf Zahlung von Sitzungsgeld (§ 48 Abs. 4 GO).

2.2 Gang der Beratungen

§ 11
Änderung und Erweiterung der Tagesordnung

(1) Der Rat kann beschließen,

a) die Reihenfolge der Tagesordnungspunkte zu ändern,

b) Tagesordnungspunkte zu teilen oder miteinander zu verbinden,

c) Tagesordnungspunkte abzusetzen.

Die Verweisung eines zur Beratung in öffentlicher Sitzung vorgesehenen Tagesordnungspunktes in die nichtöffentliche Sitzung darf nur dann erfolgen, wenn es sich um eine geheimhaltungsbedürftige Angelegenheit im Sinne von § 6 Abs. 2 bis 4 GeschO handelt.

(2) Die Tagesordnung kann in der Sitzung durch Beschluss des Rates erweitert werden, wenn es sich um Angelegenheiten handelt, die keinen Aufschub dulden oder die von äußerster Dringlichkeit sind (§ 48 Abs. 1 GO). Der Ratsbeschluss ist in die Niederschrift aufzunehmen.

(3) Ist aufgrund des Vorschlags einer Fraktion oder eines Fünftels der Ratsmitglieder eine Angelegenheit in die Tagesordnung aufgenommen worden, die nicht in den Aufgabenbereich der Stadt/Gemeinde fällt, setzt der Rat durch Geschäftsordnungsbeschluss die Angelegenheit von der Tagesordnung ab.

(4) Wird nach Aufruf eines Tagesordnungspunktes, der eine Angelegenheit betrifft, die nicht in den Aufgabenbereich der Stadt/Gemeinde fällt, ein Geschäftsordnungsantrag nach Abs. 3 aus der Mitte des Rates nicht gestellt, stellt der Bürgermeister/die Bürgermeisterin von Amts wegen den Antrag und lässt darüber abstimmen.

§ 12
Redeordnung

(1) Der Bürgermeister/Die Bürgermeisterin ruft jeden Punkt der Tagesordnung nach der vorgesehenen oder beschlossenen Reihenfolge unter Bezeichnung des Verhandlungsgegenstandes auf und stellt die Angelegenheit zur Beratung. Wird eine Angelegenheit beraten, die auf Vorschlag von einem Fünftel der Ratsmitglieder oder einer Fraktion in die Tagesordnung aufgenommen worden ist (§ 3 Abs. 1 dieser Geschäftsordnung), so ist zunächst den Antragstellern Gelegenheit zu geben, ihren Vorschlag zu begründen. Ist eine Berichterstattung vorgesehen, so erhält zunächst der Berichterstatter/die Berichterstatterin das Wort.

(2) Hinsichtlich der Angelegenheiten, die nicht in den Aufgabenbereich der Stadt/Gemeinde fallen, gelten § 11 Absätze 3 und 4.

(3) Ein Ratsmitglied, das das Wort ergreifen will, hat sich durch Aufheben der Hand zu melden. Melden sich mehrere Ratsmitglieder gleichzeitig, so bestimmt der Bürgermeister/die Bürgermeisterin die Reihenfolge der Wortmeldungen.

(4) Außerhalb der Reihenfolge erhält ein Ratsmitglied das Wort, wenn es Anträge zur Geschäftsordnung stellen will.

(5) Der Bürgermeister/die Bürgermeisterin ist berechtigt, auch außerhalb der Reihenfolge das Wort zu ergreifen.

(6) Die Redezeit beträgt im Regelfalle höchstens 10 Minuten. Sie kann durch Beschluss des Rates verlängert oder verkürzt werden. Ein Ratsmitglied darf höchstens dreimal zum selben Punkt der Tagesordnung sprechen; Anträge zur Geschäftsordnung bleiben hiervon unberührt.[8]

---

[8] Nach dem Urteil des VG Arnsberg vom 05. Dezember 2019 (Az.: 12 K 7751/17) wird eine Redezeitbeschränkung für den Rat als zulässig erachtet. Eine Beschränkung für die Ausschüsse ist dagegen unzulässig, zumindest wenn diese gleichlautend zu der Beschränkung für die Ratssitzung ist.

§ 12a
Durchführung digitaler und hybrider Sitzungen

(1) Bei einer digitalen Sitzung nehmen alle Ratsmitglieder ohne persönliche Anwesenheit am Sitzungsort unter Einsatz technischer Hilfsmittel durch zeitgleiche Bild-Ton-Übertragung an der Sitzung teil. Bei einer digitalen Sitzung gelten per Bild-Ton-Übertragung teilnehmende Ratsmitglieder als anwesend. Ratsmitgliedern, die nicht über einen eigenen Internetzugang verfügen, ist auf Anfrage, die spätestens bis zum dritten Tag vor der Sitzung erfolgen muss, ein Angebot mit einem Internetzugang (z.B. in einer gesonderten Räumlichkeit) bereitzustellen.

(2) Bei einer hybrid durchgeführten Sitzung nehmen Ratsmitglieder teils persönlich anwesend und teils ohne persönliche Anwesenheit unter Einsatz technischer Hilfsmittel durch zeitgleiche Bild-Ton-Übertragung an der Sitzung teil, während die Sitzungsleitung am Sitzungsort anwesend ist. Bei einer hybriden Sitzung gelten sowohl die am Sitzungsort anwesenden Ratsmitglieder als auch die digital per Bild-Ton-Übertragung teilnehmenden Ratsmitglieder als anwesend. Ebenfalls sind der Schriftführer/die Schriftführerin sowie die weiteren Bediensteten der Verwaltung, die aufgrund ihrer dienstlichen Stellung an der Sitzung teilnehmen, am Sitzungsort anwesend.

Optional:

Die Sitzungsleitung kann gestatten, dass die weiteren Bediensteten der Verwaltung, die aufgrund ihrer dienstlichen Stellung an der Sitzung teilnehmen, auch in digitaler Form teilnehmen können.

(3) Sowohl bei einer digitalen Sitzung als auch bei digital teilnehmenden Ratsmitgliedern im Rahmen einer hybriden Sitzung haben die Ratsmitglieder dafür Sorge zu tragen, dass sie in ungestörter Weise an den Ratssitzungen teilnehmen können. Das Aufzeichnen und Weiterverbreiten der Sitzung oder von Sitzungsteilen ist untersagt.

§ 12b
Verantwortlichkeiten im Rahmen digitaler und hybrider Sitzungen

(1) Die von Seiten der Stadt/Gemeinde für die Durchführung von digitalen und hybriden Sitzungen eingesetzten Anwendungen müssen dem aktuellen Stand der IT-Sicherheitstechnik für Videokonferenz- und Abstimmungssysteme entsprechen und von der Gemeindeprüfungsanstalt NRW zugelassen worden sein. Für den Einsatz dieser Anwendungen hat die Stadt/Gemeinde ein gesondertes Konzept zu erstellen, das den Anforderungen der IT-Sicherheit Rechnung trägt, oder ein vorhandenes IT-Sicherheitskonzept entsprechend zu erweitern. Das entsprechende Konzept ist den Ratsmitgliedern zur Verfügung zu stellen.

(2) Vor und während der gesamten Dauer der Sitzung hat die Stadt/Gemeinde die technischen und organisatorischen Voraussetzungen dafür sicherzustellen, dass den Ratsmitgliedern und in öffentlichen Sitzungen der Öffentlichkeit der Zugang und die digitale Teilnahme an der Sitzung dauerhaft möglich sind.

Variante 1:

Dies umfasst die Verantwortung für die grundsätzliche Funktionsfähigkeit der eingesetzten Softwareanwendung, die Übertragungstechnik im Sitzungssaal, die Übertragung von Bild- und Tonaufnahmen an digital teilnehmende Ratsmitglieder sowie im Falle der Bereitstellung von Endgeräten zur Teilnahme an digitalen oder hybriden Sitzungen auch die grundsätzliche Funktionsfähigkeit dieser Endgeräte.

Variante 2:

Dies umfasst die Verantwortung für die grundsätzliche Funktionsfähigkeit der eingesetzten Softwareanwendung, die Übertragungstechnik im Sitzungssaal und die Übertragung von Bild- und Tonaufnahmen an digital teilnehmende Ratsmitglieder. Bei bereitgestellten Endgeräten obliegt die ordnungsgemäße Bedienung und die Pflege der Software (insb. durch das regelmäßige Aufspielen von Updates des Betriebssystems oder der verwendeten Softwareanwendungen) nach Maßgabe eines gesonderten Konzeptes nach § 8 Abs. 1 Satz 2 Digitalsitzungsverordnung den Ratsmitgliedern.

(3) Die Ratsmitglieder können für die Teilnahme an digitalen und hybriden Sitzungen grundsätzlich ihre eigenen Endgeräte verwenden. Hierzu ist in einem gesonderten Konzept nach § 8 Abs. 1 Satz 2 Digitalsitzungsverordnung festzulegen, welche IT-sicherheitsrechtlichen und datenschutzrechtlichen Maßnahmen von den Ratsmitgliedern in eigener Verantwortung zu treffen sind.

Alternativ:

(3) Die Ratsmitglieder müssen für die Teilnahme an digitalen und hybriden Sitzungen grundsätzlich die von Seiten der Stadt/Gemeinde bereitgestellten Endgeräte verwenden.

(4) Die Ratsmitglieder sind für die Herstellung der digitalen Verbindung zur Sitzung mit der dafür von Seiten der Stadt/Gemeinde bereitgestellten Anwendung und mit den dafür zugelassenen oder bereitgestellten Endgeräten verantwortlich.

(5) Die Sitzung ist unverzüglich zu unterbrechen, wenn ein Ratsmitglied eine Störung der Bild-Ton-Übertragung, die es an einer ordnungsgemäßen Sitzungsteilnahme hindert, rügt oder wenn die Sitzungsleitung auf andere Weise Kenntnis von einer solchen Störung erhält. Die Meldung einer Störung kann über eine telefonische Verbindung erfolgen (zweiter Meldeweg), deren Telefonnummer den Ratsmitgliedern vor Beginn einer digitalen oder hybriden Sitzung mitzuteilen ist; die Mitteilung der Telefonnummer soll mit der Zurverfügungstellung der Einwahldaten (§ 1 Abs. 3a) verbunden werden.

(6) Die Sitzung darf vor Behebung der Störung i.S.d. Absatz 5 nicht fortgesetzt werden, es sei denn, dass es sich um eine unbeachtliche Störung handelt oder davon ausgegangen werden kann, dass die Störung in den Verantwortungsbereich des Ratsmitglieds fällt. Das ist insbesondere zu vermuten,

- wenn eine Behebung der Störung nicht gelingt und allen übrigen Ratsmitgliedern eine störungsfreie Bild-Ton-Übertragung möglich ist,
- nach einem Abbruch der Bild-Ton-Übertragung eine Meldung der Störung nach Absatz 5 nicht innerhalb von fünf Minuten nach Auftreten der Störung durch das Ratsmitglied erfolgt, oder
- das betroffene Ratsmitglied nach Wiederherstellung der Übertragung ohne Rüge an Beratungen und Abstimmungen mitwirkt.

§ 12c
Ablauf digitaler und hybrider Sitzungen

(1) Ratsmitglieder müssen bei digitalen oder hybriden Sitzungen jederzeit durch Bildübertragung für die Sitzungsleitung, die anderen Ratsmitglieder und die Öffentlichkeit wahrnehmbar sein. Bei Wortbeiträgen müssen die Ratsmitglieder mit Bild und Ton wahrnehmbar sein. Außerhalb von Wortbeiträgen sind die Mikrofone der Ratsmitglieder stumm zu stellen; ihnen muss es jederzeit während der Sitzung technisch möglich sein, die Wahrnehmbarkeit mit Bild und Ton herzustellen, solange die Ratsmitglieder nicht aufgrund einer anderen Regelung dieser Geschäftsordnung, der Hauptsatzung der Stadt/Gemeinde X oder der Gemeindeordnung NRW verpflichtet sind, ihre Mikrofone stumm zu stellen und/oder die Bildübertragung zu unterbrechen (z.B. im Falle des Ausschlusses nach § 9 Abs. 1a dieser Geschäftsordnung oder beim Entzug des Rederechts nach § 21 dieser Geschäftsordnung).

(2) Die Ratsmitglieder können in besonderen Fällen die Bildübertragung unterbrechen, wenn dies zum Schutz der Privatsphäre oder aus anderen, vergleichbaren Gründen notwendig ist.[9] In diesen Fällen gilt das Ratsmitglied während der Unterbrechung der Bildübertragung als nicht anwesend. Die Unterbrechung der Bildübertragung soll höchstens 10 Minuten dauern, ansonsten hat das Ratsmitglied die Sitzungsleitung über den Grund der Unterbrechung zu informieren.

---

9 Unerwartete Unterbrechung im Nahbereich des an der Sitzung digital teilnehmenden Ratsmitgliedes, sanitäre Bedürfnisse etc.

(3) Die Sitzungsleitung hat das Recht, die Mikrofone von Ratsmitgliedern stumm zu schalten sowie die Bildübertragung zu unterbrechen, wenn eine Stummschaltung oder ein Ausschluss der Bildübertragung nach dieser Geschäftsordnung, der Hauptsatzung der Stadt/Gemeinde X oder der Gemeindeordnung NRW geboten ist. § 2 Abs. 4 Satz 2 Digitalsitzungsverordnung bleibt unberührt.

(4) Die Sitzungsleitung ist berechtigt, zur Vorbereitung der Niederschrift einen Mitschnitt einer digitalen oder hybriden Ratssitzung anzufertigen.

§ 13
Anträge zur Geschäftsordnung

(1) Anträge zur Geschäftsordnung können jederzeit von jedem Mitglied des Rates gestellt werden. Dazu gehören insbesondere folgende Anträge:

a) auf Schluss der Aussprache (§ 14),

b) auf Schluss der Rednerliste (§ 14),

c) auf Verweisung an einen Ausschuss oder an den Bürgermeister,

d) auf Vertagung,

e) auf Unterbrechung oder Aufhebung der Sitzung,

f) auf Ausschluss oder Wiederherstellung der Öffentlichkeit,

g) auf namentliche oder geheime Abstimmung,

h) auf Absetzung einer Angelegenheit von der Tagesordnung.

(2) Wird ein Antrag zur Geschäftsordnung gestellt, so darf noch je ein Mitglied des Rates für und gegen diesen Antrag sprechen. Anschließend ist über den Antrag abzustimmen. In den Fällen des § 16 Abs. 3 Abs. 4 bedarf es keiner Abstimmung.

Über Anträge zur Geschäftsordnung hat der Rat gesondert vorab zu entscheiden. Werden mehrere Anträge zur Geschäftsordnung gleichzeitig gestellt, so ist über den jeweils weitestgehenden Antrag zuerst abzustimmen. In Zweifelsfällen bestimmt der Bürgermeister/die Bürgermeisterin die Reihenfolge der Abstimmung.

§ 14
Schluss der Aussprache, Schluss der Rednerliste

Jedes Mitglied des Rates, das sich nicht an der Beratung beteiligt hat, kann beantragen, dass die Beratung des Tagesordnungspunktes beendet oder die Rednerliste geschlossen wird. Wird ein solcher Antrag gestellt, so gibt der/die Vorsitzende die bereits vorliegenden Wortmeldungen bekannt.

§ 15
Anträge zur Sache

(1) Jedes Mitglied des Rates und jede Fraktion sind berechtigt, zu jedem Punkt der Tagesordnung Anträge zu stellen, um eine Entscheidung des Rates in der Sache herbeizuführen (Anträge zur Sache). Hat eine Vorberatung in Ausschüssen des Rates stattgefunden, so steht ein gleiches Recht auch den beteiligten Ausschüssen zu. Die Anträge müssen einen abstimmungsfähigen Beschlussentwurf enthalten.

(2) Für Zusatz- und Änderungsanträge zu den nach Abs. 1 gestellten Anträgen gilt Abs. 1 Satz 3 entsprechend.

(3) Anträge nach den Absätzen 1 und 2, die Mehrausgaben oder Mindereinnahmen gegenüber den Ansätzen des Haushaltsplanes zur Folge haben, müssen mit einem Deckungsvorschlag verbunden werden.

§ 16
Abstimmung

(1) Nach Schluss der Aussprache stellt der Bürgermeister/die Bürgermeisterin die zu dem Tagesordnungspunkt gestellten Sachanträge zur Abstimmung. Der weitestgehende Antrag hat Vorrang. In Zweifelsfällen bestimmt der Bürgermeister/die Bürgermeisterin die Reihenfolge der Abstimmung.

(2) Die Abstimmung erfolgt im Regelfall durch Handzeichen.

(2a) Das im Rahmen einer digitalen oder hybriden Sitzung eingesetzte Abstimmungssystem muss das Stimmverhalten der Stimmberechtigten bei offenen oder namentlichen Abstimmungen für die Sitzungsleitung, die anderen Gremienmitglieder und die Öffentlichkeit erkennen und nachvollziehen lassen. Der Verzicht auf den Einsatz eines Abstimmungssystems ist zulässig, wenn die Voraussetzungen des Satzes 1 im Rahmen der digitalen oder hybriden Sitzungsdurchführung auf andere geeignete Weise erfüllt werden. Dies ist bei einer offenen Abstimmung insbesondere dann der Fall, wenn die Sitzungsleitung die stimmberechtigten Mitglieder ohne größere Schwierigkeiten überblicken kann und so eine Abstimmung durch Erheben der Hand möglich ist. Im Zweifel entscheidet die Sitzungsleitung, ob ein Fall der Sätze 2 und 3 vorliegt.

(2b) Die Durchführung geheimer Abstimmungen oder Wahlen ist in einer digitalen oder hybriden Sitzung nur zulässig, wenn durch das eingesetzte Abstimmungssystem technisch sichergestellt ist, dass die Anforderungen an das Verfahren eingehalten werden können, insbesondere die Vertraulichkeit der digitalen Stimmabgabe gewährleistet bleibt und die wesentlichen Schritte der Abstimmungs- beziehungsweise Wahlhandlung und der Ergebnisermittlung zuverlässig und ohne besondere Sachkenntnis überprüft werden können.[10]

Optional:

Die Durchführung geheimer Abstimmungen oder Wahlen ist in einer digitalen oder hybriden Sitzung unter Verwendung des eingesetzten Abstimmungssystems zulässig. Es muss gewährleistet sein, dass die Stimmabgabe der einzelnen Ratsmitglieder für alle Beteiligten geheim bleibt. **optional:** Der Rat kann im Einzelfallmit Stimmenmehrheit entscheiden, dass die geheime Abstimmung nicht unter Verwendung des eingesetzten Abstimmungssystems erfolgt.

---

[10] Diese Variante kommt nur in Betracht, wenn unklar ist, ob das eingesetzte System den genannten Anforderungen entspricht; hier wäre dann stets eine Einzelfallentscheidung durch die Sitzungsleitung erforderlich.

(2c) Wird in einer digitalen oder hybriden Sitzung eine geheime Abstimmung nicht unter Verwendung eines Abstimmungssystems durchgeführt, sind geheime Abstimmungen im Nachgang zur digitalen oder hybriden Sitzung durch Abgabe von Stimmzetteln per Briefwahl durchzuführen und das Ergebnis in die Niederschrift aufzunehmen. Für die Durchführung der Briefwahl sind die Vorschriften des Kommunalwahlgesetzes NRW, insbesondere §§ 26 und 27 Kommunalwahlgesetz NRW entsprechend heranzuziehen. Die per Briefwahl abgegebenen Stimmen müssen grundsätzlich bis zum fünften Tag (**optional:** fünften Werktag) nach der betreffenden Sitzung bei der Bürgermeisterin bzw. dem Bürgermeister eingegangen sein. Es dürfen nur Mitglieder abstimmen, die auch an der entsprechenden Sitzung teilgenommen haben. Die Auszählung erfolgt durch die Bürgermeisterin/ den Bürgermeister oder einen oder mehrere von ihm oder ihr hierzu herangezogene(n) Bedienstete(n) der Stadt/Gemeinde; bei der Auszählung sollen mindestens drei Bedienstete der Stadt/Gemeinde anwesend sein. Ratsmitgliedern ist auf deren Verlangen die Möglichkeit zur Anwesenheit bei der Auszählung zu geben. Neben den Gremienmitgliedern ist auch die Öffentlichkeit über das Stimmergebnis zu informieren, soweit nicht im Einzelfall etwas anderes beschlossen wird.

(3) Auf Antrag von mindestens einem Fünftel der Mitglieder des Rates erfolgt namentliche Abstimmung. Bei namentlicher Abstimmung ist die Stimmabgabe jedes Stimmberechtigten in der Niederschrift zu vermerken.

(4) Auf Antrag von mindestens einem Fünftel der Mitglieder des Rates wird geheim abgestimmt. Die geheime Abstimmung erfolgt durch Abgabe von Stimmzetteln.

(5) Wird zum selben Tagesordnungspunkt sowohl ein Antrag auf namentliche als auch auf geheime Abstimmung gestellt, so hat der Antrag auf geheime Abstimmung Vorrang.

Das Abstimmungsergebnis wird von dem Bürgermeister/der Bürgermeisterin bekanntgegeben und in der Niederschrift festgehalten.

§ 17
Fragerecht der Ratsmitglieder[11]

(1) Jedes Ratsmitglied ist berechtigt, schriftliche Anfragen, die sich auf Angelegenheiten der Stadt/Gemeinde beziehen, an den Bürgermeister/die Bürgermeisterin zu richten. Anfragen sind mindestens fünf Werktage vor Beginn der Ratssitzung dem Bürgermeister/der Bürgermeisterin zuzuleiten. Die Beantwortung hat schriftlich zu erfolgen, wenn der Fragesteller/die Fragestellerin es verlangt.

(2) Jedes Ratsmitglied ist darüber hinaus berechtigt, nach Erledigung der Tagesordnung einer Ratssitzung bis zu zwei mündliche Anfragen, die sich nicht auf die Tagesordnung der Ratssitzung beziehen dürfen, an den Bürgermeister/die Bürgermeisterin zu richten. Die Anfragen müssen Angelegenheiten betreffen, die in den Aufgabenbereich der Stadt/Gemeinde fallen. Sie müssen kurz gefasst sein und eine kurze Beantwortung ermöglichen. Der Fragesteller/die Fragestellerin darf jeweils nur eine Zusatzfrage stellen. Ist eine sofortige Beantwortung nicht möglich, kann der Fragesteller/die Fragestellerin auf eine Beantwortung in der nächsten Ratssitzung oder auf eine schriftliche Beantwortung verwiesen werden.[12]

(3) Anfragen dürfen zurückgewiesen werden, wenn

a) sie nicht den Bestimmungen der Abs. 1 oder 2 entsprechen,

b) die begehrte Auskunft demselben oder einem anderen Ratsmitglied innerhalb der letzten sechs Monate erteilt wurde,

c) die Beantwortung offenkundig mit einem unverhältnismäßigen Aufwand verbunden wäre.

---

[11] § 17 regelt die Art und Weise der Umsetzung des Auskunftsanspruchs nach §§ 47 Abs. 2 Satz 2, 55 Abs. 1 Satz 2 GO.

[12] Für diejenigen Gemeinden, die die Dauer einer in der Tagesordnung festgelegten Fragestunde nach Abs. 2 begrenzen wollen, wird empfohlen, Abs. 2 durch folgenden Satz 6 zu ergänzen:

„Die Höchstdauer einer Fragestunde wird auf ..... Minuten festgesetzt.“

(4) Eine Aussprache findet nicht statt.

§ 18
Fragerecht von Einwohnern

(1) Der Rat kann beschließen, dass eine Fragestunde für Einwohner in die Tagesordnung der nächstfolgenden Ratssitzung aufgenommen wird. In diesem Fall ist jeder Einwohner/jede Einwohnerin der Stadt/Gemeinde berechtigt, nach Aufruf des Tagesordnungspunktes mündliche Anfragen an den Bürgermeister/die Bürgermeisterin zu richten. Die Anfragen müssen sich auf Angelegenheiten der Stadt/Gemeinde beziehen. Den Einwohnerinnen und Einwohnern wird bei digitalen (optional: hybriden) Sitzungen ein nach § 1 Abs. 3b dieser Geschäftsordnung geschützter Zugang mit Rederecht eingeräumt.

(2) Melden sich mehrere Einwohner gleichzeitig, so bestimmt der Bürgermeister/die Bürgermeisterin die Reihenfolge der Wortmeldungen. Jeder Fragesteller/jede Fragestellerin ist berechtigt, höchstens zwei Zusatzfragen zu stellen.

(3) Die Beantwortung der Anfrage erfolgt im Regelfall mündlich durch den Bürgermeister/die Bürgermeisterin. Ist eine sofortige Beantwortung nicht möglich, so kann der Fragesteller/die Fragestellerin auf schriftliche Beantwortung verwiesen werden. Eine Aussprache findet nicht statt.

§ 19
Wahlen

(1) Wahlen werden durch offene Abstimmung vollzogen. Die Abstimmung erfolgt im Regelfall durch Handzeichen.

(2) Wenn das Gesetz es bestimmt oder wenn ein Ratsmitglied oder der Bürgermeister/die Bürgermeisterin der offenen Abstimmung widerspricht, erfolgt die Wahl geheim durch Abgabe von Stimmzetteln. Auf dem Stimmzettel ist der Name des/der zu Wählenden anzugeben oder anzukreuzen. Unbeschriftete Stimmzettel gelten als Stimmenthaltung.

(3) Gewählt ist die vorgeschlagene Person, die mehr als die Hälfte der gültigen Stimmen erhalten hat. Nein-Stimmen gelten als gültige Stimmen. Erreicht niemand mehr als die Hälfte der Stimmen, so findet zwischen den Personen, welche die beiden höchsten Stimmenzahlen erreicht haben, eine engere Wahl statt. Gewählt ist, wer in dieser engeren Wahl die meisten Stimmen auf sich vereinigt. Bei Stimmengleichheit entscheidet das Los (§ 50 Abs. 2 GO).

(4) Für die Besetzung von Ausschüssen des Rates gilt § 50 Abs. 3 GO.

(5) Für Wahlen im Rahmen einer digitalen oder hybriden Sitzung gilt § 16 Abs. 2a – 2c dieser Geschäftsordnung entsprechend.

2.3 Ordnung in den Sitzungen

§ 20
Ordnungsgewalt und Hausrecht

(1) In den Sitzungen des Rates handhabt der Bürgermeister/die Bürgermeisterin die Ordnung und übt das Hausrecht aus. Seiner/Ihrer Ordnungsgewalt und seinem/ihrem Hausrecht unterliegen – vorbehaltlich der §§ 21 bis 23 dieser Geschäftsordnung – alle Personen, die sich während einer Ratssitzung im Sitzungssaal aufhalten. Wer sich ungebührlich benimmt oder sonst die Würde der Versammlung verletzt, kann von dem Bürgermeister/der Bürgermeisterin zur Ordnung gerufen und notfalls aus dem Sitzungssaal gewiesen werden.

(2) Entsteht während einer Sitzung des Rates unter den Zuhörern störende Unruhe, so kann der Bürgermeister/die Bürgermeisterin nach vorheriger Abmahnung den für die Zuhörer bestimmten Teil des Sitzungssaales räumen lassen, wenn die störende Unruhe auf andere Weise nicht zu beseitigen ist.

§ 21
Ordnungsruf und Wortentziehung

(1) Redner, die vom Thema abschweifen, kann der Bürgermeister/die Bürgermeisterin zur Sache rufen.

(2) Redner, die ohne Worterteilung das Wort an sich reißen oder die vorgeschriebene Redezeit trotz entsprechender Abmahnung überschreiten, kann der Bürgermeister/die Bürgermeisterin zur Ordnung rufen.

(3) Hat ein Redner/eine Rednerin bereits zweimal einen Ruf zur Sache (Abs. 1) oder einen Ordnungsruf (Abs. 2) erhalten, so kann der Bürgermeister/die Bürgermeisterin ihm/ihr das Wort entziehen, wenn der Redner/die Rednerin Anlass zu einer weiteren Ordnungsmaßnahme gibt. Einem Redner/einer Rednerin, dem/der das Wort entzogen ist, darf es in derselben Ratssitzung zu dem betreffenden Tagesordnungspunkt nicht wieder erteilt werden.

§ 22
Entzug der Sitzungsentschädigung, Ausschluss aus der Sitzung

(1) Ein Ratsmitglied kann durch Beschluss des Rates nach § 51 Abs. 2 GO für eine oder mehrere Sitzungen ausgeschlossen und ihm können die auf den Sitzungstag entfallenden Entschädigungen ganz oder teilweise entzogen werden, wenn das Ratsmitglied

a) nach wiederholtem Ordnungsruf und nach Androhung des Sitzungsausschlusses seitens des/der Vorsitzenden sein störendes Verhalten fortsetzt oder

b) in gröblicher Weise die Ordnung verletzt.

(2) Hält der Bürgermeister/die Bürgermeisterin die Voraussetzungen für den Ausschluss eines Ratsmitglieds nach Abs. 1 für gegeben und hält er/sie den sofortigen Ausschluss des Ratsmitglieds für erforderlich, so kann er/sie den sofortigen Ausschluss verhängen und durchführen. Der Rat befindet über die Berechtigung dieser Maßnahme in der nächsten Sitzung (§ 51 Abs. 3 GO.)

§ 23
Einspruch gegen Ordnungsmaßnahmen

(1) Gegen Ordnungsmaßnahmen nach § 22 dieser Geschäftsordnung steht dem/der Betroffenen der Einspruch zu.

(2) Über die Berechtigung der Ordnungsmaßnahme befindet alsdann der Rat in der nächsten Sitzung ohne die Stimme des/der Betroffenen. Diesem/Dieser ist Gelegenheit zur Stellungnahme zu geben. Die Entscheidung des Rates ist dem/der Betroffenen zuzustellen.

3. Niederschrift über die Ratssitzungen, Unterrichtung der Öffentlichkeit

§ 24
Niederschrift

(1) Über die im Rat gefassten Beschlüsse ist durch den Schriftführer/die Schriftführerin eine Niederschrift aufzunehmen. Die Niederschrift muss enthalten:

a) die Namen der anwesenden und der fehlenden Ratsmitglieder,

b) die Namen der sonstigen an den Beratungen teilnehmenden Personen,

c) Ort und Tag sowie Zeitpunkt des Beginns, Durchführung als Präsenz-, digitale oder hybride Sitzung, einer etwaigen Unterbrechung und der Beendigung der Sitzung,

d) die behandelten Beratungsgegenstände,

e) die gestellten Anträge,

f) die gefassten Beschlüsse und die Ergebnisse von Wahlen.

(2) Die Niederschrift soll eine gedrängte Wiedergabe des Verhandlungsverlaufs enthalten.

(3) Der Schriftführer/Die Schriftführerin wird vom Rat bestellt. Soll ein Bediensteter/eine Bedienstete der Gemeinde/Stadtverwaltung bestellt werden, so erfolgt die Bestellung im Benehmen mit dem Bürgermeister/der Bürgermeisterin.

(4) Die Niederschrift wird von dem Bürgermeister/der Bürgermeisterin und dem/der vom Rat bestellten Schriftführer/ Schriftführerin unterzeichnet. Verweigert eine/r der Genannten die Unterschrift, so ist dies

in der Niederschrift zu vermerken. Die Niederschrift ist allen Ratsmitgliedern in der Form zuzuleiten, wie die Einberufung erfolgt. Dabei ist sicherzustellen, dass unberechtigte Dritte keinen Zugriff auf den Teil der Niederschrift nehmen können, die in nichtöffentlicher Sitzung behandelt wurden[13].

(5) Um die Erstellung der Niederschrift zu erleichtern, dürfen Tonbandmitschnitte von Sitzungen erfolgen. Sie dürfen ausschließlich von den in Abs. 4 Satz 1 genannten Personen zur Erstellung der Niederschrift genutzt werden. Ist bis spätestens in der auf die Zuleitung der Niederschrift gem. Abs. 4 Satz 2 folgenden Ratssitzung kein Wunsch zur Änderung der Niederschrift geäußert worden, so ist der Tonbandmitschnitt unverzüglich zu löschen. Wird ein Änderungswunsch geäußert, so kann zur Klärung der Berechtigung dieses Wunsches bis zur nächstfolgenden Ratssitzung der Tonbandmitschnitt abweichend von Satz 2 von dem Ratsmitglied, das den Änderungswunsch vorträgt, von dem Schriftführer/der Schriftführerin und ggf. auch von den in Abs. 4 Satz 1 genannten Personen gemeinsam abgehört werden, um eine gütliche Einigung über die Niederschrift zu erreichen. Das Ergebnis dieser Einigungsbemühungen ist dem Rat vorzutragen. Anschließend ist der Tonbandmitschnitt unverzüglich zu löschen.

(6) Für die Erstellung der Niederschrift mit Hilfe digitaler Mitschnitte einer digitalen oder hybriden Sitzung gilt § 12c Abs. 4 dieser Geschäftsordnung.

§ 25
Unterrichtung der Öffentlichkeit

(1) Über den wesentlichen Inhalt der vom Rat gefassten Beschlüsse ist die Öffentlichkeit in geeigneter Weise zu unterrichten. Dies kann dadurch geschehen, dass der Bürgermeister/die Bürgermeisterin den Wortlaut eines vom Rat gefassten Beschlusses in öffentlicher Sitzung verliest und ihn erforderlichenfalls außerdem im unmittelbaren Anschluss an die Sitzung der örtlichen Presse zugänglich macht.

---

13 Hinsichtlich der Sicherheitsstandards sei auf die Ausführungen zu Fußnote 2 verwiesen.

(2) Die Unterrichtung gilt grundsätzlich auch für Beschlüsse des Rates, die in nichtöffentlicher Sitzung gefasst werden, es sei denn, dass der Rat im Einzelfall ausdrücklich etwas anderes beschlossen hat.

II. Geschäftsordnung der Ausschüsse

§ 26
Grundregel

Auf das Verfahren in den Ausschüssen finden grundsätzlich die für den Rat geltenden Vorschriften entsprechend Anwendung, soweit nicht § 27 dieser Geschäftsordnung abweichende Regelungen enthält.

§ 27
Abweichungen für das Verfahren der Ausschüsse

(1) Der/die Ausschussvorsitzende setzt die Tagesordnung im Benehmen mit dem Bürgermeister/der Bürgermeisterin fest (§ 58 Abs. 2 Satz 2 GO). Der/die Ausschussvorsitzende ist auf Verlangen des Bürgermeisters/der Bürgermeisterin bzw. auf Antrag einer Fraktion verpflichtet, einen Gegenstand in die Tagesordnung aufzunehmen.

(2) Über Zeit, Ort und Tagesordnung der Ausschusssitzungen unterrichtet der Bürgermeister/die Bürgermeisterin die Öffentlichkeit in geeigneter Weise, ohne dass es einer öffentlichen Bekanntmachung nach § 4 dieser Geschäftsordnung bedarf.

(3) Die Beschlussfähigkeit von Ausschüssen ist über § 8 Abs. 1 Satz 2 dieser Geschäftsordnung hinaus nur dann gegeben, wenn die Zahl der anwesenden Ratsmitglieder die Zahl der anwesenden sachkundigen Bürger (stimmberechtigte Ausschussmitglieder nach § 58 Abs. 3 GO) übersteigt; Ausschüsse gelten auch insoweit als beschlussfähig, solange ihre Beschlussunfähigkeit nicht festgehalten ist.

(4) Der Bürgermeister/Die Bürgermeisterin und die Beigeordneten sind berechtigt und auf Verlangen eines Ausschusses in Angelegenheiten ihres Geschäftsbereichs verpflichtet, an dessen Sitzungen teilzunehmen. Sie sind berechtigt und auf Verlangen mindestens ei-

nes Ausschussmitglieds verpflichtet, zu einem Punkt der Tagesordnung vor dem Ausschuss Stellung zu nehmen.

(5) Der Bürgermeister/Die Bürgermeisterin ist zu allen Ausschusssitzungen einzuladen. Er/Sie hat das Recht, mit beratender Stimme an den Sitzungen teilzunehmen; ihm/ihr ist auf Verlangen jederzeit das Wort zu erteilen.

(6) An den nichtöffentlichen Sitzungen eines Ausschusses können die stellvertretenden Ausschussmitglieder und alle Ratsmitglieder als Zuhörer teilnehmen. Sachkundige Bürger/Bürgerinnen und sachkundige Einwohner/Einwohnerinnen, die zu stellvertretenden Ausschussmitgliedern gewählt worden sind, können an den nichtöffentlichen Sitzungen dieses Ausschusses als Zuhörer/Zuhörerin teilnehmen. Mitglieder anderer Ausschüsse können an einer Ausschusssitzung teilnehmen, soweit deren Aufgabenbereich durch den Beratungsgegenstand berührt wird.[14]

(7) § 17 dieser Geschäftsordnung findet auf Ausschüsse keine Anwendung.

(8) In den Ausschüssen ist eine Niederschrift über die Beschlüsse aufzunehmen. Die Niederschrift ist dem Bürgermeister/der Bürgermeisterin und den Ausschussmitgliedern in der Form zuzuleiten, wie auch die Einberufung erfolgt. Dabei ist sicherzustellen, dass unberechtigte Dritte keinen Zugriff auf den Teil der Niederschrift nehmen können, die in nichtöffentlicher Sitzung behandelt wurden[15].

(9) § 12 Abs. 6 dieser Geschäftsordnung findet auf Ausschüsse keine Anwendung.[16]

§ 28
Einspruch gegen Beschlüsse entscheidungsbefugter Ausschüsse

---

[14] Satz 3 ist nur dann aufzunehmen, sofern den Ausschussmitgliedern das Recht eingeräumt werden soll, an den nichtöffentlichen Sitzungen aller Ausschüsse teilzunehmen.

[15] Auch hier sei auf die Ausführungen zu Fußnote 2 verwiesen.

[16] Vgl. Urteil des VG Arnsberg vom 05. Dezember 2019 bei Fußnote 4.

(1) Beschlüsse von Ausschüssen mit Entscheidungsbefugnis können erst durchgeführt werden, wenn innerhalb von drei Tagen, den Tag der Beschlussfassung nicht eingerechnet, weder von dem Bürgermeister/der Bürgermeisterin noch von mindestens einem Fünftel der Ausschussmitglieder schriftlich Einspruch eingelegt worden ist.

(2) Über den Einspruch entscheidet der Rat.

III. Fraktionen

§ 29
Bildung von Fraktionen

(1) Fraktionen sind freiwillige Vereinigungen von Ratsmitgliedern, die sich auf der Grundlage grundsätzlicher politischer Übereinstimmung zu möglichst gleichgerichtetem Wirken zusammengeschlossen haben. Eine Fraktion muss aus mindestens 2 Ratsmitgliedern bestehen. Jedes Ratsmitglied kann nur einer Fraktion angehören.

(2) Die Bildung einer Fraktion ist dem Bürgermeister/der Bürgermeisterin vom Fraktionsvorsitzenden schriftlich anzuzeigen. Die Mitteilung muss die genaue Bezeichnung der Fraktion, die Namen des/der Fraktionsvorsitzenden und seines/ihres Stellvertreters sowie aller der Fraktion angehörenden Ratsmitglieder enthalten. Ferner ist anzugeben, wer berechtigt ist, für die Fraktion Anträge zu stellen oder sonstige Erklärungen abzugeben. Unterhält die Fraktion eine Geschäftsstelle, so hat die Mitteilung auch die Anschrift der Geschäftsstelle zu enthalten.

(3) Ratsmitglieder, die keiner Fraktion angehören, können von einer Fraktion als Hospitanten aufgenommen werden. Bei der Feststellung der Mindeststärke einer Fraktion zählen Hospitanten nicht mit.

(4) Die Auflösung einer Fraktion, der Wechsel im Fraktionsvorsitz (stellvertretenden Fraktionssitz) sowie die Aufnahme und das Ausscheiden von Mitgliedern sind dem Bürgermeister/der Bürgermeisterin von dem Fraktionsvorsitzenden/der Fraktionsvorsitzenden ebenfalls schriftlich anzuzeigen.

(5) Die Fraktionen haben hinsichtlich der Verarbeitung personenbezogener Daten (i.S.d. § 4 Datenschutzgesetz Nordrhein-Westfalen i.V.m. Art. 4 DSGVO) die erforderlichen technischen und organisatorischen Maßnahmen zu treffen, um eine den Vorschriften des Datenschutzgesetzes Nordrhein-Westfalen entsprechende Datenverarbeitung sicherzustellen. Sie sind verpflichtet, bei der Auflösung der Fraktion die aus der Fraktionsarbeit erlangten personenbezogenen Daten zu löschen (Art. 17 Abs. 1 Alt. 2 Buchstabe a DSGVO).

IV. Datenschutz

§ 30
Datenschutz

Die Mitglieder des Rates und der Ausschüsse, die im Rahmen der Ausübung ihrer ehrenamtlichen Tätigkeit Zugang zu vertraulichen Unterlagen, die personenbezogene Daten enthalten, haben bzw. von ihnen Kenntnis erlangen, dürfen solche Daten nur zu dem jeweiligen, der rechtmäßigen Aufgabenerfüllung dienenden Zweck verarbeiten oder offenbaren.

Personenbezogene Daten sind alle Informationen, die sich auf eine identifizierte oder identifizierbare natürliche Person beziehen. Als identifizierbar wird eine natürliche Person angesehen, die direkt oder indirekt, insbesondere mittels Zuordnung zu einer Kennung wie einem Namen, zu einer Kennnummer, zu Standortdaten, zu einer Online-Kennung oder zu einem oder mehreren besonderen Merkmalen, die Ausdruck der physischen, physiologischen, genetischen, psychischen, wirtschaftlichen, kulturellen oder sozialen Identität dieser natürlichen Person sind, identifiziert werden kann.

Vertrauliche Unterlagen sind alle Schriftstücke, automatisierte Dateien und sonstige Datenträger, die als solche gekennzeichnet sind oder personenbezogene Daten enthalten. Hierzu zählen auch mit vertraulichen Unterlagen in Zusammenhang stehende handschriftliche oder andere Notizen.

§ 31
Datenverarbeitung

Die Mitglieder des Rates und der Ausschüsse sind verpflichtet, vertrauliche Unterlagen so aufzubewahren, dass sie ständig vor Kenntnisnahme und Zugriff Dritter (z.B. Familienangehörige, Besucher, Parteifreunde, Nachbarn etc.) gesichert sind. Dieses gilt auch für den Transport der Unterlagen. In begründeten Einzelfällen ist dem Bürgermeister/der Bürgermeisterin auf Verlangen Auskunft über die getroffenen Datensicherheitsmaßnahmen zu geben.

Eine Weitergabe von vertraulichen Unterlagen oder Mitteilung über den Inhalt an Dritte, ausgenommen im erforderlichen Umfang bei Verhinderung an den Stellvertreter/die Stellvertreterin, ist nicht zulässig. Dies gilt auch für die Zeit nach Ausscheiden aus dem Rat.

Die Mitglieder der Gemeindevertretung und der Ausschüsse sind bei einem Auskunftsersuchen eines/einer Betroffenen nach dem Landesdatenschutzgesetz verpflichtet, dem Bürgermeister/der Bürgermeisterin auf Anfrage schriftlich Auskunft über die bei ihnen aufgrund dieser Tätigkeit zu einer bestimmten Person gespeicherten Daten zu erteilen (vgl. § 49 Abs. 1 DSG NRW). Zu beachten ist hierbei die Beschränkung des Auskunftsrechts gem. § 12 DSG NRW.

Vertrauliche Unterlagen sind unverzüglich und dauerhaft zu vernichten bzw. zu löschen, wenn diese für die Aufgabenerfüllung nicht mehr benötigt werden.

Bei vertraulichen Beschlussunterlagen einschließlich aller damit in Zusammenhang stehenden Unterlagen ist dieses regelmäßig anzunehmen, wenn die Niederschrift über die Sitzung, in der der jeweilige Tagesordnungspunkt abschließend behandelt wurde, genehmigt ist.

Bei einem Ausscheiden aus der Gemeindevertretung oder einem Ausschuss sind alle vertraulichen Unterlagen sofort dauerhaft zu vernichten bzw. zu löschen.

Die Unterlagen können auch der Gemeindeverwaltung zur Vernichtung bzw. Löschung übergeben werden.

Die ausgeschiedenen Mitglieder haben die Vernichtung bzw. die Löschung aller vertraulichen Unterlagen gegenüber dem Bürgermeister/der Bürgermeisterin schriftlich zu bestätigen.

V. Schlussbestimmungen, Inkrafttreten

§ 32
Schlussbestimmungen

Jedem Mitglied des Rates und der Ausschüsse ist eine Ausfertigung dieser Geschäftsordnung auszuhändigen oder digital zur Verfügung zu stellen. Wird die Geschäftsordnung während der Wahlzeit geändert, so ist auch die geänderte Fassung auszuhändigen.

§ 33
Inkrafttreten

Diese Geschäftsordnung tritt mit dem Tage nach der Beschlussfassung durch den Rat in Kraft.

Gleichzeitig tritt die frühere Geschäftsordnung vom .... außer Kraft.

VI. Muster-Hauptsatzung (StGB NRW)

MUSTER-HAUPTSATZUNG

- Städte- und Gemeindebund NRW -
(Stand: November 2022)

Inhaltsübersicht

Präambel

Aufgrund von § 7 Abs. 3 Satz 1 i.V.m. § 41 Abs. 1 Satz 2 Buchstabe f der Gemeindeordnung für das Land Nordrhein-Westfalen in der Fassung der Bekanntmachung vom 14.07.1994 (GV.NRW. 1994, S. 666 ff.), zuletzt geändert durch Gesetz vom 13. April 2022 (GV.NRW. S. 490), hat der Rat der Stadt/Gemeinde ..... am ..... mit Mehrheit der gesetzlichen Anzahl der Mitglieder des Rates – betreffend die Regelung des § 11 Abs. 5 mit der erforderlichen Zwei-Drittel-Mehrheit – die folgende Hauptsatzung beschlossen.

§ 1
Name, Bezeichnung, Gebiet

Bemerkung:

Der erste Paragraph der Hauptsatzung enthält üblicherweise Ausführungen darüber, welchen Namen die Gemeinde führt, wann und durch welches Ereignis sie entstanden ist, welche zusätzlichen Bezeichnungen ihr verliehen wurden (z. B. „Stadt", „Bad") und welchen Gebietsbestand sie aufweist. Da der Vorschrift ohnehin keine konstitutive Bedeutung zukommt, wird wegen der unterschiedlichen örtlichen Verhältnisse von einem Formulierungsvorschlag abgesehen.

§ 2
Wappen, Flagge, Siegel

(1) Der Stadt / Gemeinde ist mit Urkunde des .... vom ...... das Recht zur Führung eines Wappens verliehen worden. Beschreibung des Wappens:

(2) Der Stadt / Gemeinde ist ferner mit Urkunde des ..... vom ..... das Recht zur Führung einer Flagge verliehen worden. Beschreibung der Flagge:

(3) Die Stadt / Gemeinde führt ein Dienstsiegel mit dem Stadt- / Gemeindewappen. Das Dienstsiegel gleicht in Form und Größe dem dieser Hauptsatzung beigedrückten Siegel.

Bemerkung:

Die Vorschrift hat nur Bedeutung für solche Städte und Gemeinden, denen das Recht zur Führung eigener Hoheitszeichen verliehen wurde. Für Gemeinden ohne eigene Hoheitszeichen empfiehlt sich folgende Formulierung:

Die Stadt / Gemeinde ..... führt als Dienstsiegel das kleine Landessiegel mit der Beschriftung: „Stadt / Gemeinde .....“. Das Dienstsiegel gleicht in Form und Größe dem dieser Hauptsatzung beigedrückten Siegel.

§ 3
Einteilung des Gemeindegebiets in Bezirke

(1) Das Stadt- / Gemeindegebiet wird in folgende Stadt- / Gemeindebezirke eingeteilt:[1]
.... (genaue Bezeichnung der Stadt- / Gemeindebezirke).
Die räumliche Abgrenzung der Bezirke ergibt sich aus der als Anlage beigefügten Karte, die Bestandteil der Hauptsatzung ist.

o d e r

(1) Innerhalb des Stadt- / Gemeindegebietes werden folgende Stadt- / Gemeindebezirke gebildet:[2]
.... (genaue Bezeichnung der Stadt- / Gemeindebezirke).

---

1 Diese Formulierung ist bei Einteilung des gesamten Gemeindegebietes in Bezirke zu verwenden.

2 Diese Formulierung ist nur bei teilweiser Gliederung des Gemeindegebietes in Bezirke zu verwenden.

Die räumliche Abgrenzung der Bezirke ergibt sich aus der als Anlage beigefügten Karte, die Bestandteil dieser Satzung ist.

(2) Für jeden Bezirk wird ein Bezirksausschuss gebildet, der aus jeweils ... Mitgliedern besteht.[3] Dem Bezirksausschuss gehören ... Sachkundige Bürger/Bürgerinnen an. Alle Mitglieder des Bezirksausschusses sollen in dem Bezirk, für den der Bezirksausschuss gebildet wird, wohnen. Die Bestellung beratender Mitglieder richtet sich nach den gesetzlichen Vorschriften (§ 39 Abs. 4 GO).

(3) Den Bezirksausschüssen werden im Rahmen des § 41 Abs. 2 GO folgende Aufgaben zur Entscheidung übertragen:[4]
....

Bei Wahrnehmung der ihnen zugewiesenen Aufgaben haben die Bezirksausschüsse die vom Rat erlassenen Richtlinien zu beachten.

(4) Für jeden Stadt- / Gemeindebezirk wird eine Bezirksverwaltungsstelle eingerichtet. Die näheren Einzelheiten regelt der Bürgermeister/ die Bürgermeisterin im Rahmen seiner Befugnisse gem. § 62 Abs. 1 GO.

o d e r

(4) Für folgende Stadt- / Gemeindebezirke werden Bezirksverwaltungsstellen eingerichtet:
.... (Genaue Bezeichnung der Bezirke).
Die näheren Einzelheiten regelt der Bürgermeister im Rahmen seiner Befugnisse gem. § 62 Abs. 1 GO.

Bemerkung:

Sofern der Rat die Repräsentation in Angelegenheiten des Bezirks auf die Bezirksausschüsse übertragen hat (vgl. § 3 Abs. 4 dieser

---

[3] Bei unterschiedlicher Größe der Bezirksausschüsse ist die jeweilige Zahl der Mitglieder in der Hauptsatzung festzulegen.

[4] In Betracht kommen nur solche Aufgaben, die sich ohne Beeinträchtigung der einheitlichen Entwicklung der gesamten Gemeinde innerhalb eines Bezirks erledigen lassen (vgl. § 39 Abs. 3 Satz 1 GO).

Hauptsatzung), kann sich eine Aufnahme folgender Bestimmung empfehlen:

(5) Der Bürgermeister/die Bürgermeisterin ist berechtigt, den Vorsitzenden/die Vorsitzende eines Bezirksausschusses in geeigneten Fällen mit der Wahrnehmung repräsentativer Aufgaben und Verpflichtungen zu beauftragen.

§ 3
Einteilung des Gemeindegebietes in Ortschaften

(1) Das Stadt-/Gemeindegebiet wird in folgende Ortschaften eingeteilt:[5]
.... (genaue Bezeichnung der Ortschaften)
Die räumliche Abgrenzung der Ortschaften ergibt sich aus der als Anlage beigefügten Karte, die Bestandteil dieser Hauptsatzung ist.

o d e r

(1) Innerhalb des Stadt-/Gemeindegebietes werden folgende Ortschaften gebildet:[6]
.... (genaue Bezeichnung der Ortschaften).
Die räumliche Abgrenzung der Ortschaften ergibt sich aus der als Anlage beigefügten Karte, die Bestandteil dieser Hauptsatzung ist.

(2) Für jede Ortschaft wird vom Rat ein Ortsvorsteher/eine Ortsvorsteherin gewählt. Die Wahl erfolgt für die Dauer der Wahlzeit des Rates. Er/Sie soll in der Ortschaft, für die er/sie bestellt wird, wohnen[7] und muss dem Rat angehören oder angehören können. Der Bürgermeister/ die Bürgermeisterin und sein(e)/ihre Stellvertreter/in sollen nicht zum Ortsvorsteher/zur Ortsvorsteherin gewählt werden.

---

5 Diese Formulierung ist bei Einteilung des gesamten Gemeindegebietes in Ortschaften zu verwenden.

6 Diese Formulierung ist bei nur teilweiser Gliederung des Gemeindegebietes in Ortschaften zu verwenden.

7 Seit dem 29.11.2016 ist es nicht mehr erforderlich, dass der Ortsvorsteher zwingend in dem jeweiligen Bezirk wohnen muss (GV.NRW. 2016, S. 966).

(3) Der Ortsvorsteher/Die Ortsvorsteherin hat die Belange seiner/ihrer Ortschaft gegenüber dem Rat wahrzunehmen. Im Rahmen dieser Aufgabe ist er/sie jederzeit berechtigt und verpflichtet, Wünsche, Anregungen und Beschwerden aus der Ortschaft aufzugreifen und an den Rat oder an den für die Entscheidung der Angelegenheit zuständigen Ausschuss weiterzuleiten. Der Rat bzw. der Ausschuss sollen den Ortsvorsteher/die Ortsvorsteherin vor der Entscheidung über Angelegenheiten, die Belange der Ortschaft berühren, hören. Die Anhörung kann sowohl schriftlich als auch mündlich erfolgen. Sie soll mündlich erfolgen, wenn der Ortsvorsteher/die Ortsvorsteherin in einer Angelegenheit dem Rat Wünsche, Anregungen oder Beschwerden vorgetragen hat.

(4) Der Bürgermeister/die Bürgermeisterin kann den Ortsvorsteher/die Ortsvorsteherin mit der Erledigung bestimmter Geschäfte der laufenden Verwaltung beauftragen. Der Ortsvorsteher/die Ortsvorsteherin führt diese Geschäfte in Verantwortung gegenüber dem Bürgermeister/der Bürgermeisterin durch.

(5) Zur Abgeltung des ihm durch die Wahrnehmung seiner Aufgaben entstehenden Aufwandes erhält er eine monatliche Aufwandsentschädigung nach Maßgabe der Entschädigungsverordnung[8]. Daneben steht dem Ortsvorsteher/der Ortsvorsteherin Ersatz des Verdienstausfalls nach Maßgabe des § 39 Abs. 7 Satz 7 i.V.m. § 45 Abs. 1 GO NRW. Ebenso steht ihm ein Anspruch auf Freistellung nach Maßgabe des § 44 GO NRW zu.

Bemerkungen:

Die Aufnahme folgender Bestimmungen kann in Erwägung gezogen werden:

---

[8] Der festgelegte Betrag in der EntschVO ist zu beachten.

(6) Der Bürgermeister/die Bürgermeisterin ist berechtigt, den Ortsvorsteher/die Ortsvorsteherin in geeigneten Fällen für den Bereich seiner/ihrer Ortschaft mit der Wahrnehmung repräsentativer Aufgaben und Verpflichtungen zu beauftragen.

§ 4
Gleichstellung von Frau und Mann

(1) Der Bürgermeister/Die Bürgermeisterin bestellt eine hauptamtlich tätige Gleichstellungsbeauftragte.

Bemerkung:

Für den Fall, dass keine Vollzeit-Stelle eingerichtet werden soll, ist folgender Satz 2 anzufügen:

Diese soll mit ... Wochenstunden für den Bereich Gleichstellung tätig sein.

Alternativ für Gemeinden unter 10.000 Einwohnenden:

(1) Der Bürgermeister/Die Bürgermeisterin bestellt eine ehrenamtlich tätige Gleichstellungsbeauftragte.

(2) Der Bürgermeister/Die Bürgermeisterin bestellt eine Stellvertreterin der Gleichstellungsbeauftragten für den Aufgabenbereich der §§ 17, 18, 19 Abs. 1 LGG.

(3) Die Gleichstellungsbeauftragte wirkt bei allen Vorhaben und Maßnahmen der Gemeinde mit, die die Belange von Frauen berühren oder Auswirkungen auf die Gleichberechtigung von Frau und Mann und die Anerkennung ihrer gleichberechtigten Stellung in der Gesellschaft haben. Dies sind insbesondere soziale, organisatorische und personelle Maßnahmen, einschließlich Stellenausschreibungen, Auswahlverfahren und Vorstellungsgespräche; die Gleichstellungsbeauftragte wirkt insbesondere bei der Aufstellung und Änderung des

Gleichstellungsplans[9] sowie bei der Erstellung des Berichts über die Umsetzung des Gleichstellungsplans mit.

(4) Der Bürgermeister/Die Bürgermeisterin unterrichtet die Gleichstellungsbeauftragte über geplante Maßnahmen gemäß Abs. 3 rechtzeitig und umfassend.

(5) Die Gleichstellungsbeauftragte kann, soweit Beratungsgegenstände ihres Aufgabenbereiches behandelt werden, an Sitzungen des Verwaltungsvorstands, des Rates und seiner Ausschüsse teilnehmen.

Ihr ist auf Wunsch das Wort zu erteilen. Sie kann die Öffentlichkeit über Angelegenheiten ihres Aufgabenbereiches unterrichten. Hierüber ist der Bürgermeister/die Bürgermeisterin vorab zu informieren.

Die Entscheidung, ob ein Beratungsgegenstand eine Angelegenheit des Aufgabenbereiches der Gleichstellungsbeauftragten ist, obliegt dem Bürgermeister/der Bürgermeisterin bzw. bei Ausschusssitzungen dem/der Ausschussvorsitzenden.[10]

(6) Die Vorlagen und Vorinformationen zu Beratungsgegenständen, die den übrigen Rats- bzw. Ausschussmitgliedern zugesandt werden, sind spätestens gleichzeitig auch der Gleichstellungsbeauftragten zuzuleiten, sofern Angelegenheiten ihres Aufgabenbereichs in Frage stehen.

---

[9] Mit Inkrafttreten des neuen Landesgleichstellungsgesetzes (LGG) am 15.12.2016 wurden die Frauenförderpläne in Gleichstellungspläne umbenannt. Alternativ zu Gleichstellungsplänen können auf Grundlage der sog. Experimentierklausel (§ 6a LGG) alternative Steuerungselemente im Einvernehmen mit der Gleichstellungsbeauftragten gewählt werden.

[10] Diese Vorschrift regelt lediglich die Letztentscheidungskompetenz im Falle von Meinungsverschiedenheiten zwischen der Gleichstellungsbeauftragten und dem Bürgermeister/Ausschussvorsitzenden/der Bürgermeisterin/der Ausschussvorsitzenden als Vorsitzendem/Vorsitzende des Rates/Ausschusses bzw. als Chef/Chefin der Verwaltung. Die prinzipielle eigenständige Beurteilungskompetenz der Gleichstellungsbeauftragten, welche Angelegenheiten bzw. Beratungsgegenstände gleichstellungsrelevant sind, wird durch § 4 Abs. 5 der Musterhauptsatzung nicht berührt. (Näheres siehe Schnellbrief Nr. 91 vom 1.07.2008).

(7) Die Gleichstellungsbeauftragte kann in Angelegenheiten, die ihren Aufgabenbereich berühren, den Beschlussvorlagen des Bürgermeisters/der Bürgermeisterin widersprechen; in diesem Fall hat der Bürgermeister/die Bürgermeisterin den Rat zu Beginn der Beratung auf den Widerspruch und seine wesentlichen Gründe hinzuweisen.

§ 4a[11]
Bildaufnahmen / Film- und Tonaufnahmen in Sitzungen des Rates

(1) In öffentlichen Sitzungen sind Bildaufnahmen zulässig, wenn sie die Ordnung der Sitzung nicht gefährden. Dieses Recht umfasst nicht die Anfertigung von Bildaufnahmen von Zuhörern/Zuhörerinnen oder Verwaltungsbediensteten mit Ausnahme der Bürgermeisterin/des Bürgermeisters, des allgemeinen Vertreters/der allgemeinen Vertreterin und der Beigeordneten (§ 69 GO NRW).

(2) Über das Vorliegen einer Gefährdung der Ordnung der Sitzung entscheidet der Bürgermeister/die Bürgermeisterin oder seine/ihre Vertretung bei der Sitzungsleitung.

optional:

Eine Gefährdung der Ordnung der Sitzung liegt insbesondere vor, wenn

- durch die Anfertigung von Bildaufnahmen Ratsmitglieder, Zuhörer/Zuhörerinnen oder Verwaltungsbedienstete nicht nur unwesentlich gestört werden (z.B. Geräusche, Blitzlichteinsatz),
- durch die Anfertigung von Bildaufnahmen die Würde des Plenums bei besonderen Anlässen beeinträchtigt wird (z.B. bei Gedenkminuten) oder
- durch die Anfertigung von Bildaufnahmen die Persönlichkeitsrechte der abgebildeten Personen in erheblicher Weise betrof-

---

[11] Die Regelung ist nicht gleichbedeutend mit den Möglichkeiten eines Live-Streamings bzw. der Aufzeichnung der Ratssitzungen.

fen werden (z.B. verdeckte Bildaufnahmen, Bildaufnahmen in besonders emotionalisierten Situationen).

optional:

(3) Film- und Tonaufnahmen von den Ratsmitgliedern mit dem Ziel der Veröffentlichung sind in öffentlicher Sitzung zum Zwecke der Direktübertragung im Internet (**optional:** und der Einstellung eines Mitschnittes in das Internet) zulässig. Der Bürgermeister/Die Bürgermeisterin bestimmt die Internetadresse auf der Internetseite des Rates ..., unter der der Mitschnitt abgerufen werden kann. Mitschnitte von Ratssitzungen sind sechs Monate nach Beendigung der betreffenden Wahlperiode zu löschen.

optional:

(4) Film- und Tonaufnahmen von Ratssitzungen oder Teilen von Ratssitzungen durch Vertretungen des Rundfunks können durch den Bürgermeister/die Bürgermeisterin im Einzelfall zugelassen werden, wenn ein besonderes öffentliches Interesse hierfür besteht. Im Zweifel entscheidet der Rat mit der Mehrheit seiner Stimmen.

(5) Die Regelungen finden auf Sitzungen der Ausschüsse entsprechende Anwendung.

§ 4b
Digitale und hybride Durchführung von Sitzungen in besonderen Ausnahmefällen

(1) In besonderen Ausnahmefällen wie Katastrophen, einer epidemischen Lage oder anderen außergewöhnlichen Notsituationen kann die Durchführung von Sitzungen des Rates und der Ausschüsse in digitaler Form erfolgen (digitale Sitzung), sofern die dafür erforderlichen Voraussetzungen erfüllt sind (§ 47a Abs. 1 GO NRW).

(2) Der Rat stellt das Vorliegen eines Ausnahmefalles nach § 47a Abs. 1 GO NRW mit einer Mehrheit von zwei Dritteln seiner Mitglieder fest und entscheidet zugleich darüber, ob infolgedessen digitale oder hybride Sitzungen durchgeführt werden. In dem Beschluss ist festzu-

legen, für welchen Zeitraum Sitzungen in digitaler oder hybrider Form durchgeführt werden (längstens für einen Zeitraum von zwei Monaten) und ob die Durchführung in digitaler oder hybrider Form für den Rat und die Ausschüsse gelten soll. Die Beschlussfassung kann in einer Sitzung des Rates, durch Stimmabgabe im Umlaufverfahren oder in geeigneter elektronischer Form, die die Textform wahrt, erfolgen. Die Beschlussfassung soll so rechtzeitig erfolgen, dass die Frist des § 47 Abs. 2 GO NRW gewahrt werden kann. Die Verlängerung ist bei einem weiteren Andauern des besonderen Ausnahmefalles möglich. Für den Beschluss über eine Verlängerung gelten die vorgenannten Sätze entsprechend.

(3) Die Aufhebung eines Beschlusses nach Absatz 2 ist im Rat mit der Mehrheit der Stimmen der Mitglieder des Rates zulässig.

§ 4c
Hybride Durchführung von Ausschusssitzungen

(1) Ausschüsse des Rates dürfen auch außerhalb der besonderen Ausnahmefälle nach § 47a GO NRW hybride Sitzungen durchführen. Dies gilt nicht für die Pflichtausschüsse nach § 59 GO NRW sowie nicht für .....[12]

(2) Den jeweiligen Ausschüssen bleibt die Entscheidung über eine Durchführung hybrider Sitzungen vorbehalten. Der Beschluss darüber, ob eine Sitzung des Ausschusses als hybride Sitzung durchgeführt werden soll, ist mit einfacher Mehrheit zu fassen. Die Beschlussfassung soll so rechtzeitig erfolgen, dass die Frist des § 47 Abs. 2 GO NRW gewahrt werden kann. Der Beschluss kann frühestens mit Wirkung für die jeweils nächste Ausschusssitzung erfolgen. Jeder Ausschuss im Sinne des Absatzes 1 soll (**alternativ:** kann) einen Vorratsbeschluss darüber treffen, ob die weiteren Sitzungen des Ausschusses in der jeweiligen Wahlperiode als hybride Sitzungen durchgeführt werden. Der Ausschuss kann einen nach Satz 5 getroffenen Vorratsbeschluss mit einfacher Mehrheit für einzelne Ausschussssit-

[12] Mögliche Aufzählung weiterer Ausschüsse, die nicht als hybride Sitzungen durchgeführt werden sollen (z.B. Wahlprüfungsausschuss, Jugendhilfeausschuss).

zungen oder insgesamt mit Wirkung frühestens für die nächste Ausschusssitzung wieder aufheben.

§ 5
Unterrichtung der Einwohnerinnen und Einwohner

(1) Der Rat hat die Einwohnerinnen und Einwohner über allgemein bedeutsame Angelegenheiten der Stadt/Gemeinde zu unterrichten. Die Unterrichtung hat möglichst frühzeitig zu erfolgen. Über die Art und Weise der Unterrichtung (z.B. Hinweis in der örtlichen Presse, öffentliche Anschläge, schriftliche Unterrichtung aller Haushalte, Durchführung besonderer Informationsveranstaltungen, Abhaltung von Einwohnerversammlungen) entscheidet der Rat von Fall zu Fall.

(2) Eine Einwohnerversammlung soll insbesondere stattfinden, wenn es sich um Planungen oder Vorhaben der Stadt/Gemeinde handelt, die die strukturelle Entwicklung der Stadt/Gemeinde unmittelbar und nachhaltig beeinflussen oder die mit erheblichen Auswirkungen für eine Vielzahl von Einwohnerinnen und Einwohnern verbunden sind. Die Einwohnerversammlung kann auf Teile des Stadt-/Gemeindegebietes beschränkt werden.

(3) Hat der Rat die Durchführung einer Einwohnerversammlung beschlossen, so setzt der Bürgermeister/die Bürgermeisterin Zeit und Ort der Versammlung fest und lädt alle Einwohnerinnen und Einwohner durch öffentliche Bekanntmachung ein. Die in der Geschäftsordnung für die Einberufung des Rates festgelegten Ladungsfristen gelten entsprechend. Der Bürgermeister/Die Bürgermeisterin führt den Vorsitz in der Versammlung. Zu Beginn der Versammlung unterrichtet der Bürgermeister/die Bürgermeisterin die Einwohnerinnen und Einwohner über Grundlagen, Ziele, Zwecke und Auswirkungen der Planung bzw. des Vorhabens. Anschließend haben die Einwohnerinnen und Einwohner Gelegenheit, sich zu den Ausführungen zu äußern und sie mit den vom Rat zu bestimmenden Ratsmitgliedern aller Fraktionen und dem Bürgermeister/der Bürgermeisterin zu erörtern. Eine Beschlussfassung findet nicht statt. Der Rat ist über das Ergebnis der Einwohnerversammlung in seiner nächsten Sitzung zu unterrichten.

(4) Die dem Bürgermeister/der Bürgermeisterin aufgrund der Geschäftsordnung obliegende Unterrichtungspflicht bleibt unberührt.

§ 6
Anregungen und Beschwerden[13]

(1) Einwohnerinnen und Einwohnern, die seit drei Monaten in der Gemeinde wohnen[14], haben das Recht, sich einzeln oder in Gemeinschaft mit anderen schriftlich mit Anregungen oder Beschwerden an den Rat zu wenden. Anregungen und Beschwerden müssen Angelegenheiten betreffen, die in den Aufgabenbereich der Stadt/Gemeinde ... fallen.

(2) Anregungen und Beschwerden, die nicht in den Aufgabenbereich der Stadt/Gemeinde ... fallen, sind vom Bürgermeister/von der Bürgermeisterin an die zuständige Stelle weiterzuleiten. Der Antragsteller/Die Antragstellerin ist hierüber zu unterrichten.

Falls eine Kommune besonders viele Anregungen oder Beschwerden von immer den gleichen Antragssteller/innen erreichen, kann folgender Absatz. 2 hilfreich sein:

(2) Anregungen und Beschwerden, die nicht in den Aufgabenbereich der Stadt/Gemeinde ... fallen, sind vom Bürgermeister/von der Bürgermeisterin an die zuständige Stelle weiterzuleiten. Angelegenheiten, deren vollständige Erledigung durch schlichtes Verwaltungshandeln bereits erfolgt ist, sind nicht in den Rat einzubringen.[15] Der An-

---

[13] § 6 wurde angepasst, da der Geschäftsstelle Mitgliedskommunen bekannt sind, in denen eine einzelne Person monatlich eine Vielzahl von Anregungen und Beschwerden stellt. Um diese Problematik besser in den Griff zu bekommen, empfiehlt die Geschäftsstelle allerdings nur diesen Kommunen, ihre Muster-Hauptsatzung anzupassen. Andernfalls empfiehlt die Geschäftsstelle, es bei der alten Regelung zu belassen.

[14] Das Petitionsrecht für Jedermann gemäß Art. 17 GG bleibt hiervon unberührt. Allerdings ist das Verfahren aufwendiger und es besteht nicht der Beratungsanspruch in den kommunalen Gremien wie bei § 24 GO NRW (vgl. Schnellbrief Nr. 492/2022 vom 14.10.2022).

[15] Hierunter sind solche Angelegenheiten zu verstehen, die zwar als Anregung oder Beschwerde an den Rat adressiert sind, bei denen es sich aber vielmehr um Eingaben handelt, die zügig und ohne größeren Aufwand durch die Verwaltung in Form schlichten Verwaltungshandelns bis zur Sitzung des (entscheidenden) Gremiums erledigt sind

tragsteller/Die Antragstellerin ist über die Weiterleitung nach Satz 1 bzw. über die erfolgreiche Erledigung seines/ihres Begehrens nach Satz 2 zu unterrichten.

(3) Eingaben von Bürgerinnen und Bürgern, die

1. weder Anregungen noch Beschwerden zum Inhalt haben (z.B. Fragen, Erklärungen, Ansichten etc.),
2. inhaltlich mit bereits früher eingereichten Anregungen oder Beschwerden identisch sind,
3. den Inhalt eines Strafgesetzes erfüllen oder
4. als rechtsmissbräuchliche Inanspruchnahme von öffentlichen Stellen anzusehen sind,

sind ohne Beratung vom Bürgermeister/von der Bürgermeisterin zurückzugeben.

(4) Für die Erledigung von Anregungen und Beschwerden i.S. von Abs. 1 bestimmt der Rat den ...-ausschuss.

Alternative zu Abs. 4:

(4) Für die Erledigung von Anregungen und Beschwerden bildet der Rat gem. § 57 GO NRW einen Beschwerdeausschuss.[16] *Dem Beschwerdeausschuss gehören .... Mitglieder an.*

(5) Der für die Erledigung von Anregungen und Beschwerden nach Abs. 4 zuständige Ausschuss hat diese inhaltlich zu prüfen. Danach überweist er sie an die zur Entscheidung berechtigte Stelle. Bei der

---

(z. B.: Hinweis auf ein verdrecktes Straßenschild, dem durch einfache Säuberungsarbeiten abgeholfen werden kann).

16 § 24 Abs. 1 Satz 3 GO NRW lässt weiterhin die Bildung eines besonderen Beschwerdeausschusses offen. Aus der Sicht der kommunalen Praxis besteht kein Anlass, generell die Bildung von Beschwerdeausschüssen zu empfehlen.

Überweisung kann er Empfehlungen aussprechen, an die die zur Entscheidung berechtigte Stelle nicht gebunden ist.

(6) Das Recht des Rates, die Entscheidung einer Angelegenheit, die den Gegenstand einer Anregung oder Beschwerde bildet, an sich zu ziehen (§ 41 Abs. 2, 3 GO NRW), bleibt unberührt.

(7) Dem Antragsteller/Der Antragstellerin kann im Einzelfall aufgegeben werden, Anregungen oder Beschwerden in der für eine ordnungsgemäße Beratung erforderlichen Anzahl einzureichen, sofern eine Vervielfältigung seitens der Gemeinde nicht oder nur mit unverhältnismäßig hohem Aufwand oder unverhältnismäßig hohen Kosten möglich wäre. Die Beratung kann in diesen Fällen bis zur Einreichung der notwendigen Unterlagen ausgesetzt werden.[17]

Falls eine Kommune besonders viele Anregungen oder Beschwerden von immer den gleichen Antragssteller/innen erreichen, kann folgender Absatz. 8 hilfreich sein:

(8) Soweit mehr Anregungen und Beschwerden eingehen, als in der nächsten Rats-/ Ausschusssitzung sachlich angemessen behandelt werden können, ist darauf zu achten, dass unter Beachtung des Eingangsdatums möglichst viele unterschiedliche Antragsteller/-innen berücksichtigt werden. Die Bürgermeisterin/der Bürgermeister kann in diesem Fall die Zahl der Eingaben pro Antragssteller/-in pro Sitzung begrenzen, wobei die Zahl 5 nicht unterschritten werden darf. Anregungen und Beschwerden, die nicht in der unmittelbar folgenden Sitzung des Rates/Ausschusses behandelt werden, sind nach Maßgabe des Satzes 1 und 2 in den folgenden Sitzungen auf die Tagesordnung zu setzen.

(8) Der Antragsteller/Die Antragstellerin ist über die Stellungnahme des nach Abs. 4 zuständigen Ausschusses durch den Bürgermeister/die Bürgermeisterin zu unterrichten.

---

[17] Die Regelung soll verhindern, dass die Antragsteller eine große Menge an Dokumenten, hochauflösenden Bildaufnahmen, farbintensiven Grafiken o. Ä. einreichen, deren Vervielfältigung durch die Gemeinde zu erheblichen zeitlichen, finanziellen oder auch ökologischen Nachteilen führen würde. Absatz 7 darf nur als Ausnahmeregelung verstanden werden.

§ 7
Integrationsrat[18][19]

(1) Der Integrationsrat besteht aus ..... Mitgliedern, davon aus ... gemäß § 27 Abs. 2 Satz 1 GO NRW direkt gewählten Mitgliedern und ... gemäß § 27 Abs. 2 Satz 3 GO NRW vom Rat bestellten Ratsmitgliedern.[20]

o d e r

bei freiwilliger Einrichtung eines Integrationsrats gem. § 27 Abs. 1 Satz 3 GO NRW.

(1) Es wird ein Integrationsrat mit .... Mitgliedern eingerichtet, davon aus ... gemäß § 27 Abs. 2 Satz 1 GO NRW direkt gewählten Mitgliedern und ... gemäß § 27 Abs. 2 Satz 4 GO NRW vom Rat bestellten Ratsmitgliedern. Für die Mitglieder des Integrationsrats werden Stellvertreter/innen gewählt.[21]

(2) Anregungen und Stellungnahmen des Integrationsrates sind schriftlich beim Bürgermeister/bei der Bürgermeisterin einzureichen. Die zuständigen Gremien haben sich innerhalb von 3 Monaten damit zu befassen.

---

18 Die in § 7 enthaltenen Regelungen sind nicht zwingend in der Hauptsatzung zu treffen. Es würde auch ein entsprechender Ratsbeschluss bzw. eine Regelung in der Wahlordnung ausreichen.

19 Anstelle eines Integrationsrates kann gem. § 27 Abs. 12 GO NRW auch ein Integrationsausschuss gebildet werden. Für den Integrationsausschuss gelten die Regelungen für den Integrationsrat entsprechend. Ergänzend sind auf den Integrationsausschuss § 57 Absatz 4 Satz 1 und § 58 GO NRW anzuwenden. Der Integrationsausschuss ist wie ein Ratsausschuss in die Beratungsfolge des Rates einzubinden.

20 Im Rahmen des Modellversuchs nach § 129 GO NRW hat sich in der Praxis eine Aufteilung von 2/3 direkt gewählter Migrantenvertreter/innen und 1/3 vom Rat bestellter Ratsmitglieder bewährt. Das Gesetz gibt lediglich vor, dass der Integrationsrat mehrheitlich mit Migrantenvertretern zu besetzen ist.

21 Hierbei handelt es sich um eine fakultative Regelung; auf die Stellvertretung kann auch verzichtet werden. Die Stellvertreterinnen und Stellvertreter der direkt gewählten Migrantinnen und Migranten werden ebenfalls bei der Integrationsratswahl direkt gewählt, die Stellvertreterinnen und Stellvertreter der Ratsmitglieder werden vom Rat bestellt.

§ 8
Bezeichnung des Rates und der Ratsmitglieder

(1) Der Rat führt die Bezeichnung: ....[22]

(2) Die Ratsmitglieder führen die Bezeichnung ....[23] Weibliche Ratsmitglieder führen die Bezeichnung in der weiblichen Form.[24]

§ 9
Dringlichkeitsentscheidungen

Eilentscheidungen des Hauptausschusses oder Dringlichkeitsentscheidungen des Bürgermeisters/der Bürgermeisterin mit einem Ratsmitglied (§ 60 Abs. 1 GO NRW) bedürfen der Schriftform.

§ 10
Ausschüsse

(1) Der Rat beschließt, welche Ausschüsse außer den in der Gemeindeordnung oder in anderen gesetzlichen Vorschriften vorgeschriebenen Ausschüssen gebildet werden. Die Zahl der Ausschussmitglieder soll ungerade sein.

(2) Die Ausschüsse werden ermächtigt, in Angelegenheiten ihres Aufgabenbereiches die Entscheidungen dem Bürgermeister zu übertragen.[25]

(3) Der Rat kann sich durch Ratsbeschluss für einen bestimmten Kreis von Geschäften oder für einen Einzelfall die Entscheidung vorbehalten.

---

[22] Zulässige Bezeichnungen sind beispielsweise: Rat der Stadt X, Stadtverordnetenversammlung der Stadt Y, Gemeindevertretung der Gemeinde Z.

[23] Zulässige Bezeichnungen sind z.B. Ratsherr, Stadtverordneter, Gemeindeverordneter, Gemeindevertreter

[24] Also: Ratsfrau, Stadtverordnete, Gemeindeverordnete, Gemeindevertreterin.

[25] In welchen Angelegenheiten der Ausschuss entscheidungsbefugt ist, kann der Rat in der Hauptsatzung, einer Zuständigkeitsordnung oder durch Ratsbeschluss festlegen.

(4) Der Rat kann für die Arbeit der Ausschüsse allgemeine Richtlinien aufstellen.

§ 11
Aufwandsentschädigung, Verdienstausfallersatz

(1) Die Ratsmitglieder erhalten eine Aufwandsentschädigung in Form eines monatlichen Pauschalbetrages nach Maßgabe der EntschVO[26].

o d e r

(1) Die Ratsmitglieder erhalten eine Aufwandsentschädigung in Form eines monatlichen Pauschalbetrages und ein Sitzungsgeld nach Maßgabe der EntschVO für die Teilnahme an Rats-, Ausschuss-, Fraktionssitzungen.[27] Die Anzahl der Fraktionssitzungen, für die das Sitzungsgeld gezahlt wird, wird auf .... Sitzungen im Jahr beschränkt.

(2) Sachkundige Bürger/Bürgerinnen und sachkundige Einwohnerinnen und Einwohner erhalten für die im Rahmen der Mandatsausübung erforderliche Teilnahme an Ausschuss- und Fraktionssitzungen ein Sitzungsgeld nach Maßgabe der EntschVO.[28] Dies gilt unabhängig vom Eintritt des Vertretungsfalles auch für die Teilnahme an Fraktionssitzungen als stellvertretendes Ausschussmitglied. Die Anzahl der Fraktionssitzungen, für die das Sitzungsgeld gezahlt wird, wird auf .... Sitzungen im Jahr beschränkt.[29]

---

[26] Hierbei sind die in der EntschVO festgelegten Beträge zu beachten.

[27] Als Fraktionssitzung zählt auch die Sitzung von Teilen einer Fraktion, § 45 Abs. 5 GO NRW. Hierbei sind die in der EntschVO festgelegten Beträge zu beachten.

[28] Hierbei sind die in der EntschVO festgelegten Beträge zu beachten.

[29] Gemäß § 45 Abs. 6 Satz 2 GO NRW ist die Zahl der ersatzpflichtigen Fraktionssitzungen pro Jahr in der Hauptsatzung zu beschränken.

Bemerkung:

Es können noch weitere Gremien benannt werden, für deren Teilnahme Sitzungsgeld gezahlt wird.

Die Mitglieder des Rates, sachkundige Bürger/Bürgerinnen und sachkundige Einwohnerinnen und Einwohner erhalten Aufwandsentschädigungen gem. Abs. 1 und Abs. 2 auch für Sitzungen der folgenden Gremien:[30]
....
....
(namentliche Aufzählung der Gremien).

(3) Rats- und Ausschussmitglieder haben Anspruch auf Ersatz des Verdienstausfalls, der ihnen durch die Mandatsausübung entsteht, soweit sie während der Arbeitszeit erforderlich ist. Der Anspruch besteht auch für maximal 8 Arbeitstage je Wahlperiode im Falle der Teilnahme an kommunalpolitischen Bildungsveranstaltungen, die der Mandatsausübung förderlich sind.[31] Der Verdienstausfall wird für jede Stunde der versäumten Arbeitszeit berechnet, wobei die letzte angefangene Stunde voll zu rechnen ist. Der Anspruch wird wie folgt abgegolten:

a) Alle Rats- und Ausschussmitglieder erhalten einen Regelstundensatz, es sei denn, dass sie ersichtlich keine finanziellen Nachteile erlitten haben. Der Regelstundensatz wird auf ... € festgesetzt.[32]

---

[30] Die Hauptsatzung kann weiterhin Gremien bestimmen, für deren Teilnahme Sitzungsgeld zu zahlen ist. § 45 GO NRW regelt lediglich abschließend die Zahlung von Sitzungsgeld für Rats-, Ausschuss- und Fraktionssitzungen.

[31] Dies sind z.B. Fortbildungsveranstaltungen der Gemeinden, der kommunalen Spitzenverbände, der kommunalpolitischen Vereinigungen der Parteien oder anerkannten Einrichtungen nach den Bestimmungen des Weiterbildungsgesetzes; Ermächtigungsgrundlage ist § 44 Abs. 3 GO NRW.

[32] Die EntschVO sieht in § 3a Abs. 1 einen Mindestregelstundensatz von derzeit 9,35 EUR vor, der in der örtlichen Hauptsatzung höher festgelegt werden kann. Der Höchstbetrag von derzeit 84 EUR/Stunde gemäß § 3a Abs. 2 EntschVO ist landesweit durch

b) Unselbstständigen wird im Einzelfall der den Regelstundensatz übersteigende Verdienstausfall gegen entsprechenden Nachweis, z.B. durch Vorlage einer Bescheinigung des Arbeitgebers, ersetzt.[33]

c) Selbstständige können eine besondere Verdienstausfallpauschale je Stunde erhalten, sofern sie einen den Regelsatz übersteigenden Verdienstausfall glaubhaft machen. Die Glaubhaftmachung erfolgt durch eine schriftliche Erklärung über die Höhe des Einkommens, in der die Richtigkeit der gemachten Angaben versichert wird.

d) Personen die einen Haushalt mit mindestens 2 Personen, von denen mindestens eine ein Kind unter 14 Jahren oder eine anerkannt pflegebedürftige Person nach SGB XI ist, oder einen Haushalt mit mindestens 3 Personen führen und nicht oder weniger als 20 Stunden je Woche erwerbstätig sind, erhalten für die Zeit der mandatsbedingten Abwesenheit vom Haushalt mindestens den Regelstundensatz. Auf Antrag werden statt des Regelstundensatzes die notwendigen Kosten für eine Vertretung im Haushalt ersetzt.

e) Entgeltliche Kinderbetreuungskosten, die außerhalb der Arbeitszeit aufgrund der mandatsbedingten Abwesenheit vom Haushalt notwendig werden, werden auf Antrag in Höhe der nachgewiesenen Kosten erstattet. Kinderbetreuungskosten werden nicht erstattet bei Kindern, die das 14. Lebensjahr vollendet haben, es sei denn, besondere Umstände des Einzelfalls werden glaubhaft nachgewiesen.

(4) Stellvertretende Bürgermeister/Bürgermeisterinnen nach § 67 Abs. 1 GO NRW und Fraktionsvorsitzende - bei Fraktionen mit mindestens acht Mitgliedern auch ein stellvertretender Vorsitzender/eine

---

Verordnung abschließend geregelt und kann daher in der Hauptsatzung nicht abweichend festgesetzt werden.

[33] Im Rahmen der Gleitzeit erstreckt sich der Verdienstausfall auch auf die Zeiträume, für die der Mandatsträger/die Mandatsträgerin nach § 44 Abs. 2 Satz 4 GO NRW einen Freistellungsanspruch hat, d.h. ½ der Zeit der mandatsbedingten Abwesenheit während der Gleitzeit.

stellvertretende Vorsitzende, mit mindestens 16 Mitgliedern auch 2 stellvertretende Vorsitzende und mit mindestens 24 Mitgliedern auch 3 stellvertretende Vorsitzende - erhalten neben den Entschädigungen, die den Ratsmitgliedern nach § 45 GO NRW zustehen, eine Aufwandsentschädigung nach § 46 GO NRW i. V. m. der EntschVO.

(5) Von der Regelung, wonach Vorsitzende von Ausschüssen des Rates grundsätzlich eine zusätzliche Aufwandsentschädigung nach § 46 Abs. 1 Satz 1 Nr. 2 GO NRW i. V. m. § 3 Abs. 1 Nr. 6 EntschVO[34] erhalten, werden gemäß § 46 Abs. 2 Satz 2 Nr. 1 GO NRW folgende weitere Ausschüsse ausgenommen: ... [35]

o d e r

(6) (5) Von der Regelung, wonach Vorsitzende von Ausschüssen des Rates anstelle einer zusätzlichen Aufwandsentschädigung nach § 46 Abs. 1 Satz 1 Nr. 2 GO NRW i.V.m. § 3 Abs. 1 Nr. 6 EntschVO ein Sitzungsgeld nach § 46 Abs. 2 Satz 2 Nr. 2 i.V.m. § 3 Abs. 4 EntschVO erhalten, wird für folgende Ausschüsse Gebrauch gemacht: ...

(7) Gremienmitglieder im Sinne des § 113 Abs. 1 GO NRW haben Anspruch auf Erstattung von Kosten für Fortbildungsmaßnahmen, die dem Erwerb der erforderlichen Sachkunde oder der Wahrnehmung ihrer Gremienaufgaben dienlich sind. Dies gilt nur, wenn die Gemeinde der Kostenübernahme vorab zustimmt.[36]

§ 12
Genehmigung von Rechtsgeschäften

---

[34] Zweite Verordnung zur Änderung der EntschVO vom 30.11.2016, GV. NRW. 2016, S. 1036.

[35] Die Ausschüsse, die von der Regelung des § 46 Abs. 1 Satz 1 Nr. 2 GO NRW ausgenommen werden sollen, müssen nacheinander einzeln aufgezählt werden (etwa: Schulausschuss, Rechnungsprüfungsausschuss...). Bei der Regelung in Abs. 5 handelt es sich um eine fakultative Regelung.

[36] Die Geschäftsstelle weist darauf hin, dass eine Regelung in der Hauptsatzung nicht zwingend erforderlich ist, da auch ein diesbezüglicher Ratsbeschluss ausreichend ist. Näheres hierzu ist dem Schnellbrief Nr. 453/2022 vom 15.09.2022 zu entnehmen.

(1) Verträge der Stadt/Gemeinde mit Mitgliedern des Rates oder der Ausschüsse sowie mit dem Bürgermeister/der Bürgermeisterin und den leitenden Dienstkräften der Stadt/Gemeinde bedürfen der Genehmigung des Rates.

(2) Keiner Genehmigung bedürfen:

a) Verträge, die auf der Grundlage feststehender Tarife abgeschlossen werden,

b) Verträge, denen der zuständige Ausschuss auf der Grundlage einer von der Stadt/Gemeinde vorgenommenen Ausschreibung zugestimmt hat,

c) Verträge, deren Abschluss ein Geschäft der laufenden Verwaltung (§ 41 Abs. 3 GO NRW) darstellt.

(3) Leitende Dienstkräfte i.S. dieser Vorschrift sind der Bürgermeister/die Bürgermeisterin, die Beigeordneten sowie die gem. § 68 Abs. 3 Satz 1 GO NRW mit der auftragsweisen Erledigung bestimmter Angelegenheiten betrauten Bediensteten.

Bemerkung:

Für Gemeinden, in denen keine Beigeordneten bestellt sind, wird folgende Fassung des letzten Absatzes empfohlen:

(3) Leitende Dienstkräfte i.S. dieser Vorschrift sind der Bürgermeister/die Bürgermeisterin und sein/ihr allgemeiner Vertreter/allgemeine Vertreterin.

§ 13
Bürgermeister/Bürgermeisterin

(1) Geschäfte der laufenden Verwaltung gelten im Namen des Rates als auf den Bürgermeister/der Bürgermeisterin übertragen, soweit nicht der Rat sich oder einem Ausschuss für einen bestimmten Kreis von Geschäften oder für einen Einzelfall die Entscheidung vorbehält. Nähere Einzelheiten sind in der Zuständigkeitsordnung für den Rat und die Ausschüsse der Stadt/Gemeinde ... festgelegt.

Bemerkung:

1. *Für den Fall, dass ein besonderes Amtszeichen des Bürgermeisters/der Bürgermeisterin (Amtskette) vorhanden ist, kann folgender Abs. 2 angefügt werden:*

(2) Der Bürgermeister/Die Bürgermeisterin trägt bei feierlichen Anlässen eine Amtskette.

2. *§ 67 Abs. 1 Satz 1 GO NRW schreibt die Wahl von mindestens zwei ehrenamtlichen Stellvertretern/Stellvertreterinnen vor; falls eine darüber hinausgehende Anzahl von Stellvertretern/Stellvertreterinnen gewünscht ist, sollte dies in der Hauptsatzung festgelegt werden. Es könnte dann ein weiterer Absatz angefügt werden, der wie folgt lauten könnte:*

(3) Der Rat wählt aus seiner Mitte ohne Aussprache XY ehrenamtliche Stellvertreter/Stellvertreterinnen des Bürgermeisters/der Bürgermeisterin.

§ 14
Beigeordnete

Es wird ein hauptamtlicher Beigeordneter/eine hauptamtliche Beigeordnete gewählt. Der/ Die Gewählte ist allgemeiner Vertreter/allgemeine Vertreterin des Bürgermeisters/der Bürgermeisterin.

o d e r

Es werden ... hauptamtliche Beigeordnete gewählt. Einer/Eine der Beigeordneten wird durch Beschluss des Rates zum allgemeinen Vertreter/zur allgemeinen Vertreterin des Bürgermeisters/der Bürgermeisterin bestellt. Er/Sie führt die Amtsbezeichnung „Erster Beigeordneter“/“Erste Beigeordnete“.

§ 15
Öffentliche Bekanntmachungen

(1) Öffentliche Bekanntmachungen der Stadt/Gemeinde, die durch Rechtsvorschrift vorgeschrieben sind, werden vollzogen in ... (namentliche Bezeichnung des Amtsblattes der Stadt/Gemeinde).

o d e r

(1) Öffentliche Bekanntmachungen der Stadt/Gemeinde, die durch Rechtsvorschrift vorgeschrieben sind, werden vollzogen in ... (namentliche Bezeichnung des Amtsblattes des Kreises).

o d e r

(1) Öffentliche Bekanntmachungen der Stadt/Gemeinde, die durch Rechtsvorschrift vorgeschrieben sind, werden vollzogen in ... (namentliche Bezeichnung einer oder mehrerer am Ort erscheinender Tageszeitungen).

o d e r

(1) Öffentliche Bekanntmachungen der Stadt/Gemeinde, die durch Rechtsvorschrift vorgeschrieben sind, werden durch Anschlag an der Bekanntmachungstafel[37] der Gemeinde und den sonstigen hierfür bestimmten Stellen für die Dauer von .... Wochen[38] vollzogen, wobei gleichzeitig durch das Amtsblatt oder die Zeitung oder das Internet[39]auf den Anschlag hinzuweisen ist.

o d e r

(1) Öffentliche Bekanntmachungen der Stadt/Gemeinde, die durch Rechtsvorschrift vorgeschrieben sind, werden vollzogen durch Bereitstellung im Internet (genaue Bezeichnung der Internetseite der Ge-

---

[37] Diese Bekanntmachungsform sollte nur von Gemeinden bis 22.500 Einwohnenden gewählt werden wegen der Rechtsprechung des OVG NRW vom 14.08-2008, Az.: 7 D 120/07.NE, siehe auch Schnellbrief 125 vom 24.9.2008. Auf das Urteil hat auch das MIK NRW mit den Anwendungshinweisen vom 05.07.2016 explizit hingewiesen (vgl. Schnellbrief 203 /2016).

[38] Der Anschlag muss mindestens eine Woche an der bzw. den Bekanntmachungstafeln vorhanden sein.

[39] Die Angabe der maßgeblichen Internetadresse ist notwendig.

meinde),[40] soweit gesetzlich nicht etwas anderes bestimmt ist.[41] Nachrichtlich wird auf die erfolgte Bereitstellung und die Internetadresse in ....hingewiesen. (namentliche Bezeichnung des Amtsblattes oder einer mindestens einmal wöchentlich erscheinenden Zeitung oder der Standorte der Bekanntmachungstafel)

(2) Abweichend von Abs. 1 erfolgen öffentliche Bekanntmachungen nach dem BauGB in .... (namentliche Bezeichnung Amtsblatt, Tageszeitung oder Bekanntmachungstafel). Nachrichtlich werden die öffentlichen Bekanntmachungen im Internet auf der Internetseite .... bereitgestellt.[42]

Anmerkung:

Städte und Gemeinden mit Ausnahme der kreisfreien Städte und der Großen kreisangehörigen Städte haben die Möglichkeit, die öffentliche Bekanntmachung von Zeit, Ort und Tagesordnung der Ratssitzungen wie folgt abweichend zu bestimmen[43]:

(2) Zeit, Ort und Tagesordnung der Ratssitzungen werden durch Aushang an folgenden Bekanntmachungstafeln öffentlich bekanntgemacht:

---

40 Genaueres siehe § 6 BekanntmVO. Insbesondere ist im Internet der Bereitstellungstag anzugeben. Der Hinweis auf die erfolgte Bereitstellung des Dokuments und die Internetadresse (im Amtsblatt, in einer Tageszeitung oder durch Aushang) erfolgt lediglich nachrichtlich, das heißt, er ist keine Vollzugsvoraussetzung, vgl. § 7 Abs. 2 BekanntmVO. Ebenso kann die Tagesordnung zur Ratssitzung auf diesem Wege bekannt gemacht werden. Laut Anwendungshinweis des MIK NRW vom 05.07.2016 ist es ausreichend, wenn die allgemeine Internetadresse der Stadt/Gemeinde angegeben wird, solange die Bürgerinnen und Bürger von dort ohne große Mühe auf die Bekanntmachungen zugreifen können (siehe dazu Schnellbrief 203/2016).

41 So sieht § 4a Abs. 4 S. 1 BauGB vor, dass bei der Öffentlichkeits- und Behördenbeteiligung elektronische Informationstechnologien nur „ergänzend" genutzt werden können. Daraus hat das OVG Lüneburg abgeleitet, dass für diese Fälle neben der Bekanntmachung durch das Internet eine weitere Form der öffentlichen Bekanntmachung gewählt werden muss (OVG Lüneburg, Beschluss v. 04.05.2012 – 1 MN 218/11; Beschluss v. 29.11.2013 – 1 MN 157/13).

42 Nach dem Urteil des OVG NRW vom 15.11.2021 (2 D 140/20.NE) muss eindeutig die Art und Weise der Bekanntmachung erkennbar sein. Andere Bekanntmachungsmöglichkeiten sind nur nachrichtlich zu nutzen.

43 Vgl. hierzu § 4 Abs. 3 BekanntmVO.

....[44]

Bei der Bestimmung der Dauer des Aushangs sind die in der Geschäftsordnung festgelegten Ladungsfristen zu beachten. Auf den einzelnen Bekanntmachungen sind der Zeitpunkt des Aushangs und der Zeitpunkt der Abnahme zu bescheinigen. Die Abnahme darf frühestens am Tage nach der Ratssitzung erfolgen.

(3) Ist eine öffentliche Bekanntmachung in der durch Abs. 1 festgelegten Form infolge höherer Gewalt oder sonstiger unabwendbarer Ereignisse nicht möglich, so erfolgt die Bekanntmachung ersatzweise durch:

alternativ:

Aushang an folgenden Bekanntmachungstafeln innerhalb des Stadt-/ Gemeindegebietes (Standorte einzeln aufführen):
....

o d e r

durch Verteilung von Flugblättern an die Haushalte innerhalb des Stadt- / Gemeindegebiets.

o d e r

durch Herausgabe eines eigens aus diesem Anlass herausgegebenen Amtsblattes.

Ist der Hinderungsgrund entfallen, wird die öffentliche Bekanntmachung nach Abs. 1 unverzüglich nachgeholt.

---

[44] Die Angabe des bzw. der genauen Standorte der Bekanntmachungstafeln ist notwendig.

§ 16
Zuständigkeit für dienstrechtliche Entscheidungen[45]

§ 17
Inkrafttreten

Die Hauptsatzung tritt mit dem Tage nach der Bekanntmachung in Kraft. Gleichzeitig tritt die frühere Hauptsatzung vom ..... außer Kraft.

---

[45] Bemerkung: Gemäß § 73 Abs. 3 GO NRW trifft der Bürgermeister/die Bürgermeisterin die dienstrechtlichen und arbeitsrechtlichen Entscheidungen, soweit gesetzlich nichts anderes bestimmt ist. Die Hauptsatzung kann bestimmen, dass für Bedienstete in Führungsfunktionen Entscheidungen, die das beamtenrechtliche Grundverhältnis oder das Arbeitsverhältnis eines/einer Bediensteten zur Gemeinde verändern, durch den Rat oder den Hauptausschuss im Einvernehmen mit dem Bürgermeister zu treffen sind, soweit gesetzlich nichts anderes bestimmt ist. Dabei handelt es sich insbesondere um beamtenrechtliche Ernennungen, Entlassungen, Zurruhesetzungen und den Abschluss, die Änderung, die Kündigung oder die Aufhebung von Arbeitsverträgen. Kommt ein Einvernehmen nicht zustande, kann der Rat die Entscheidung mit einer Mehrheit von zwei Dritteln der gesetzlichen Zahl der Ratsmitglieder treffen. Kommt die Mehrheit nicht zustande, bleibt es bei der Personalkompetenz des Bürgermeisters/der Bürgermeisterin. Zu beachten ist, dass der Bürgermeister/die Bürgermeisterin gemäß § 73 Abs. 3 Satz 4 GO NRW bei der Aufnahme einer entsprechenden Regelung in der Hauptsatzung nicht mitstimmen darf, obwohl er/sie ansonsten ein Stimmrecht hat bei Beschlussfassungen über die Hauptsatzung. Es hat daher u.U. eine zweigeteilte Abstimmung über Änderungen in der Hauptsatzung zu erfolgen.